U0936240

青年英才培育计划项目阶段性成果

少数民族地区乡村内源性自治资源

乡规民约的发展与创新

SHAOSHUMINZU DIQU XIANGCUN
NEIYUANXING ZIZHI ZIYUAN

周俊华 / 主　编
李思泽 / 副主编

云南大学出版社
YUNNAN UNIVERSITY PRESS

图书在版编目（CIP）数据

少数民族地区乡村内源性自治资源：乡规民约的发展与创新 / 周俊华主编. —昆明：云南大学出版社，2019
ISBN 978-7-5482-3657-3

Ⅰ.①少… Ⅱ.①周… Ⅲ.①少数民族—民族地区—农村—群众自治—研究—中国 Ⅳ.①D638

中国版本图书馆CIP数据核字（2019）第093109号

策划编辑：陈　曦
责任编辑：周　飞
装帧设计：刘　雨

少数民族地区乡村内源性自治资源

乡规民约的发展与创新

周俊华 / 主　编
李思泽 / 副主编

出版发行：云南大学出版社
印　　装：昆明理煌印务有限公司
开　　本：787mm×1092mm　1/16
印　　张：14.5（彩插1.25印张）
字　　数：250千
版　　次：2019年7月第1版
印　　次：2019年7月第1次印刷
书　　号：ISBN 978-7-5482-3657-3
定　　价：65.00元

社　　址：昆明市一二一大街182号（云南大学东陆校区英华园内）
邮　　编：650091
电　　话：（0871）65033244　65031071
网　　址：http://www. ynup. com
E-mail：market@ynup. com

图 1　云南省大理州剑川县象图乡核桃树村全貌

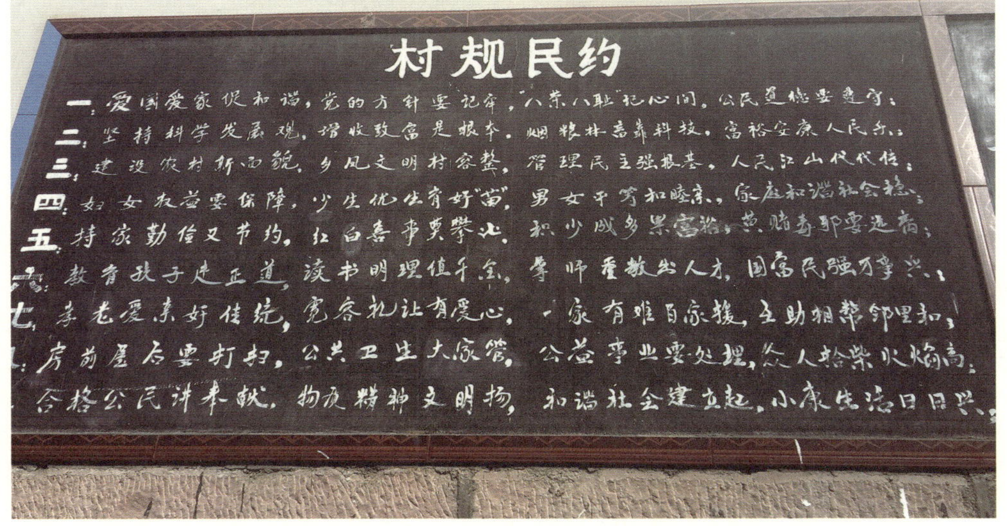

图 2　云南省大理州剑川县象图乡核桃树村村规民约

图 3　云南省大理州剑川县象图乡核桃树村马蹄井

图 4　云南省大理州剑川县象图乡核桃树村古戏台

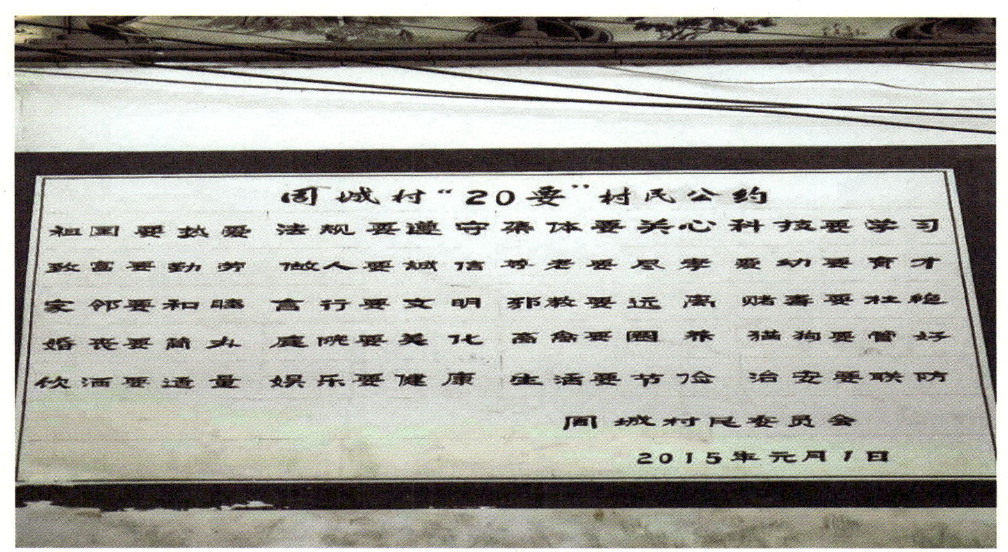

图5　云南省大理市喜洲镇周城村村规民约

图6　云南省大理市喜洲古镇牌坊

图 7　白族第一镇——喜洲石碑

图 8　云南省保山市龙陵县大寨社区门口

图 9　访谈龙陵县大寨社区佛寺的佛爷

图 10　保山市龙陵县大寨社区佛寺

图 11　保山市龙陵县大寨社区佛塔

图 12　保山市龙陵县大寨社区一角

图 13　保山市龙陵县大寨社区公房

图 14　保山市龙陵县大寨社区新成立的傣韵织锦合作社

图 15　保山市龙陵县大寨社区傣文培训教室

图 16　腾冲市和顺镇寸氏宗祠

图 17　腾冲市和顺镇公房管理公约

图 18　腾冲市和顺图书馆

图 19　腾冲市和顺镇古树名木保护牌

图 20　腾冲市和顺镇赵家巷月台维护公约

图 21　腾冲市和顺镇小李家巷流芳碑

图 22　腾冲市和顺镇功德碑（一）

图 23　腾冲市和顺镇功德碑（二）

图 24　腾冲市和顺镇闾门巷道

图 25　腾冲市和顺镇十字路社区村规民约

图 26　《和顺镇十字路村村规民约》小册子

图 27　艾思奇纪念馆

图 28　贵州省盘州市羊场乡赶场坡村村规民约展示牌

图 29　采访赶场坡村主任、支书

图 30　采访赶场坡村村民，发放调查问卷

图 31　入户采访赶场坡村村民

图 32　赶场坡村赶集归来的布依族村民

序

云南大学政治学系周俊华教授主编的《少数民族地区乡村内源性自治资源：乡规民约的发展与创新》一书即将出版，邀请我作序，我个人对乡规民约的研究不多，但在周俊华与李思泽两位教授盛情相邀之下只得勉力而为，其中不妥之处，还请学界同仁见谅。

乡规民约是中国乡村社会自生自发、内嵌型的一种非正式制度，自宋代起便逐渐生长，最早的文本是北宋的《吕氏乡约》，而后在政府与民间的互动下得到推广，并且在明末清初渐趋成熟。乡规民约作为中国基层社会的重要软性治理力量，在中国传统社会基层治理中起到重要的规范、调整作用，填补了法律延伸不到的治理空白，通过乡村精英对农村的价值导向和治理引领，实现乡村社会的自治。从历史上看，云贵地区的少数民族乡规民约形态丰富、独具特色，在少数民族乡村社会中发挥着不可替代的治理作用。今天，在一些农村地区，乡规民约仍旧起着相当重要的规约作用。

周俊华教授对乡村政治一直有着浓厚的感情，近年来她一直注重研究乡村政治问题，对少数民族地区的基层治理体系有较深的了解，出版了《云南少数民族的传统政治组织形式和制度变迁》（中国社会科学出版社 2013 年版）和《变迁中的云南少数民族乡村政治》（云南大学出版社 2015 年版）两本著作。本书站在乡村治理是国家治理重要组成部分的高度，以乡规民约来解读中国少数民族乡村社会的自治基础和形式，将乡规民约作为村级自治的一种内源性资源进行新的审视和分析，凸显其当代价值，力求将乡规民约的发展与创新与村民自治、国家法律相结合，与原有的研究成果相得益彰。该书在目前学界相关研究中视角独到，复原了乡规民约作为传统基层社会自治和德治的重要形式这一原初价值，也找准了乡规民约发展与创新的突破口，这是该书的学术价值之所在。其中，本书值得注意之处有以下几点：

其一，周俊华教授及其研究团队在完成其国家民委项目“乡规民约在少数民族地区乡村治理中的作用研究”的过程中择取了贵州、云南两个省份中具有典型性的8个少数民族村落，运用个案研究方法分别对8个少数民族村落乡规民约的历史与现状予以调查。这些调查研究使本书具有较为扎实的实证基础。

其二，本书在综合学界现有相关研究成果的基础上，运用政治学理论与方法，借鉴吸收法社会学、民族法学和民族学的理论与方法，引入治理理论、社会资本理论与非正式制度理论等理论和概念来阐释问题，梳理了乡规民约在少数民族地区的文本形态、发展演变、治理作用和局限性等基本问题，并将之置于国家治理的高度，在国家法治框架之下加以审视，探讨如何实现其与国家法相对接，如何让乡村自治的自治资源得到创新与利用，赋予乡规民约新的意义。

其三，在研究过程中，周俊华教授非常注重研究生的培养，将个人对乡村社会的情怀传递给研究生们。无论是调查前的培训和调查问卷的制定，还是调研点的选择、学生的分组、调查路线、交通工具和购买保险等，事无巨细，她皆亲力亲为，无微不至。一方面确保各项调查工作顺利进行，另一方面也是手把手地教导研究生如何进行调查。她在指导研究生完成既定调研任务的同时，还让他们把研究目光转向少数民族乡村社会的治理，力求在实践中培养学生的社会调查能力，以及观察、体验并部分参与基层社会治理的能力，进而培养研究生的边疆情怀。

其四，云南财经职业学院的党委书记李思泽教授和宋芹老师也参与了本书的写作。几位老师合作无间，通力完成本书的编撰，展示了两所高校教师的合作能力与水平，体现了两所高校之间的校际合作风范。

当然，该著作并非毫无瑕疵，还有一些需要进一步研究和完善的地方，如在乡村社会快速发展与转型的背景下，乡规民约如何构建新的权威基础，探索新的运行机制，以何种组织形态和方式整合乡村治理资源，如何对其进行创新转化应用，以社会主义核心价值观引领“乡规民约”建设等问题。本书虽然提出这些问题并加以分析，但论述不够深入，还可作更加深化的调查和研究，希望周俊华教授及其团队进一步拓展与深化这些问题的研究，也希望更多的学者和基层工作者加入到这项研究中来。

杨泽宇　云南大学副校长

2019年4月8日

目 录

第一章　少数民族地区乡规民约的研究意义与作用

一、乡规民约研究的时代语境

乡规民约是“基层社会组织的社会成员共同制定出来供大家共同遵守的一种社会行为规范”①，在针对村庄一级而言时，通常又称为村规民约。乡规民约最早见于北宋的《吕氏乡约》，到明清得到推广，并且在明末清初渐趋成熟。新中国成立后，社会政治体制发生重大变革，乡村政治关系重构，人民公社时期，国家权力渗透到乡村社会，乡规民约在表面上近乎销声匿迹。改革开放以来，随着国家政治权力从农村社会逐渐收缩，中国乡村政治关系再次重建，乡规民约得以恢复和发展。1982 年《宪法》明确了村民委员会的合法地位，1988 年《村民委员会组织法（试行）》规定，乡规民约的制定要报乡镇政府备案，并且不得与宪法、法律和法规相抵触。② 2010 年重新修订的《中华人民共和国村民委员会组织法》，在法律上认可了乡规民约的合法性，同时也对乡规民约的制定给予引导和支持。乡规民约的发展经历了由民间自发产生到官方引导和规范的过程，背后隐藏着国家与乡村之间的权力博弈。乡规民约作为传统乡村基层社会控制手段和调节机制，具有自发性，曾在中国传统的乡村治理中发挥着积极作用，作为乡村基层社会自治的体现，是中国传统社会宝贵的内源性自治资源。

2014 年 2 月 24 日，习近平总书记在中共中央政治局第十三次集体学习时指出：“要按照社会主义核心价值观的基本要求，健全各行各业规章制度，完善市民公约、乡规民约、学生守则等行为准则，使社会主义核心价值观成为人们日常工作生活的基本遵循。”③ 可见在国家领导人的思考中，乡规民约的完善和推行是被纳入到社会主义核心价值观建设的层面来思考的。

---

① 董建辉．“乡约”不等于“乡规民约”［J］．厦门大学学报：哲学社会科学版，2006（2）．

② 《中华人民共和国村民委员会组织法（试行）》第十六条：村规民约由村民会议讨论制定，报乡、民族乡、镇的人民政府备案，由村民委员会监督执行。村规民约不得与宪法、法律和法规相抵触。

③ 中共中央宣传部宣传教育局编．凝心聚力的导航：社会主义核心价值观评论员文章汇编［M］．北京：学习出版社，2014：3－4.

在党的十九大上习近平总书记提出实施乡村振兴战略，强调要加强农村基层基础工作，健全自治、法治、德治相结合的乡村治理体系。随着乡村振兴战略的提出，建立自治、法治和德治相结合的乡村治理体系成为乡村振兴战略的重要目标，其中，乡规民约发挥的积极作用既属于自治的范畴，又属于德治的领域，在建设中国特色社会主义的新时代，在乡村治理中对乡规民约加以创新性转化，不断发挥乡规民约的积极作用变得迫切而又有现实意义。由于今天乡村政治格局转型，在传统社会孕育中成长起来，又历经了若干政治时代风云的乡规民约，自身必定也存在一定的局限性，其作用的发挥受到某种程度的阻碍。但无论如何，乡规民约仍然以其跨越若干时代的制度惯性和强大的生命力在乡村社会发挥着积极作用，特别是在少数民族地区，因各种因素其在乡村治理中发挥的作用远大于其他地区。

二、乡规民约的内涵与外延

（一）乡规民约概念的界定

乡规民约的研究起点是其内涵与外延，关于乡规民约的内涵，学术界有多种说法。《中国大百科全书》中对乡规民约的定义是：“中国基层社会组织中社会成员共同制订的一种社会行为规范。”① 这一定义较为宽泛，不利于深入把握乡规民约的内涵。国内学者分别从不同的专业视角和领域对乡规民约的内涵和性质进行阐述、界定。有学者认为乡规民约是一种习惯法。② 也有学者认为，乡规民约是指除了作为大传统的国家法律制度之外，维系乡民社会生活的规则制度系统。③ 有的学者则认为，乡规民约是独立于国家制定法体系以外，在农村中实际发挥规范作用的规则④。还有学者认为，乡规民约是指中国农村的广大基层民众在其生产、生活中自发产生、形成和发展演变，主要利用道德的约

---

① 中国大百科全书总编辑部委员会《社会学》编辑委员会、中国大百科全书出版社编辑部．中国大百科全书（社会学）［M］．北京：中国大百科全书出版社，1991：434.

② 粱治平．清代习惯法：社会与国家［M］．北京：中国政法大学出版社，1996：38.

③ 谢晖．当代中国的乡民社会、乡规民约及其遭遇［J］．东岳论丛，2004（4）．

④ 于语和，安宁．民间法视野中的村规民约——以河北省某村的民间调查为个案［J］．甘肃政法学院学报，2005（5）．

束机制，在一定地域或范围之内进行自我管理的一种民间行为规范。[①] 更有一些学者将乡规民约看作民间习惯法。在诸多讨论中，比较有代表性的是谢晖，他将乡规民约分为广义和狭义两类，狭义的乡规民约指在国家政权力量的指导、帮助下，由乡民们“自觉地”建立起来的相互交往的行为规则；广义的乡规民约则泛指一切乡土社会所具有的国家法之外的公共性规则，其表现形式有习惯法、家庭法，也包括狭义的乡规民约以及官方在乡民社会的非正式经验；[②] 显然，随着国家对乡村社会治理的推进和治理能力的提升，狭义乡规民约的阐释更符合我国当代乡规民约的性质。

归纳学者们对乡规民约的界定，其共同点体现在以下几点：首先，皆认为乡规民约是独立于国家宪法和法律之外的一种规则，它不同于国家法律，没有强制力保证实施。其次，只在特定范围内发挥作用。乡规民约是村民根据村庄内日常的生产生活，共同商议制定出来的规范，用于保证本区域内的社会秩序和生产生活的顺利运行。再次，乡规民约确实发挥着积极作用，对村民的行为进行规范，是一种乡村社会自治的形式，具有自主性和自治性。所以，我们认为，乡规民约是一种独立于国家法律之外的，在特定区域内由乡民根据实际情况共同商议、共同制定、共同维护实施的，发挥规范秩序、维持区域良性发展的非正式制度。这种乡村社会的游戏规则，多数情况下依靠道德自律发挥作用，是村民共同商议制定的，具有村民自主管理的特征，在乡村社会发挥着积极作用。

从历时性的角度去梳理，可将乡规民约分为传统乡规民约和现代乡规民约两种类型。传统乡规民约所构建的是一套关于乡村社会的游戏规则和治理机制，它由士人阶级倡导，乡村民众参与，通过道德教化，化解乡村纠纷，维护社会稳定，使村庄秩序安定，如《吕氏乡约》《成化》《治乡三约》等。传统的乡村治理结构是“国权不下县，县下惟宗族，宗族皆自治，自治靠伦理，伦理造乡绅”，即通过乡村自主治理、宗族制度以及依靠乡绅建立起来的各种制度规范进行治理。传统乡规民约没有固定活动场所，在规约制定后民众自觉遵照执行。虽然传统乡规民约的运行在历史上缺乏正式组织作为依托，但其在中国乡

---

① 袁兆春．乡规民约与国家法关系分析——兼论乡规民约与国家法的冲突与协调[J]．济南大学学报，2000（1）．

② 谢晖．当代中国的乡民社会、乡规民约及其遭遇[J]．东岳论坛，2004（4）．

村治理中发挥着重要作用，使乡人能“德业相劝，过失相规，礼俗相交，患难相恤”。

新中国成立后国家政权史无前例地深入乡村社会，传统乡规民约受到很大限制，但并未彻底消失，直到改革开放后方重新复苏。今天，乡规民约并未随着现代国家的建构而退出乡村历史舞台，相反，随着国家权力在乡村社会的退出，国家和基层社会的权力边界梳理清晰，各自归位，退隐的乡规民约在乡村治理中又逐渐活跃起来，向现代乡规民约发展。从历时性视角分析，乡规民约具有较大的制度弹性，并没有因为外在力量和时空转换而发生巨大变化，相反，作为一种软法规范，乡规民约已经融入乡村社会的日常生活中，在乡村治理中发挥着较大作用。党的十八届三中全会通过的《中共中央关于全面深化改革若干重大问题的决定》提出：“推进国家治理体系和治理能力现代化。”现代乡规民约的现实价值在于作为乡村的内源性自治资源，利用好了可以更好地促进村民自治，扩大农民有序政治参与，增强乡村治理的合理性、民主性，使村民的主体性地位得到彰显，激发乡村社会活力，创新乡村治理制度。

（二）少数民族地区乡规民约的性质与分类

1. 少数民族地区乡规民约的性质

中国传统乡规民约的性质是道德规范与政治规范和法律规范的重叠，现阶段乡规民约是一种特殊的社会主义道德规范，与政治规范部分重叠，对法律规范起到补充的作用。同时，它又是一种农民群众在社会生活中运用民主自我管理和教育的自治形式。应该说，与政治规范部分重叠的道德规范属性是其基本属性，社会主义民主性是其本质属性。少数民族地区的乡规民约性质和其他地区的乡规民约一致，只是其制定方式、文本形式和作用路径等具有民族特色。

2. 少数民族地区传统乡规民约的基本类型

从功能与作用上看，可将少数民族地区传统乡规民约划分为以劝善惩恶为主的道德教化型和以弭盗防贼为主的准军事治安型两种基本类型。道德教化型的乡规民约主要是规劝村民要爱国爱家、尊老爱幼、爱护卫生、教育子女、邻里团结、勤俭持家等，以弘扬中华传统美德为主，引导村民树立正确的人生观、世界观和价值观，以此来维护乡村社会的秩序，这种做法具有长期的历史传统和社会惯性。古代社会，皇权统治的有限性使得县以下的乡村社会主要依靠自治，乡规民约的道德教化资源主要来自于儒教，以儒教伦理和价值观念作为乡村社会的道德规则，维系乡村社会的德治。以弭盗防贼为主的准军事治安型乡规民约，主要是通过对盗窃、家暴、打架等不良行为进行惩罚的规定，维持基层社会治安。发展至今天，少数民族地区的乡规民约仍然普遍存在关于具体惩罚措施的规定。有的村落其乡规民约以道德教化为主，有的村落其乡规民约则以弭盗防贼为主。

少数民族地区传统乡规民约按形式分类，有文本型、口耳相传型、石碑型、树叶型、歌谣型等多种类型，呈现出一定的地缘特点和民族特色，是少数民族地区乡规民约多姿多彩的表现。

3. 当代少数民族地区乡规民约的分类

当代少数民族地区的乡规民约，根据内容可分为以下几类：一是维护社会治安方面的乡规民约。如自觉维护社会秩序和公共安全，不扰乱公共秩序，不阻碍公务人员执行公务，严禁偷盗、敲诈、哄抢国家、集体、个人财物，严禁赌博、严禁替罪犯藏匿赃物等。二是保护村风民俗类的乡规民约。如喜事新办，丧事从俭，破除陈规旧俗，反对铺张浪费、反对大操大办，提倡社会主义精神文明，移风易俗，反对封建迷信及其他不文明行为，树立良好的民风、村风。三是和睦邻里关系方面的乡规民约。如村民之间要互尊、互爱、互助，和睦相处，建立良好的邻里关系、邻里纠纷，应本着团结友爱的原则平等协商解决问题，协商不成的可申请村调解委调解。四是关于婚姻家庭生活方面的乡规民约。如遵循婚姻自由、男女平等、一夫一妻、尊老爱幼的原则，建立团结和睦的家庭关系、夫妻地位平等，共同承担家务劳动，共同管理家庭财产，反对家庭暴力等。五是经济生活规则方面的乡规民约。对村庄经济生活规则进行规定，阐明村民在村庄生产活动和经济生活中应该遵守的游戏规则，以维持村庄共同的经济生活秩序。随着当代社会乡村生产生活的深刻变化，边疆的开发、开放和跨越式发展，“一带一路”建设，经济生活的多样化和复杂化，少数民族地区乡规民约的条款内容也不断增添着新内容。

三、少数民族地区乡规民约的研究意义和研究价值

（一）研究意义

乡村治理研究是农村研究的重要组成部分，也是政治学关注的重要领域。

习近平总书记指出，我国今天的国家治理体系，是在我国历史传承、文化传统、经济社会发展的基础上长期发展、渐进改进、内生演化的结果。秦汉以来，我国农村社会在自身的发展轨迹中内生演化形成传统的乡村治理体系，乡规民约是其中最具代表性、运行时间最长、治理作用与效果最显著的一种非正式规范。少数民族地区内生演化形成了形式独特、内容丰富的非正式制度规范及其组织形式，是珍贵的制度资源。各少数民族的乡规民约是构成其民间法、习惯法最重要的组成部分和表现形式，具有民族特色、地方特色和宗教特色，这些优秀传统制度资源具有旺盛的生命力，可选择性地传承并创新、整合，将之纳入当代乡村治理体系，发挥积极作用。在推进国家治理体系和治理能力现代化的背景下，在农业现代化战略、新型城镇化战略、社会主义新农村建设、城乡一体化战略进程中，作为源远流长的民间非正式制度规范的乡规民约如何在今天新的乡村治理体系中发挥治理作用，提高治理绩效，并且将这一传统社会孕育的内源性自治资源充分继承好、利用好、整合好，为今天的村民自治发挥更大的积极作用，是值得研究的重要课题。

（二）学术价值

本研究运用政治学理论与方法，借鉴法社会学、民族法学等学科理论与方法，引入更为科学恰当的理论和概念来增强对乡规民约研究的理论性，并力求创生本土特色的分析概念来提高解释力；力求对多个区域、多个民族的乡规民约进行文本形态、组织形态的调查研究，尽可能覆盖更多的少数民族地区；探求能有效整合村庄传统制度文化、“嵌入性”程度较高的乡村治理体系。本研究将会起到丰富学界相关方面的学术成果的作用。

首先，从理论层面看，研究乡规民约在开阔乡规民约研究思路的同时，也为国家基层治理的现代化提供了新的视角，国家治理理论从确定治理目标到完善治理体质、治理方向都明确了乡规民约作为国家治理工具的重要性。其次，从实践层面分析，在中国特色社会主义新阶段，作为乡村内源性传统自治资源的乡规民约，其价值应该重新审视并得到重视，农村基层民主自治的发展也为乡规民约的价值重拾和作用发挥提供了基础和条件。再次，从法治建设角度审视，农村法制化建设明确了乡村治理的发展方向，为促进乡规民约向法治化发展奠定了基础。最后，从价值方面看，积极践行乡规民约有利于传承优秀的乡村制度文化，延续并积累乡村社会资本，减少乡村治理成本，提高乡村治理绩效。

（三）应用价值

传承少数民族优秀的乡村制度文化，以期对少数民族地区乡规民约的制定和施行工作，以及乡村治理作出示范、咨询和指导。实践层面，乡规民约在实际运行过程中还存在有效性、合法性、权威性等诸多因素和问题，影响了其实现法制化的进程。通过深入分析可以发现，影响乡规民约形成及运行是否顺畅的主要原因是政府权力失控，农村经济、法制建设落后，村民参与不足、监督不力、精英人才缺失等。所以，乡规民约的发展要摆脱制约性因素必须在宏观、微观上相互协调，正确处理好社会自治和政府管理之间的关联、德治和法治的互补、精英人才和普通村民的协调等关系。乡村治理理论从多元主体共治角度强调非正式制度与正式制度的相互配合，需要推动国家的法律规范与乡规民约自律规范的良性互动，自治、德治和法治的结合，村委会与村民的合作，破解乡规民约发展的困境。因此，研究少数民族地区乡规民约在乡村治理中的作用具有现实意义。

四、乡规民约在少数民族地区乡村治理中的作用

我国少数民族地区多处于国家疆域的边缘地带，其具有不同于内地的特殊性，少数民族地区的乡规民约具有内生性、民族性、原创性等特征，其发挥作用的空间是多维的，主要体现在保障和促进基层民主、管理村级公共事务、规约村风民俗、促进民族团结、维护社会治安和保护自然资源等方面。

（一）保障和促进基层民主

传统社会中乡规民约的制定和执行是村民自治的一种体现，今天这种性质依然没有改变。乡规民约是村民自治的内源性自治资源，将这一资源利用好，发挥好其作用，能够促进村民自治的良性运行，保障基层民主，在少数民族地区也是如此。边疆少数民族地区乡规民约的水平及其作用的空间大小体现着村庄的自组织资源状况和自组织能力强弱。少数民族地区乡规民约的运行和发展阐释了村民自治何以可能的问题。村民自治是广大村民直接行使民主权利，依法办理自己的事情，实行自我管理、自我教育、自我服务的一项基本制度。其核心内容是村庄自治应该遵循民主选举、民主决策、民主管理、民主监督，而

乡规民约就是村民直接参与和管理村庄事务的直接体现。我们在云、贵两省的调查中欣喜地发现，许多乡规民约对村民参与村级民主选举，遵守选举纪律，杜绝拉票贿选等行为进行了具体规定，也有部分乡规民约对村干部、村委会的职责进行了规定，并对干扰村干部、村委会工作的行为做了罚款规定。

如金平县金水河镇的乌丫坪村，南与越南莱州省清河县接壤，其村规民约第一章第二条规定，村规民约是群众性自我约束、自我管理的行为规范准则。第四章第十三条规定："干扰村干部和国家工作人员依法执行公务的处以180元至200元以下罚款。村委会收取70%，村小组收取30%，村小组没有配合调解的100%罚款提交村委会。"① 村规民约对干扰村干部工作行为的处罚规定，可以有效地维护基层治理的秩序。国营金平农场曼丈下寨村规民约规定："在本队接待或民族风俗节庆活动，需要购买祭祀品时，必须列单采购，经队长签字方能报销，书记做监督。"② 体现了村规民约对基层民主的协助和促进。

（二）管理村庄公共事务

无论是传统社会还是今天，村庄一级的公共事务和公共设施，主要是靠村民参与建设、参与管理和自觉爱护。传统乡规民约基本上都有关于村民之间抚恤救济的规约，这在一定程度上促成了传统农村社会出现公共领域以及相关的公共事务管理，这是农村治理水平提升的重要表现。③ 少数民族地区各村庄通过村规民约的规定，对文化教育、村庄的基础设施、公共场所，村庄的土地资源、水资源、森林资源等进行管理、保护，保障村庄公共事务的规范管理和运行。

在文化教育方面，今天几乎所有少数民族地区的村规民约都强调对适龄儿童入学的监督，保障乡村少年儿童的受教育权利。如云南省红河州金平苗族瑶族傣族自治县金水河镇南科村村民代表会议于2016年9月1日讨论通过的《南科村委会村规民约》，该村规民约对有关村民文化教育行为进行了规范。其专门把文化教育划分在第四类，并且在第二条和第三条规定："按照教育法的有关规定，未完成初中3年制的学生对其监护人给予每学期800元的罚款。7至

① 笔者于2018年5月在云南省红河州金平县金水河镇乌丫坪村村委会调研所得资料。

② 笔者于2018年5月在云南省红河州金平县勐拉镇国营金平农场曼丈下寨调研所得资料。

③ 刘素仙．推进乡规民约在农村社会治理中的现代性转化［J］．文化与历史，2017（3）．

12岁的儿童，父母有权监护教育自己的孩子，7至12岁儿童在中心完小上学期间，如父母未尽义务使其儿童辍学，处以父母500～800元罚款。如果是低保户要扣除监护人和本人的低保，一直扣到其本人读完九年义务教育的时间。"① 云南省红河州金平县金河镇干塘村于2017年6月1日讨论通过的村规民约第十九条规定："切实履行九年义务教育，对不送子女入学的家庭，除追究法律责任外，罚款500元。"② 有的村规民约还把在校学生谈恋爱的问题列入村规民约的管辖范围，如南科村委会村规民约第四章第四条规定："学生在校期间，由于教师及监护人管理不到位的原因，使学生在校发生谈恋爱或发展到中途辍学至结婚的，对其教师进行通报批评，对其监护人给予1000～2000元罚款。"③ 云南省大理州剑川县象图乡核桃树村的村规民约也对村民教育做了规定，其村规民约第六条规定："教育孩子走正道，读书明理值千金；尊师重道出人才，国富民强万事兴。"④ 大理市喜洲镇周城村，自古以来重视文化教育，其村规民约对此项规定则是简言简意赅："爱幼要育才。"⑤

一般而言，今天少数民族地区的乡规民约还对村庄的公共卫生、村容村貌、公共道路的维护等做出规定。如南科村村规民约第七、八、九条规定："搞好公共卫生，村容村貌整洁是每个村民的责任和义务，各自然村每个月要进行一次公共卫生大扫除，未参加大扫除的农户要处罚60元。公共区域不得随地大小便，造成环境污染的处以30元罚款，并要清理干净污染区域。大小牲畜及家禽圈中的粪水不得随意排放，如随意排放造成污染的处以100～200元罚款，并且处理干净。每个公民都要自觉遵守'讲究卫生、人人有责'的原则，严禁用木棒、树叶做卫生纸使用丢入坑内，如因为此现象使厕所堵塞，要把堵塞的厕所疏通。"⑥ 国营金平农场十八队队规队约第三条规定："为保证队容队貌清洁卫生，各户要按时清理门前卫生，严禁乱扔果皮纸屑、乱倒生活垃圾，公共场所严禁在堆放猪、牛栏肥；沿路居民除保证门前卫生整洁外，需对道路沿线住所

---

① 笔者于2018年5月在云南省红河州金平县金水河镇南科村委会调研所得资料。
② 笔者于2018年5月在云南省红河州金平县金河镇干塘村委会调研所得资料。
③ 笔者于2018年5月在云南省红河州金平县金水河镇南科村委会调研所得资料。
④ 笔者于2016年10月在云南省大理州剑川县象图乡核桃树村调研所得资料。
⑤ 笔者于2017年4月在云南省大理市喜洲镇周城村调研所得资料。
⑥ 笔者于2018年5月在云南省红河州金平县金水河镇南科村调研所得资料。

范围30米内卫生进行维护，不听劝者除责令限期给予清除外，罚款50至100元。”①

（三）规约村风民俗，保护民族文化

在少数民族地区的乡规民约中，一般皆有规约村风民俗的条款。如红河州金平县国营金平农场曼丈下寨的村规民约第二十条和二十一条规定：“全队人员要树立讲文明、树新风的社会风尚，做到尊老爱幼、家庭和睦、邻里团结；胸襟大度、诚实守信；美化村容、绿化村庄；积极开展各项文体活动。为保护和传承好本民族文化，全队居民应从小教育子女热爱本民族文化、学习本民族语言、尊重民族风俗；多穿民族服饰、多做对民族文化发展有意义的事。让本队民族文化得以传承和发展。”② 曼丈下寨居住的曼丈傣，历史上他们曾居住在中越边境，为傣族土司饲养大象，那时他们自称不是傣族。1985年金平建立苗族瑶族傣族自治县时，将曼丈傣归为傣族的一个支系，但他们对傣族的认同度并不高。村规民约具有引导和整合的作用。因此，国营金平农场行政办主任罗老师在协助曼丈下寨制定村规民约时，有意识地在其中加上热爱本民族文化、学习本民族语言、尊重民族风俗、多穿民族服饰等条款，目的是为了促进曼丈傣更快地融入傣族中，增进金平傣族各支系的和睦。再如，金平县金河镇干塘村村规民约第二条规定：“村民应尊老爱幼，拥军优属，扶贫助难，文明理丧，不搞陈规旧俗，喜事新办，严禁大操大办铺张浪费，破除迷信；学法、守法、用法，待人有礼貌，说话和气，不说脏话、粗话，争创文明家庭。违反者，视情节轻重，罚款100至500元。”③ 由此可见，边疆多民族地区的村规民约具有保护民族文化，反对陈规陋习，移风易俗，引导边疆地区各族文化与社会主义文化保持一致的作用。

（四）促进民族团结互助

长期以来我国各民族相互交往交流交融，相互杂居，少数民族地区许多属于多民族地区，同时，少数民族地区多处于边疆地区，因而，边疆少数民族地

---

① 笔者于2018年5月在云南省红河州金平县勐拉镇国营金平农场曼丈下寨调研所得资料。

② 笔者于2018年5月在云南省红河州金平县勐拉镇国营金平农场曼丈下寨调研所得资料。

③ 笔者于2018年5月在云南省红河州金平县金河镇干塘村调研所得资料。

区的民族团结互助影响着边疆的安定。我国9个边疆省区的人口总量约2.82亿，其中少数民族人口0.66亿，占边疆总人口的23.39%。生活在边疆地区的少数民族人口占全国少数民族人口总量的57.89%。广西、云南、西藏、新疆、内蒙古5个省区的少数民族人口比例较高，都超过人口比例的20%以上。特别是西藏和新疆两个自治区，少数民族人口的比例分别占总人口的91.83%和59.9%。① 乡规民约是村民自治的一种形式和体现，属于传统社会孕育并延续下来的内源性自治资源，多民族地区的乡规民约一般皆对民族平等团结、民族关系的和睦作出规定，在维护边疆民族团结互助方面发挥着积极作用。

例如，云南的大理州剑川县象图乡居住着白族、傈僳族和彝族三个民族，乡政府就设立了民族团结公约，其主要内容是维护平等、团结、互助的民族关系，尊重各民族语言文字和风俗习惯。江头村是象图乡的一个村子，村民由白族村民和居住在深山里的彝族和傈僳族村民组成，在异地搬迁中把山上的彝族和傈僳族村民搬到了白族村落里，现在的江头村是白族、傈僳族和彝族村民共同聚居的村落。江头村村规民约有意识地做出规定："三个民族一家亲，相融并进新时代。"② 这些规约促进了民族关系的和睦。

（五）维护社会治安，增强村民自律

国家稳定的基本前提是社会安定。今天的中国依旧存在无数个乡村社会，乡村社会治安对国家稳定很重要。特别是边疆少数民族地区的社会治安，关系到整个国家的稳定和安全，一个安定和谐的社会可以有效防止外部势力的入侵。村规民约一般皆有维护社会治安的条款规定，特别有利于乡村社会秩序的维护。

金平县金水河镇乌丫坪村规民约第十一条、十四条和十五条规定："村民之间由小事发生打架，给对方造成重伤或轻伤的责任者负责他人的医疗及误工费，视情节轻重罚款50元至200元，罚款村小组提留60%，40%交村委会；发生纠纷不经过协商、调解、破坏纠纷现状的，除赔偿损失外，处以100元以上200元以下的罚款，交集体所有。提供赌博场所及其他各种赌博工具进行赌博的，没收全部赌具和收缴全部现金，责令罚款100元至200元，态度恶劣的加倍罚款。"③ 同样，南科村村规民约也对社会治安做了规定："自觉维护社会秩

---

① 方盛举，王志辉．我国边疆治理的一般客体与特殊客体[J]．思想战线，2015（5）．

② 笔者于2017年12月在云南省大理州剑川县象图乡江头村调研所得资料。

③ 笔者于2018年5月于云南省金平县金水河镇乌丫坪村调研所得资料。

序和公共安全，不得干扰国家机关及学校的正常办公秩序，不得阻碍公务人员执行公务（违反此条规定处以300～500元罚款）；要保持文明和谐社会的清洁环境，不吸毒、贩毒、卖淫、嫖娼（违反此条规定的处以300～500元罚款）。”① 多民族地区的村规民约对社会治安皆做出严格的规定，并且十分细化，精细到罚款数额，对村民行为形成有力的约束，客观上也增强了村民的自律。

（六）保护自然资源、居住环境和农业生产

习近平总书记说：“青山绿水就是金山银山”，保护环境是当下中国最紧迫的任务之一。长期以来，乡规民约总以它在乡村制度里独有的地位，深厚的权威基础和历史惯性，以及约束方式的具体性、约束对象的基层性、约束时间的全面性，对乡村地区自然环境的保护做出了较大的贡献。少数民族地区亦然。如金平县金河镇干塘村的村规民约第九条规定：“不准乱砍滥伐山林树木，如用林木必须办理有关审批手续。如有乱砍滥伐、盗伐行为者，视其情节轻重，送有关部门处理。罚款200至2000元。”② 金平县金水河镇南科村委会也对自然资源的保护做了规定：“无证农户占有证农户的荒山、荒地，经村干部及村委会核实，有权收回无证占用荒山、荒地，经屡教不改并不退还耕地的，给予300～1000元罚款。”③

农业是农民的生计根本，对农业生产的保护是乡规民约的重要内容。乡规民约对破坏村民的农业资源的行为一般都会做出详细的规定。如南科村村规民约第六条规定：“蔬菜瓜果每类每棚赔偿5～100元；粮食按亩产计算，每亩800市斤，赔偿按当时的市场价来赔偿；玉米按株数来计算，每株赔偿5～10元；木薯按株数来计算，每株赔偿5元；蕉类（香蕉、芭蕉、西贡蕉）按棚数来计算，每棚赔偿20～50元。”④ 通过乡规民约的规范和约束，使得村民的生产资源得到保护。

---

① 笔者于2018年5月于云南省金平县金水河镇南科村调研所得资料。

② 笔者于2018年5月在云南省红河州金平县金河镇干塘村委会调研所得资料。

③ 笔者于2018年5月于云南省金平县金水河镇南科村调研所得资料。

④ 笔者于2018年5月于云南省金平县金水河镇南科村调研所得资料。

五、研究的理论基础

乡村治理理论是研究乡村治理中乡规民约作用的基础理论，乡规民约研究的展开正是基于乡村治理的背景下，探讨如何加以继承、转化和创新，发挥乡规民约在少数民族乡村治理中的积极作用。从国家法的视角来看，乡规民约是一种非正式制度，它区别于由国家政权保障实施的正式制度，中国的乡村社会拥有上千年积淀而成、底蕴深厚的乡民文化，有内生的各种非正式制度和规范发挥着规约作用，为非正式制度的运行提供了生存土壤。乡规民约即是非正式制度的一种，在乡村社会中发挥作用最为持久、运作成本最低的传统治理资源。对乡规民约研究的理论基础如下：

1. 治理理论

1989 年世界银行在概括非洲的情形时首次使用了“治理危机”一词，在这之后“治理”一词便被广泛应用于政治学研究中。被称为治理理论创始人的罗西瑙认为，治理是一种在共同目标和规则支持下的活动，治理主体不一定是政府，也不需要依靠国家强制力量来实现。① 全球治理委员会 1995 年给出的定义是：治理是各种公共或私人机构在管理共同事务时所采用的方式总和，是在调和各种社会冲突和利益矛盾时采取联合行动的持续性过程。西方学者的治理理论拓宽了国家和社会的框架、关系。20 世纪 90 年代中期我国学者开始对治理理论进行研究，俞可平认为治理是指官方的或民间的公共管理组织在一个既定的范围内运用公共权威维持秩序，并在各种不同的制度关系中运用权力去引导、控制和规范公民的各种活动，以最大限度地增进公共利益，满足公众需要。②十八届三中全会提出国家治理体系和治理能力现代化之后，治理开始变成一个政治热词。可以说把治理理论引入我国的政治体制变革，无疑是一次质的飞跃，它强调治理主体的多元化、公共利益最大化，意在谋求国家和社会的一种和谐状态。我们应该从治理的原创含义去理解国家治理体系和治理能力现代化的内

---

① 詹姆斯·N. 罗西瑙. 没有政府的治理——世界政治中的秩序与变革[M]. 张胜军，刘小林，等，译. 南昌：江西人民出版社，2001：9.

② 俞可平. 治理与善治[M]. 北京：社会科学文献出版社，2000：9.

涵和方向，在国家治理体系和治理能力现代化的建构中，目标是现代化，治理主体应是多元，治理资源多元，治理方式多元，如自治、德治、法治多措并举，治理力量多元，如此等等，在遵照治理理论原创含义的基础上来思考如何实现国家治理体系和治理能力的现代化目标。

治理理论的引入给我国乡村研究带来了新的生命力和活力。1998 年，华中师范大学中国农村问题研究中心的学者首次提出“乡村治理”的概念。① 贺雪峰指出，乡村治理是指如何对中国的乡村进行管理，或中国乡村如何可以自主管理，从而实现乡村社会的有序发展。② 贺雪峰总结了乡村治理有两个偏向性，即强调地方自主性和解决农村社会发展中存在问题的能力。当我们将治理理论置于乡村这个特定的场域中时，一方面乡村治理理论与我国的村民自治制度不谋而合，而乡规民约正是村民自治的形式之一；另一方面，在国家大力推进国家治理体系和治理能力现代化的背景下，纵向上乡村治理也是国家治理的重要一环，并且居于最末端，因而，乡村治理的好坏是国家治理水平高低的一个视窗。基于上述，对乡规民约的研究理应引入治理理论。

2. 非正式制度理论

非正式制度理论源于西方经济学研究，早在 19 世纪末期至 20 世纪早期的旧制度经济学派的研究中对非正式制度就有涉及。旧制度经济学派代表人凡勃伦和康芒斯在其著述中虽然没有明确提出非正式制度这个概念，但是他们的思想中都体现出非正式制度这个概念的存在。20 世纪 50 年代以后新制度经济学派兴起，非正式制度理论的研究以诺斯最具代表性，他在 1990 年所著的《制度、制度变迁与经济绩效》一书中用一章专门对非正式制度进行研究。他认为，“正式制度是指人们自觉发现并加以规范化和一系列带有强制性的规则。正式规则包括政治（及司法）规则、经济规则和合约”。“非正式制度包括行为准则、伦理规范、风俗习惯和惯例等，它构成了一个社会文化遗产的一部分并具有强大的生命力。非正式制度是正式制度的延伸阐释或修正，它是得到社会认可的行为规范和内心行为准则。”③ 从诺斯的阐释中我们可以看出，非正式制

---

① 徐勇，贺雪峰，等. 村治研究的共识与策略[J]. 浙江学刊，2002（1）：26－32.

② 贺雪峰. 乡村治理研究的三大主题[J]. 社会科学战线，2005（1）：219－224.

③ 道格拉斯·C. 诺思. 制度、制度变迁与经济绩效[M]. 刘守英，译. 北京：生活·读书·新知三联书店，1994：64.

度是指那些内化于人们内心的行为准则、伦理规范和风俗习惯等。凡是文明发端较早，历史悠久，民间制度文化源远流长的国家，非正式制度的体系健全、内容厚重、形式多样，运行机制完善，沉淀较深，在其社会发展进程中发挥着不可替代的作用。西方以英国为典型，东方以中国著称。西方政治思想史上，像孟德斯鸠、柏克、马克斯·韦伯等皆十分重视一个国家行为准则、伦理规范、风俗习惯和惯例等社会文化遗产的重要性，反对随意摒弃这些宝贵的社会文化遗产。

经济学家威廉姆森在其制度理论著作《治理机制》中，也将制度分为正式制度和非正式制度。他认为正式制度是人们有意识建立起来的并以正式方式加以确定的各种制度安排，如法律法规、政策规则等；非正式制度是指人们在长期交往中自发形成并被人们无意识接受的行为规范，如伦理规范、道德观念、风俗习惯等。他指出："制度环境决定了游戏规则，如果产权、契约法、规范、习俗等的变化导致治理的比较成本变动，那通常就意味着经济组织的重组。"① 威廉姆森的制度环境概念包括产权、契约法等正式制度，也包括规范、习俗等非正式制度，它们共同构成经济组织的外部环境。20 世纪 90 年代，随着比较制度分析的研究方法在美国兴起，格雷夫和青木昌彦都从博弈论的角度对非正式制度进行了深入的研究。这些研究成果对我们理解和研究乡规民约具有很好的启发作用。

在我国乡村政治的研究中，一些学者也对非正式制度在乡村治理中发挥的作用有所关注。章荣君指出，在乡村治理中，非正式制度主要表现为乡村社会的风俗习惯、宗族宗教、村规民约和人伦礼法等。② 他认为对待非正式制度应该"取其精华，去其糟粕"，充分发挥非正式制度在乡村社会中的调节功能。吴毅在其《村治变迁中的权威与秩序》认为，村治格局是现代性、国家和村庄地方性知识三种力量的互相融合，其中村庄地方性知识就是指风俗习惯、地方乡土习俗等非正式制度。高满良将农村的非正式制度理解为与正式制度相对应

---

① 奥利弗·E. 威廉姆森. 治理机制[M]. 北京：中国社会科学出版社，2001：272.

② 章荣君. 乡村治理中正式制度与非正式制度的关系解析[J]. 行政论坛，2015（3）：21－24.

的，在农村治理中发挥约束作用的“无字规则”。①

总体看来，在乡村治理的场域中，学界对非正式制度的关注和研究并不少。乡规民约是中国乡村社会自生自发型、内嵌型的一种非正式制度，又称乡约、寨规、合约、规约、禁约、公约、村规民约等。值得注意的是，“乡规民约”是一种传统的常用称谓，在城市社区中可称“街规民约”，在农村村寨一般称“村规民约”，本质上它们都属于一种非正式制度。它是经由乡村共同体在长期的生产生活和交往过程中形成的内化于心的风俗习惯、人伦规则、道德规范、宗教观念等，相较于国家的正式制度，它具有内源性和草根性，因而是更易于为广大村民所接受和遵循，是非常好的一种治理资源。

3. 社会资本理论

社会资本理论发端于社会学与经济学的研究，由两者交叉演化而来，并对其他社会科学产生了重要影响，在解释和分析经济、政治、社会等现象过程中常被引入，且颇具解释力和说服力。自20世纪70年代以来，经济学、社会学以及政治学等多个学科不约而同地开始关注一个概念——社会资本，以用来解释经济增长和社会发展。随着工业社会的来临和发展，资本的隐喻不断深化，资本概念的社会化使得社会资本逐渐成为一种与物质资本、人力资本并列的重要资本。社会资本甚至被西方国家的决策圈看成是解决社会矛盾的新思路，即所谓的“第三条道路”。在20世纪80～90年代，社会资本这一综合性概念和研究方法的兴起成为一个国际性的学术热点。国内也有诸多学者对社会资本理论做了深入研究。目前学界对社会资本这一概念尚存争议，但社会资本在经济、政治、社会等领域的重大影响力却得到了普遍承认，并在多学科交叉研究中不断拓展社会资本的适用性和解释力。

根据已有关于社会资本理论的研究成果，一般认为，布迪厄是第一位在社会学领域对社会资本进行初步分析的学者，科尔曼对社会资本做了较系统的分析，帕特南从政治的角度对社会资本进行了研究。关于什么是社会资本的问题，学界有着诸多不同的理解和定义，可归纳为资源说、能力说、功能说、网络说、文化规范说等，这些不同观点不断扩展了社会资本概念的内涵。② 其中较具代

---

① 高满良．农村治理中的非正式制度分析——对砚山县鲁都克村的个案研究[J]．云南行政学院学报，2013（2）：133－136.

② 卜长莉．社会资本与社会和谐[M]．北京：社会科学文献出版社，2005：74.

表性的有三种，一是认为社会资本是对社区生产能力有影响的人们之间所构成的一系列“横向联系”；二是认为社会资本是支配人们行动的所有横向和纵向的社会结构和准则；三是认为在以上两种观点基础上，社会资本还包括使准则得以发展及决定社会结构的社会环境和政治环境。此外，我国著名政治学学者燕继荣研究员在其著作《社会资本与国家治理》中提出，社会资本是资本的表现之一，广泛存在于社会网络关系之中并能够被行动者投资和利用以便实现自身社会目标的社会资源。① 概言之，社会资本是一种新型的资本，区别于传统的资本，它能够使得社会网络中的主体获得一定的资源和收益，而信任、规范以及网络等是社会资本的核心词汇，构成了社会资本的核心特征。②

从乡规民约的内涵、特征及历史功能等角度来看，乡规民约是一种在农村积淀深厚的非正式制度规范，也是一种优秀的传统治理资源。依据已有的社会资本理论研究成果，乡规民约可以被看作是便于实现目标的社会资源、嵌入社会关系之中的无形资产、基于信任的乡村社会网络关系，因而它属于社会资本的范畴。基于上述，运用社会资本理论对乡规民约在少数民族地区乡村治理中的作用加以分析，有助于我们思考并解决乡规民约作用发挥、治理成本和治理绩效等实践层面的问题。

---

① 燕继荣．社会资本与国家治理[M]．北京：北京大学出版社，2015：80.

② 曹永辉．社会资本理论及其发展脉络[J]．中国流通经济，2013（6）．

第二章　研究者视角下乡规民约的理论发展与演化

秦汉以来，我国农村社会在自身的发展轨迹中内生演化形成传统的乡村治理体系，乡规民约是其中最具代表性、运行时间最长、治理作用与效果最显著的一种非正式制度规则。党的十八届四中全会指出："发挥市民公约、乡规民约、行业规章、团体章程等社会规范在社会治理中的积极作用。"① 中共中央、国务院出台的1号文件中也明确要求："要从农村实际出发，善于发挥乡规民约的积极作用，把法治建设和道德建设紧密结合起来。"② 在推进国家治理体系和治理能力现代化背景下，在农业现代化战略、新型城镇化战略、社会主义新农村建设、城乡一体化战略进程中，作为源远流长的民间非正式制度规范的乡规民约如何在今天新的乡村治理体系中发挥治理作用，提高治理绩效，是一个重要课题。因此，基于研究者的视角对近年来乡规民约的理论发展及其演化进行学术梳理是必要的。

一、对乡规民约内涵、特征、形态、演变等基本问题的研究

乡村治理研究是农村研究的重要组成部分，也是学界关注的重要领域。乡规民约既是乡村治理的价值规范，也是乡村治理的运行机制；既是历史文化的传承载体，也是在经济社会持续发展并完善的产物。在乡村治理中不断调试和完善乡规民约，既是国家治理的内在要求，也是学术课题。本书近年来对乡规民约的研究做学术回顾与梳理，主要围绕以下问题进行讨论。

（一）乡规民约内涵的历史演变

乡规民约是中国乡村社会自生自发型、内嵌型的一种非正式制度，又称乡约、寨规、规约、禁约、公约、村规民约等。国内学者从不同的视角和领域对乡规民约的内涵和外延进行了界定。代表性的观点有：《中国大百科全书》将乡规民约定义为："中国基层社会组织中社会成员共同制订的一种社会行为规

① 中共中央关于全面推进依法治国若干重大问题的决定[N]．人民日报，2014-10-29（1）．

② 中共中央国务院《关于加大改革创新力度加快农业现代化建设的若干意见》[N]．人民日报，2015-02-02（1）．

范。又称乡约。在城市称街规民约。”① 黄珺认为：“凡在国家法律体系而外的，由当地社会成员共同制定、共同遵守的，调整本地区社会成员社会关系的一系列行为规范（准则），都属乡规民约的范畴。”② 谢晖将乡规民约分为广义和狭义两类，他认为广义的乡规民约泛指一切乡土社会所具有的国家法之外的公共性规则，其表现形式包括习惯法、家庭法、（狭义的）乡规民约以及官方在乡民社会的非正式经验；狭义的乡规民约则仅指在国家政权力量的“帮助、指导”下，由乡民们“自觉地”建立的相互交往行为的规则。③ 这一定义揭示了乡规民约产生的社会基础，同时强调国家权力对乡规民约制订过程的介入。可见，乡规民约是官方与民间、国家与社会合作和互动的产物，兼具“官方”性质与“民间”性质。张明新从国家法和法理两个视角阐释了乡规民约的内涵，从国家法视角来看，它是一种非正式制度，具有自我实施的效力；从法理视角来看，它属于民间法范畴，乡规民约指乡村居民们共同商量、共同讨论、共同制定，每个乡村居民都必须遵守和执行的行为规范。④ 齐飞则从乡规民约制订的主体、前提、核心、目标等角度进行解释，他认为当代乡规民约指的是：“为实现农村善治的目标，在国家权力引导和社会权力广泛参与的条件下，村庄共同体成员在民主法治框架内根据传统习俗制订的，以规范村民组织权力运作和调整村庄成员的权利义务关系为核心，以村庄共同体权威保障实施的软法规范。”⑤ 党晓虹认为：“乡规民约是指由某一特定乡村地域范围内的组织或人群共同商议制定的、以书面文字或口头约定为主要传载方式的、用来维持乡村社会生产生活秩序的、具有一定权威性的内部公共行为规范。”⑥

从历史演变过程而言，我国乡规民约最早可以追溯至北宋时期，成熟于明清时期，民国时期出现自治的萌芽；新中国成立后的三十年，由于国家政权对农村的过度渗入，乡规民约曾一度销声匿迹，改革开放开始，国家政权有限度

---

① 中国大百科全书总编辑委员会《社会学》编辑委员会，中国大百科全书出版社编辑部编．中国大百科全书（社会学）[M]．北京：中国大百科全书出版社，1991：434.

② 黄珺．云南乡规民约大观（上）[M]．昆明：云南美术出版社，2010：前言2.

③ 谢晖．当代中国的乡民社会、乡规民约及其遭遇[J]．东岳论丛，2004（4）.

④ 张明新．乡规民约存在形态刍论[J]．南京大学学报：哲学·人文科学·社会科学版，2004（5）.

⑤ 齐飞．国家治理体系中的乡规民约[D]．北京：中共中央党校，2015.

⑥ 党晓虹．中国传统乡规民约研究[D]．咸阳：西北农林科技大学，2011.

地从农村社会抽离，乡规民约以基层群众自治的形式得到恢复和发展。杨开道先生在《中国乡约制度》一书中详细分析了北宋《吕氏乡约》至明清时期中国农村社会组织的基本形式，这本书堪称研究乡村组织和自治习俗的代表性著作。[①] 齐飞纵向梳理了封建时期的乡规民约，主要有宋代的《吕氏乡约》、明代的《南赣乡约》和《保民训要》、清代的《圣谕六条》《圣谕广训》，民国时期的乡规民约，主要有阎锡山的村政建设、共产党领导下的“农民诸禁”、乡村建设运动，社会主义时期的乡规民约。[②] 从我国传统乡规民约的作用和属性来看，其总体演变趋势是由基层自治组织演变成官方控制机构。如吴晓玲、张杨认为，早期乡规民约是理想中的道德规范，其作用主要体现在教化方面，明代的乡规民约是乡村自治的规范，清代乡规民约沦为政府基层控制的工具，乡约制度设立的最初职能便丧失了，其主要特点是内容的统一化、活动的形式化、约正选拔的官僚化，在民国时期，乡规民约虽经历了短暂的复兴，但在专制的政治体制下，其应有的自治属性也不断丧失了。[③] 党晓虹则梳理和总结了传统乡规民约发展的阶段性特征，北宋以前乡规民约在孕育中初具形态，两宋时期乡规民约在夹缝中艰难发展，明清时期乡规民约在支持中失去自我，民国时期乡规民约在“西学”冲击下发生现代嬗变；并分析了中国传统乡规民约的思想渊源，认为儒家思想是传统乡规民约的精神内核，宋明理学是传统乡规民约的思想基石，西方宪政思想是促使传统乡规民约转型的外来元素。[④]

（二）乡规民约的性质和特征

近年来，学界关于乡规民约性质的讨论突出了法社会学的研究角度，而且讨论较深入。叶小文认为，中国传统乡规民约的性质是道德规范与政治规范和法律规范的重叠；而现阶段乡规民约是一种特殊的社会主义职业道德规范，与政治规范部分重叠，对法律规范起到补充的作用，它又是一种农民群众在社会生活中运用民主自我管理和教育的自治形式，与政治规范部分重叠的道德规范是其基本属性，社会主义民主性是其本质属性。[⑤] 齐飞认为，乡规民约兼具公

---

① 杨开道．中国乡约制度[M]．北京：商务印书馆，2015.

② 齐飞．国家治理体系中的乡规民约[D]．北京：中共中央党校，2015.

③ 吴晓玲，张杨．论乡规民约的发展及其演变[J]．广西社会科学，2012（8）．

④ 党晓虹．中国传统乡规民约研究[D]．咸阳：西北农林科技大学，2011.

⑤ 叶小文．论乡规民约的性质[J]．贵州社会科学，1984（2）．

共意志性、民主性、程序性、权威性、合法性和非国家强制性等特征，其内在构造完全符合软法的基本要素，因此它是一种具有软法属性的社会规范。① 张静从村庄治权的角度指出乡规民约的基本性质有特殊主义、集体主义、绝对主义的权威导向、模糊性与非形式化。②

关于乡规民约的特征，学者们从多层面多角度进行概括。董建辉指出乡规民约是一种社会行为规范，它是人们在相互合意的基础上制定的，制定的主体是乡民，它具有社会性。③ 马婧认为，乡规民约作为一种调节社会矛盾的行为规则，具有自治性、区域性、乡土性、模糊性与非形式化的特点。④ 金根认为，乡规民约具有空间性（乡土性、地域性）、内生性和合意性、“伦理本位”、约束性的特征。⑤ 党晓虹认为，传统乡规民约的主要特点是时空性、集体性、模糊性和变通性、文本的通俗易懂性。⑥ 刘建平、李双清认为，乡规民约具有群众自治和国家强制的双重属性、人民性、宪法的委任性、实践优越性、灵活性强、自觉性强、普及率高等特性。⑦

（三）乡规民约的类型与存在形态

学者们对乡规民约的类型依据不同标准进行分类，类型的多样既是乡规民约多样性和丰富性的呈现，也是研究乡规民约的性质、民族性、时代性、功能、形态和载体的一个维度。齐飞认为，依照乡规民约的主体在制定中发挥作用的不同可分为政府主导型乡规民约和村民主导型乡规民约；依照乡规民约涉及的内容可分为综合性乡规民约和专门性乡规民约；依照乡规民约所依托的载体可分为纸质乡规民约、石质类乡规民约、木质类乡规民约、网络乡规民约等类型。乡规民约的总体发展趋势是从静态走向动态、从单一走向多元、从封闭走向开放。⑧ 刘建平、李双清根据乡规民约的特点和性质将其分为民间习惯、宗族法、

---

① 齐飞．国家治理体系中的乡规民约[D]．北京：中共中央党校，2015.

② 张静．乡规民约体现的村庄治权[J]．北大法律评论，1999，(1)．

③ 董建辉．“乡约”不等于“乡规民约”[J]．厦门大学学报：哲学社会科学版，2006，(2)．

④ 马婧．探析法治现代化进程中乡规民约的价值[D]．南昌：江西师范大学，2010.

⑤ 金根．社会治理视域下的乡规民约研究[D]．南京：南京大学，2015.

⑥ 党晓虹．中国传统乡规民约研究[D]．咸阳：西北农林科技大学，2011.

⑦ 刘建平，李双清．论乡规民约与乡村红色文化遗产的保护[J]．湘潭大学学报：哲学社会科学版，2009（6）．

⑧ 齐飞．国家治理体系中的乡规民约[D]．北京：中共中央党校，2015.

伦理道德、礼仪制度、村落法以及乡（村）地方自治制度与管理办法六类。①黄珺将乡规民约分为教化性、告知性、禁止性、奖励性、惩戒性、议事类等类型。② 吕亚军、刘欣将近代云南乡规民约分为以下几类：从参加者的身份来看，可划分为地缘性的、行业性的以及宗族血缘性的乡规民约；从乡规民约的功能来看，可划分为以劝善惩恶为主的道德教化型和以弭盗防贼为主的准军事治安型的乡规民约；从乡规民约的设立宗旨来看，有经济型的、环保型的、水利类的以及专门针对某一具体之事而立的规范等。③

关于乡规民约的存在形态，学者们从多角度进行了较为深入的研究。张明新归纳了传统乡规民约的存在形态包括文本形态和组织形态，其文本形态分为两种：一种是重在“扬善”的劝戒性乡规民约，以《吕氏乡约》、明清两代的《圣谕》（或《圣谕广训》）为代表；另外一种是重在“惩恶”的惩戒性乡规民约，以《南赣乡约》为代表，前者旨在重教化而厚风俗，后者旨在维护乡村公共秩序。为保证乡规民约的顺利执行，其组织形态在早期普遍依托于村落组织，北宋之后已出现了专门的乡规民约组织。他进一步指出，在我国少数民族乡村中，也有类似于乡约的社会制度和组织，比如，瑶族的石碑制，苗族的“议榔”，海南岛黎族的“峒”，台湾高山族的“社”，布依族、侗族、水族等民族的“合款”等。④ 张明新在另一文中阐述了乡规民约的嬗变，他认为清末新政后至民国前期的乡规民约略具近代民主自治色彩；改革开放以后，由于村民自治制度的推行，乡规民约得以恢复和发展，村民自治章程成为了乡规民约的当代表现形式。⑤ 刘笃才认为，乡规民约的历史存在形态有唐代后期至五代宋初的社邑规约、宋代明时期的乡约、明末清初的民间慈善组织规约和清代晚期的乡规。⑥ 这些研究对乡规民约存在形态的历史脉络作了清晰的梳理。

---

① 刘建平，李双清．论乡规民约与乡村红色文化遗产的保护[J]．湘潭大学学报：哲学社会科学版，2009（6）．

② 黄珺．云南乡规民约大观（上）[M]．昆明：云南美术出版社，2010：前言1.

③ 吕亚军，刘欣．乡国之间：近代云南乡规民约浅析[J]．天津行政学院学报，2013（1）．

④ 张明新．乡规民约存在形态刍论[J]．南京大学学报：哲学·人文科学·社会科学版，2004（5）．

⑤ 张明新．从乡规民约到村民自治章程——乡规民约的嬗变[J]．江苏社会科学，2006（4）．

⑥ 刘笃才．中国古代民间规约引论[J]．法学研究，2006（1）．

（四）乡规民约的效力基础与权威来源

乡规民约的效力基础是研究乡规民约的一个重要理论问题，为学者们所关注。吕廷君认为，乡规民约的效力基础包括社会权力和国家权力，乡规民约的社会权力基础主要体现在中国传统乡规民约的产生、遵守、执行和监督等主要环节，而现代乡规民约以国家权力作为主要的效力基础，现代的城市居民自治、乡村自治以及它们制定的自治性乡规民约都是以国家权力为后盾的，是国家正式制度的重要组成部分，现代乡规民约效力的社会权力基础显得比较薄弱，它主要表现为人们的内心服从与社会舆论的强制力。①

关于传统乡规民约的权威来源与治理条件，周家明、刘祖云分别从乡土社会的礼治秩序、乡约组织的宣传教导、宗族家庭的家法歧视、乡村精英的教化授命等角度分析了乡规民约的权威来源及治理条件，他们认为乡土社会是一种熟人社会，它依托于传统的行为习惯和礼治秩序，乡约组织的宣教引导强化了乡民对乡约的遵从，家族制度是乡民们普遍遵守乡规民约的组织保障，乡村精英是乡规民约的倡导者和执行者，他们对乡规民约的贯彻实施确保了其能发挥应有的功能与效果。② 王国勤、汪雪芬认为，规制性、合法性与工具性是村规民约权威塑造的三个关键性要素。③

（五）乡规民约的文本结构与主要内容

当代乡规民约的文本结构趋于规范化，仿照法律格式。齐飞指出，乡规民约文本形式仿照法律的格式，一般分为总则、正文和附则等三部分内容，它的基本内容涵盖村民权利义务以及村民组织权力两方面。总则部分主要说明立约的目的、依据及其效力；从文本分析，乡规民约正文主要涵盖以下内容：促进农业生产发展、促进农村生活和谐发展、促进人与环境和谐共处、促进村风民俗良善有序；文本附则部分涉及乡规民约的解释权限、修订、执行主体、生效以及冲突等内容。④

关于传统乡规民约的内容，党晓虹认为，中国传统乡规民约的内容主要体

① 吕廷君．论乡规民约的效力基础[J]．民间法，2008（4）．

② 周家明，刘祖云．传统乡规民约何以可能——兼论乡规民约治理的条件[J]．民俗研究，2013（5）．

③ 王国勤，汪雪芬．村规民约的权威塑造[J]．江苏大学学报：社会科学版，2016（2）．

④ 齐飞．国家治理体系中的乡规民约[D]．北京：中共中央党校，2015．

现在经济生产和社会生活两个方面，经济生产方面有：乡民农业生产互助，对农业生产资料的管理和分配，对农田的保护，对水口、山林、公田等乡村公共财产的管理和保护，农田水利设施的兴修、维护与管理，农村商品经营活动的规范，经济互助；社会生活方面有：乡村社会内部成员关系的调整，乡村社会组织内部成员生活互助与救助，乡村教育文化事业，乡村社会等级制度的维护，乡村祭祀，乡村社会风气的维持，乡村社会设施的保护。①

对乡规民约具体文本形态结构分析的研究较多，牛铭实在《中国历代乡规民约》一文中梳理了吕大钧的《吕氏乡约》、朱熹的《增损吕氏乡约》、王守仁的《南赣乡约》、李春芳的《订乡约事宜》、陆世仪的《治乡三约》、雍正的《圣谕广训》、冯桂芬的《复乡职议》、清末民初的翟城村村治制度及村规民约、1997 年颁布的《后埔村村民自治章程村规民约》等一系列乡规民约制度原文，并对它们进行了解读和分析。② 黄珺在《云南乡规民约大观（上、下）》一书中收录了云南乡规民约原文 245 份，其中明代 5 份，清代 104 份，民国 27 份，新中国 109 份，还以附录的形式收录了 16 份有关云南少数民族习惯法的资料，是我们研究少数民族地区乡规民约的重要资料。③ 金根以《南赣乡约》为分析对象，探讨了《南赣乡约》的文本内容、组织特征、权威来源、作用机制、价值经验及其对村民自治的启示。④

（六）乡规民约的功能与作用

乡规民约的功能和作用也是乡规民约研究中的重要理论问题，讨论较为深入。齐飞认为，乡规民约的功能主要有以下四点：法治发展的要求、弘扬传统文化、推行村民自治、维护社会秩序。⑤ 王国勤、汪雪芬分别从经验层面和规范层面分析了村规民约的功能，在经验层面，既依靠村规民约去实现国家建设的现代化目标，也被用来培育和促进农村社会公序良俗的形成，在理论层面，作者从村规民约功能发挥的内在机制的角度归纳了国内学者对乡规民约的四种

---

① 党晓虹．中国传统乡规民约研究[D]．咸阳：西北农林科技大学，2011.

② 牛铭实．中国历代乡规民约[M]．北京：中国社会出版社，2014.

③ 黄珺．云南乡规民约大观（上、下）[M]．昆明：云南美术出版社，2010.

④ 金根．传统乡规民约的价值、经验与启示——基于《南赣乡约》文本分析的视角[J]．中国农业大学学报：社会科学版，2014，(4)．

⑤ 齐飞．国家治理体系中的乡规民约[D]．北京：中共中央党校，2015.

研究范式，即社会资本与社会信任、法律社会学、社会整合、公共性与国家建设。[①] 马婧梳理了乡规民约的规制功能，其积极功能主要包括乡土社会的自我管理功能、规范资源的有效补充功能、法律规范的民间注解功能、现代法律文化的培育功能，消极功能是对效力的侵蚀和对正义的侵害。[②] 刘建平、李双清则独辟蹊径从乡规民约对乡村红色文化遗产保护的角度阐释了乡规民约的社会作用，即自觉约束、公开告示、规范引导、道德谴责、强制执行，主要体现在制定保护原则、确定保护内容、明确保护要求、落实保护措施这四个方面。[③] 朱明鹏认为，乡规民约在农村环境保护实践中具有较大的可行性和实效性，主要体现在以下几个方面：一是村民自治为乡规民约提供了发挥功能的场域；二是乡规民约具有规范性且与现代法治社会要求相适应；三是乡规民约在内容上便于制定和执行；四是乡规民约来源于村民自治实践且能够弥补国家法的空白。[④] 金根基于《南赣乡约》文本分析的视角，阐释了《南赣乡约》具有多方面的社会政治功能，它整合了农村社会秩序，强化了乡民对既存政治体系和主流价值的认同。[⑤] 以上这些研究深化了我们对乡规民约功能和作用的认识。

紧扣乡村治理这一热点，高其才从地方性法规角度阐述乡规民约在乡村治理中的作用，认为地方法规及规章关于乡规民约的规范包括村民自治、农村治安、农村自然资源保护与利用、农村环境保护、农村公共事务、农民权益保护、农村纠纷解决等方面。[⑥] 周蔚认为，村规民约在村级管理中具有民主参与、秩序维持、文化传承、行为约束、国家立法的补充功能。[⑦] 党晓虹认为，它有利于合理分配和管理农业生产资料、推动农业生产互助、保护农业生态环境、推动乡民之间日常生活的合作互助、缓解乡村社会矛盾、调整乡村社会关系、净

---

① 王国勤，汪雪芬．村规民约的权威塑造[J]．江苏大学学报：社会科学版，2016（2）．

② 马婧．探析法治现代化进程中乡规民约的价值[D]．南昌：江西师范大学，2010.

③ 刘建平，李双清．论乡规民约与乡村红色文化遗产的保护[J]．湘潭大学学报：哲学社会科学版，2009（6）．

④ 朱明鹏．农村环境的共治保护：例证乡规民约[J]．重庆社会科学，2015（5）．

⑤ 金根．传统乡规民约的价值、经验与启示——基于《南赣乡约》文本分析的视角[J]．中国农业大学学报：社会科学版，2014（4）．

⑥ 高其才．通过村规民约的乡村治理——从地方法规规章角度的观察[J]．政法论丛，2016（2）．

⑦ 周蔚．村规民约在村级管理中的功能问题研究[D]．长沙：湖南大学，2012.

化乡村社会风气等。[①] 刘建荣认为，乡规民约具有自我管理与自主服务、统摄社会治安、调控社会以及对国家法律进行补充的法治功用，并指出加强乡规民约建设有助于推进村民自治的发展、培养农民的法制观念、提高农民的道德素质、促进社会主义新农村建设的全面发展。[②] 赵旭东、朱添谱则从文化功能角度指出，乡规民约有利于村民的道德和价值观的再造、村落共同体的重塑、缓解城市流动人口压力、培养村民法律意识。[③]

乡规民约作用机制是研究中不可忽略的重要问题，它是认识乡规民约在乡村治理中作用发挥的关键。周家明、刘祖云认为，村规民约具有三大内在作用机制，即惩戒监督机制、价值导向机制、传递内化机制。[④] 金根从乡规民约的内在互动机制和外在作用机制两个方面对乡规民约的运行机制进行了探讨，他认为乡规民约的内在互动机制包括国家政权、以乡村士绅为代表的乡村精英和乡民阶层，外在作用机制是以乡规民约的两种形态对乡村社会三种行为施加影响，即通过"扬善"机制对有利于乡村社会的行为进行奖赏，通过"惩戒"机制对不利于乡村社会的行为进行惩戒，从而实现"弘扬正能量，规避负能量"，同时以"村范""禁约"形式为常规行为指引方向、划定边界，促使常规行为向有利于乡村社会行为的方向转变。[⑤]

二、基于国家治理视角和国家法层面对乡规民约的研究

国家治理是一个系统，乡村治理是其中的基础部分，其成效关系全局。乡规民约作为乡村治理的社会机制，在乡村治理中起着约束、规范和调节的综合作用，乡规民约的完善与整合必须从国家治理的整体视野审视处于国家治理层次中最末端的乡规民约的功能、作用机制、运行方式等问题，实现国家硬法与

---

① 党晓虹．中国传统乡规民约研究[D]．咸阳：西北农林科技大学，2011.

② 刘建荣．乡规民约的法治功用及其当代价值[J]．北京人民警察学院学报，2008（1）．

③ 赵旭东，朱添谱．乡规民约与新乡土秩序的建构——乡规民约在中国城镇化建设过程中的意义[J]．中国党政干部论坛，2015（7）．

④ 周家明，刘祖云．村规民约的内在作用机制研究——基于要素—作用机制的分析框架[J]．农业经济问题，2014（4）．

⑤ 金根．社会治理视域下的乡规民约研究[D]．南京：南京大学，2015.

软法的有机整合，保障乡规民约在国家法治框架下恰当地借助内生的乡村社会资本而发挥作用，是时代的新课题。基于国家法层面对乡规民约的研究，近年来有较大拓展。

（一）国家治理体系中的乡规民约

国家治理体系现代化要依托国家法治体系现代化，在全面推进依法治国的进程中实现国家治理的规则法律化，在国家硬法的框架下，筑牢乡规民约等软法治理的社会基础，充分发挥国家硬法与软法的治理作用。齐飞在《国家治理体系中的乡规民约》一文中指出，软法与硬法混合模式是国家治理的基本方向，也就是说，国家治理法治化目标的实现要综合运用国家硬法与软法规范，国家硬法为国家治理提供了宏观上的法治机制保障，乡规民约的软法之治为国家治理法治化提供了社会根基，并分别从乡规民约软法之治是民族法律精神的延续、农村社会中的“活法”以及乡规民约自身具有的软法特性这三个方面阐释了其对于促进国家治理法治化所起到的作用；基于国家治理的视角，作者又分别从国家权力、社会权力、村庄共同体这三个层面具体阐明了多元治理主体在乡规民约软法治理中的定位与措施；并认为国家治理现代化为乡规民约的发展指明了道路，并从乡规民约的制定（制定主体、制定程序、价值理念、基本内容）、乡规民约的修订与清理（修订的主要原则和主要内容）、乡规民约的实施（实施主体、实施范围、奖惩措施）这三个方面对国家治理体系下未来乡规民约的制度设计进行了初步构思。① 王立争认为，农地治理是国家治理现代化的重要组成部分，他将农地治理的现代化推到了软法治理层面，使其与国家治理现代化的目标相契合，而乡规民约作为农地软法治理的主要渊源之一，要优化农地的软法治理，就应大力推进乡规民约制定程序的民主化建设。②

（二）乡规民约与国家法之间的关系与互动

关于乡规民约与国家法的冲突与协调的研究日益全面而深入，为乡规民约的发展厘清了方向。马婧③、袁雪霞④、丁炜炜⑤等学者都认为，乡规民约与国

---

① 齐飞．国家治理体系中的乡规民约[D]．北京：中共中央党校，2015.

② 王立争．国家治理现代化视阈下的农地软法治理[J]．江西社会科学，2015（7）.

③ 马婧．探析法治现代化进程中乡规民约的价值[D]．南昌：江西师范大学，2010.

④ 袁雪霞．乡规民约及其法治功能研究[D]．南京：南京师范大学，2007.

⑤ 丁炜炜．乡规民约与国家法律的冲突与协调[J]．理论月刊，2006（4）.

家法之间存在冲突，主要体现在乡规民约对国家法的规避、乡规民约对国家法的利用、乡规民约对国家法的违背以及乡规民约排斥国家法的适用上；他们还分析了乡规民约与国家法存在冲突的主要原因和根源，将之归纳为：一是乡规民约自身存在的局限性；二是乡规民约与国家立法存在冲突和矛盾；三是国家法律和乡规民约追求的法律价值不同；四是国家法律在农村的宣传度、认可度、执行力度不够。关于如何协调乡规民约与国家法之间的冲突和矛盾，马婧阐释了乡规民约与国家法转化的可能性，并进一步分析了乡规民约如何在立法、司法层面向国家法转化等问题。① 袁雪霞认为，可以通过乡规民约的自我完善、国家制定法律充分尊重乡规民约和国家法赋予乡规民约合法性等方式来消解乡规民约与国家法的冲突。② 丁炜炜认为，应在坚持国家法律价值的前提下，促进乡规民约与国家法之间的渗透与融合，建立互动理性的模式，具体表现为：乡规民约对国家法的渗透，国家法律对乡规民约的渗透，国家法律要给乡规民约一定的生存空间，对乡规民约所承载的某些概念进行界定和规定。③

此外，李朝晖从乡规民约的变迁来阐述民间秩序与国家秩序的协同趋势，他认为民间秩序与国家秩序、法律秩序的协同主要体现在民间组织的形式、民间秩序的产生与维护以及民间秩序的内容等方面，并指出了新型的民间秩序正呈现出民主化、制度化以及与国家秩序、法律秩序协同的趋势。④ 有关乡规民约与国家法之间的关系的成果很多，如袁兆春、田成有、冒蓓蓓、贾秀莲、陈江南、高鑫等人的研究。

（三）国家法治框架下乡规民约的自我完善与发展

在国家法治框架下实现乡规民约的自我完善与发展是学界的共识。党晓虹、樊志民认为，国家政权、乡村精英和农民互动是推动传统乡规民约发展演变过程中的最主要的三大推动力量，国家政权是乡规民约的制度保障者和监督者，乡村精英是乡规民约的制定者和执行者，广大农民阶层是乡规民约的主要施受对象，从某种程度上讲，农民也是决定乡规民约能否顺利实施的主要力量，只

---

① 马婧．探析法治现代化进程中乡规民约的价值[D]．南昌：江西师范大学，2010.

② 袁雪霞．乡规民约及其法治功能研究[D]．南京：南京师范大学，2007.

③ 丁炜炜．乡规民约与国家法律的冲突与协调[J]．理论月刊，2006（4）．

④ 李朝晖．民间秩序的重建——从乡规民约的变迁中透视民间秩序与国家秩序的协同趋势[J]．学术研究，2001（12）．

有保证三者之间的良性互动关系和正确的角色分配方能保障乡规民约健康地向前发展。① 吴冬梅认为，乡规民约在制定程序、条款内容及执行上存在缺陷，在某种程度上与国家法律存在冲突和矛盾，不利于国家法律在乡村的实施和国家的法治化进程，要实现乡规民约与国家法律的协调，就应对乡规民约进行整合、引导、制约，重构社会主义法治体系的乡规民约，在国家法律框架内引导乡规民约的自我完善与发展。② 陈振亮基于为社会主义新农村伦理道德建设服务的视角指出，乡规民约的订立完善必须遵循以下几个原则：必须符合国家现行法律，必须符合《公民道德建设实施纲要》，必须符合村民意愿，必须符合当地的实际情况，必须彰显社会主义新农村伦理道德建设的新气象，必须具有可操作性。③ 朱明鹏基于对现有法治资源进行整合的角度，提出了完善村民自治与乡规民约互动的路径，即正确处理好国家法与乡规民约的关系、在村民自治实践中不断发展与完善乡规民约、建立乡规民约制定后的评价机制、司法机关应最大可能适用乡规民约。④ 卞辉从法经济学和法社会学的价值出发，阐释了乡规民约在农村社会治理中的功能与作用，他认为在法治社会中，应加强国家法对乡规民约的有效整合、引导与制约，促进乡规民约在国家法治框架下的自我完善，加强农村公众对乡规民约的认识，并将乡规民约与国家法律的规则作用调整在一个平衡的状态。⑤

三、对少数民族地区乡规民约的研究

少数民族乡规民约是长期以来内生演化形成的形式独特、内容丰富的非正式制度规范或组织形式。各少数民族的乡规民约是构成其民间法、习惯法最重

---

① 党晓虹，樊志民．传统乡规民约的历史反思及其当代启示——乡村精英、国家政权和农民互动的视角[J]．中国农史，2010（4）．

② 吴冬梅．乡规民约的合理性及其与国家法律的协调[J]．湖南农业大学学报：社会科学版，2012（2）．

③ 陈振亮．乡规民约与新农村伦理道德建设[J]．科学社会主义，2013（1）．

④ 朱明鹏．农村环境的共治保护：例证乡规民约[J]．重庆社会科学，2015（5）．

⑤ 卞辉．农村社会治理的本土资源初探——从乡规民约的法经济学和法社会学价值出发[J]．社会科学家，2012（3）．

要的组成部分和表现形式，具有民族特色、地方特色和宗教特色，这些优秀传统文化资源具有旺盛的生命力，可选择性地传承并创新整合融入当代乡村治理体系中。

近年来，对少数民族地区乡规民约的研究也为学术界所关注，梳理研究文献可见，国内学者对回族、白族、苗族、壮族、布依族等少数民族地区的乡规民约进行了研究。例如，刘淑媛对回族地区的乡规民约进行了研究，她认为回族地区乡规民约作为一种地域性的行为规范，维护了回族地区的社会秩序，控制了回族地区的人口增长，促进了回族地区的民族团结，增强了回族地区村民的责任感，保证了回族地区初等义务教育工作的落实。① 赵祖磊对白族传统乡规民约进行了研究，他认为白族传统乡规民约中所体现出的道德思想主要包括社会公共道德、家庭伦理道德、个人品德修养、生态伦理道德，具有民族性、乡土性、淳朴性和交融性等特点，其现代价值主要体现在维护国家统一和巩固民族团结、促进白族地区社会和谐与家庭和睦、提高个人品德以及推动白族地区生态文明建设等方面。② 罗波以龙脊村为例，对壮族乡规民约进行了研究，他通过对新旧乡规民约的比较，分析了两者的相似性和差异性，并从规范、教育、维持秩序、整肃民风、鼓励参与与利益表达这五方面阐述了乡规民约对乡村整合的作用。③ 路世传、杨文武指出乡规民约是贵州布依族民族内部约定的条款，具有强制性等特点，从某种程度上讲，它其实是对“议榔”“榔规”“榔法”的一种沿承。④ 关于苗族、侗族、瑶族乡规民约的研究。孙韡以黔东南苗族村寨作为观察视角，研究和探讨了村规民约的概念、历史发展与现状、理论基础、制订主体与程序、内容，并详细探讨和分析了纠纷解决中的村规民约、村规民约与国家法的冲突与调适、村规民约在基层民主治理中的作用等问题。⑤

此外，还有学者分析了少数民族乡规民约与国家法的关系。郑毅认为，少数民族乡规民约作为国内法治视野下的“本土资源”，应该正视其客观存在，

---

① 刘淑媛．简析回族地区乡规民约的几个问题[J]．宁夏社会科学，1997（1）．

② 赵祖磊．白族传统乡规民约中的道德思想及其现代价值[D]．大理：大理学院，2014.

③ 罗波．壮族当代乡规民约与乡村整合：以龙脊村为例[D]．南宁：广西民族大学，2010.

④ 路世传，杨文武．现代化进程中贵州布依族生态伦理道德的当代价值探析[J]．贵州社会科学，2014（8）．

⑤ 孙韡．黔东南苗族村寨村规民约研究[M]．成都：西南交通大学出版社，2014.

并在实践中与社会主义法制建设进行积极融合。① 王海银认为，村规民约是传统民间习惯法的成文化，它与国家法既有冲突的一面，也有统一和谐的一面，村规民约分别在主体变化、订约目的、订约依据、订约程序和严重违约处理等方面体现国家法。② 冷蓉、杨金洲也阐述了相似的观点，他们认为村规民约与国家法在运行过程中既有冲突又存在互动，要化解乡规民约与国家法的冲突，实现二者的良性互动，就要以国家法律价值为前提，加强国家法对村规民约的引导，促使村规民约在法制框架中不断完善自我。③ 对于乡规民约（村规民约）与国家法之间的关系问题，袁翔珠进一步指出民间规约与国家法律在功能上互为补充，在效力上相辅相成，在内容上仿效与吸收。④ 黄梅和江明生都分析了以侗族侗款制度（侗款组织）为代表的传统权威和现代国家权威体系之间的互动关系。黄梅认为侗族乡村社会的传统权威是依托乡规民约来树立的，其核心载体是侗款制度，作者还指出贵州侗族乡村社会传统权威与现代国家权威体系之间的互动主要体现为相互影响和有效整合，两者的有效互动与相互调试，维护了侗族乡村社会的稳定，促进了侗族乡村社会的发展。⑤ 江明生也表达了相似的观点，他分别从社会主体、社会治理制度、社会治理主体互动方式、社会治理效果这四个层面探讨了侗款制度与政府的深层次关系，并指出了传统权威与现代权威在乡村治理中的作用具有差异性，这是两者互动的前提和基础，必须充分利用好这两种权威，并努力构建两者权威良好结合的体制与机制，这是促进侗族地区经济发展和社会稳定的关键。⑥ 上述探讨对我们以国家治理为视野，研究少数民族乡规民约在乡村治理中的作用，进一步建设好民族地区的乡规民约有诸多启发。

---

① 郑毅．乡规民约民族法制建设不应忽视的特色进路[N]．中国民族报，2015－10－16（006）．

② 王海银．国家法在少数民族地区村规民约中的体现[D]．贵阳：贵州大学，2009.

③ 冷蓉，杨金洲．法治建设视域下少数民族村规民约与国家法的良性互动[J]．长春理工大学学报：社会科学版，2015（6）．

④ 袁翔珠．从广西少数民族乡约序言透视民间规约与国家法律的关系[J]．甘肃社会科学，2014（1）．

⑤ 黄梅．侗族乡村社会传统权威与现代国家权威体系的互动关系研究[J]．民族论坛，2013（7）．

⑥ 江明生．新中国成立后侗款与侗族地区社会治理的历史变迁[J]．广西社会科学，2014（5）．

四、新的概念和理论工具的引入与乡规民约研究的创新

乡规民约是中国传统乡村社会中衍生出来的一种原创制度，无论时代如何变迁，它始终保持了一定的原创性。继续保持乡规民约的生命力，既有利于发挥乡规民约在乡村社会治理中的作用，又有利于国家正式制度的有效运行。因为乡规民约的理论和现实的治理意义，其始终是农村研究领域中被关注的重要问题。通过前文对乡规民约理论发展和演化的学术梳理，学者们从宏观的角度阐释了乡规民约的基本理论，涉及乡规民约的内涵、历史演变、性质、特征、类型、功能、存在形态、文本结构、主要内容、效力基础、权威来源等方面，也有对乡规民约具体文本尤其是各时代的经典文本作结构分析的研究。在研究视角上，学者们多从法理学、法社会学、民族法学等视角探讨了乡规民约与国家法之间的关系与互动。

然而，把乡规民约的研究置于国家治理体系的整体视野，研究处于国家治理最末端的乡村，如何在保持民间性、内生性、民族性的同时，与国家治理相呼应、互动，以及对乡绅和乡约组织消失后的现代乡村，乡规民约如何构建新的权威基础，探索新的运行机制，以何种组织形态和方式整合乡村治理资源，提高治理绩效等问题，尚需学者们进一步思考和研究。基于国家治理的视角和诉求，立足于乡村社会的基本利益和可持续发展，针对前文对乡规民约研究的状态的理论梳理和总结，乡规民约理论的发展与创新应着力于以下思路。

（一）引入新的理论和视角创新乡规民约的理论研究

国内对乡规民约方面的既有研究多集中于概念、性质、特征、历史形态、与国家法的关系等描述上，对新的理论和研究视角引入不足。要进一步发挥乡规民约在乡村治理中的积极作用，需要紧扣新形势下乡规民约发挥作用要建立何种机制和运行方式，构建什么样的权威和治理条件，需要的组织保障，即研究乡规民约参与乡村治理的条件，探讨其作用方式、运行机制是怎样的、该如何调适，才能提高其在乡村治理中的治理绩效。从学理上阐释这些问题，可运用政治学理论与方法，借鉴吸收法社会学、民族法学理论与方法，引入新的理论和概念来增强对乡规民约研究的理论性，如政治现代化理论、新制度主义理

论、结构功能主义、“嵌入型”概念、治理理论、社会资本理论、协商民主理论等，创生具有解释力的新概念，阐释乡规民约的理论和现实问题。参与乡村治理的社会资源是多元的，包括国家正式制度、乡村政治权威、宗教权威、传统规范习俗、乡规民约、礼仪、乡村精英、家族制度等，通过恰当的组织形态和方式实现乡村治理力量的整合，提高治理绩效是研究的新课题。

（二）加强对乡规民约与国家法融合方面的学术研究

法治是国家治理应遵循的重要理念，是现代国家建设的重要维度，因此法治也是乡村治理的重要手段和目标。乡规民约的建设在任何时代只有与当时代的国家法相协调，才有自身生存和发展的空间。法治具有普遍性、刚性、宏观性和严肃性等特征，中国的乡土社会差异性很大，离散型较强，作为社会最末端的乡村社会，其治理仅靠外嵌的国家法律法规等正式制度，缺乏村民的主动参与和自我管理，治理成本较高，治理的绩效也会因主体的能动性发挥不足而减弱，许多乡村社会生活中的细枝末节，不至违法，却危害乡村公共利益，败坏民风，破坏生态环境，乡规民约恰好能够发挥其独特的治理作用。因此在乡村治理中，国家法与乡规民约资源上可以相互借取，力量上相互支持，作用上相互补充。基于依法治国的基本国策和国家治理体系构建的视野，对现有法治资源进行整合，使乡规民约融入国家法律体系，与国家法律体系实现对接，需要法社会学的理论工作者和执法者，乡村研究的学者和基层的管理者们共同探讨。

（三）在新媒体环境下，应重视对乡规民约制定程序的协商性、制定方式的自主性、保持民间性和草根性等问题的研究

近代以后中国社会发生的激烈变革，使农村的传统社会结构发生了巨大改变，乡规民约长期生存的旧制度环境被打破，尤其是传统乡规民约运行所依赖的乡绅阶层的消失，使乡规民约的制定、运行皆受到较大影响。20 世纪 80 年代以后，伴随村民自治的施行，乡规民约得以复苏，但此时新的乡村环境已经重构。乡村制度框架和社会结构都已经发生变化，传统乡规民约制定、运行、依存的权威、发挥作用的空间和方式均须进行一定的调整和转化。但无论怎样与新的乡村制度框架、权力结构和村庄环境相调适而进行创新，都应该保持乡规民约那些历经多个历史时代依然保持的本质特征。这就要求我们在研究乡规民约的现代转化、创新和发展的思路上秉持某些原则。

具体而言，第一，在增强乡规民约制定程序上，应更好地实现协商民主，增加村民间、村民与村委会间、村民与专家间、村民与乡村精英间的对话和沟通，使乡规民约的制定程序更加民主。第二，现代村庄规模的扩大，村民的流动性增加，虽然给村民自主参与乡规民约的制定带来实际上的困难，但信息技术的发展，新媒体的增多，新一代村民具有运用现代媒体的能力又为村民广泛自主地参与乡规民约的制定带来便利条件，因此，需要加强利用新媒体技术实现村民自主制定乡规民约的研究，同时新媒体技术也为乡规民约的宣传方式、执行方式带来变革，这是研究的新方向。只有村民在专家指导下、在村委会协调组织下，经过程序的民主，充分协商、对话，自主达成一致意见而制定形成的乡规民约才能保持民间性和草根性，这是乡规民约能成为乡规民约，得到村民心悦诚服地认同并自觉遵循，从而保持绵延不断的生命力和活力之根本。

概言之，在乡规民约的研究中引入新的理论和视角创新乡规民约的理论分析概念；实现国家治理的规则法律化，在国家硬法的框架下，筑牢乡规民约等软法治理的社会基础，实现乡规民约与国家法的良性互动，相辅相成，最终融入国家法律体系；发挥乡规民约治理的柔性、协商民主性、共同参与性、主体能动性、自律性等优势，在乡村治理中发挥其拾遗补缺、自我约束和管理的作用，降低治理成本，是乡规民约未来发展与创新的主要方向。

第三章　少数民族地区乡规民约的诸多理论问题分析

一、乡规民约的历史流变、内涵与特征

乡规民约起源于人类社会以地缘关系为纽带的乡村社会，是特定地区内居民共同遵守且具有一定权威性的民间行为规范，主要用于协调社区各家族、家庭之间乃至各村民之间的社会关系。我国的乡规民约由来已久，其思想和制度源头可追溯至先秦时期。北宋理学家吕大钧在其家乡陕西蓝田制定和施行的《吕氏乡约》是我国目前保存下来最早的成文乡规民约，它从礼仪、教化、生老病死等各方面来发挥对人的关怀，其倡导的是“德业相劝，礼俗相交，过失乡规，患难相恤”。《吕氏乡约》奠定了乡规民约的基本框架，历代乡规民约基本上都是在它的基础上进行演化和创新，《吕氏乡约》堪称我国古代乡规民约的典范。南宋著名理学家朱熹对《吕氏乡约》重新补改编写，后称之为《增损吕氏乡约》，成为南宋以后中国封建教育的正统教材。① 明代学者王守仁仿《吕氏乡约》颁布了《南赣乡约》，它是以官府命令的形式发布的，其约众的规定带有法律法规的强行性。清代君主为了有效地控制民众的思想，先后颁布了《圣谕六条》（顺治）、《圣谕十六条》（康熙）、《圣谕广训》（雍正）、《城镇乡地方自治章程》等，由于受到国家政权的介入和干预，这一时期的乡规民约丧失了其应有的自治属性，并最终沦为政府控制基层的工具。民国时期，梁漱溟以《吕氏乡约》为范本，在山东邹平等 12 县制定并推行“乡农教育”。② 中华人民共和国成立后，社会政治体制发生重大变革，乡村政治关系重塑，人民公社时期，国家权力对乡村社会全方位渗透，乡规民约衰微，直至 1980 年中国乡村政治关系再次重建而逐渐恢复。

1982 年宪法明确了村民委员会的合法地位，1988 年《村民委员会组织法（试行）》规定，村规民约的制定要报乡镇政府备案，并且不得与宪法、法律和法规相抵触，2010 年重新修订了《中华人民共和国村民委员会组织法》，在法律上认可了乡规民约的合法性，同时也对乡规民约的制定给予引导和支持。从

---

① 黄珺．云南乡规民约大观（上）［M］．昆明：云南美术出版社，2010：前言 2.

② 吴晓玲，张杨．论乡规民约的发展及其演变［J］．广西社会科学，2012（08）：75－78.

我国乡规民约的发展历程来看，乡规民约经历了由民间自发产生到官方引导或制定实施的过程，背后隐藏着国家与乡村之间的利益博弈。但不可否认的是，无论是在封建时代还是社会主义时期，乡规民约都对促进当时乡村经济发展、协调乡村社会关系、维护乡村社会基本秩序等方面发挥着不可或缺的作用，发挥着它独有的治理功能和作用，也形成一种较大的历史惯性，是现代乡村治理体系中不可忽略的传统治理资源。

乡规民约又称乡约、寨规、合约、规约、禁约、公约、村规民约等，在少数民族地区，也有很多称谓，比如，“榔规”“款约”“料令”“法郎”“勋规”“盟约”等。乡规民约作为一种调节社会矛盾的公共行为规范，适用于同一乡村社区中各家庭、家族和各村民。那么，到底何为乡规民约呢？如前文已述，谢晖先生将乡规民约分为广义和狭义两类。学者张明新则从国家法的视角和法理的视角来揭示乡规民约的内涵，从国家法视角来看，它是一种非正式制度，具有自我实施的效力；从法理视角来看，它属于民间法范畴，乡规民约指乡村居民们共同商量、共同讨论、共同制定，每个乡村居民都必须遵守和执行的行为规范①。也有学者指出，“乡规民约是指由某一特定乡村地域范围内的组织或人群共同商议制定的、以书面文字或口头约定为主要传载方式的、用来维持乡村社会生产生活秩序的、具有一定权威性的内部公共行为规范。”② 由此可见，乡规民约指的是村庄共同体成员基于维护乡村社会秩序的需要，通过相互同意的方式而制订的一种具有一定权威性的民间行为规范。

乡规民约作为一种内部公共行为规范，它一般具备如下特征：第一，地域性。乡规民约是在一定地域范围内有效的区域性规范，其内容与本地区的事务有关，符合本地区乡民的实际需求，体现本地区的地方特点。第二，乡土性。乡规民约有着浓厚的乡土气息，是乡土社会生活经验的积累，它还可以将无讼、和谐等一些乡土色彩浓厚的传统理念延续下去，进而保护和维持村庄共同体的秩序稳定。第三，内源性。乡规民约是从乡民日常生活逻辑中形成、生长的，其形成不是“法定”的而是“群定”的，也可以说是一种协商而就的“群规”，是乡民对于“善”的生活的共同追求和自觉。第四，规范性。乡规民约

① 张明新．乡规民约存在形态刍论[J]．南京大学学报：哲学·人文科学·社会科学版，2004（05）：58－66.

② 党晓虹．中国传统乡规民约研究[D]．咸阳：西北农林科技大学，2011.

是存在于乡土社会中的一种特有行为规范，它指导并规范乡民的行为，对本地区的乡民都具有约束力。乡规民约文本形式基本上是仿照法律格式设计的，一般分为总则、正文和附则三部分内容。第五，权威性。乡规民约是村庄共同体成员共同商量、共同讨论、共同制定的，其权威合法性来源于乡民对乡规民约的一致同意和认可。第六，自治性。乡规民约所体现的是乡民自己对本区域内事务的自我管理和自我控制，乡规民约的制定也集中反映的共同意愿和要求，具有群众自治的属性。第七，强制性。为了维护乡村社会秩序的稳定和保护乡民的合法利益，对违反规范的乡民有一定的处罚措施，包括道德谴责、舆论压力和经济处罚等。

二、少数民族地区乡规民约的民族特色和地方特色

少数民族地区的乡规民约是构成其民间法、习惯法最重要的组成部分和表现形式，具有民族特色、地方特色和宗教特色。它不仅具有一般乡规民约的共同性，还体现出自己的特殊个性，其特殊性主要表现在以下几个方面：第一，少数民族地区乡规民约保存方式的多样性，有成文规约，也有不成文规约。由于大部分少数民族地区没有自己本民族的文字，乡规民约的制定缺乏严格的制定程序和文字表现形式，所以很多传统乡规民约都没有书面记载，它们主要保存在民间传说故事里、歌谣中、石刻碑文里、村民的记忆里，通过口耳相传和行为继承的方式进行传承，但其存续时间长且富有生命力。今天少数民族地区的乡规民约基本上都形成了文字，并通过文本形式写在墙上或张贴在宣传窗里，让村寨各家各户遵照执行。第二，少数民族地区的传统乡规民约名称丰富多样，并且有多种表现形式和组织形态，比如，苗族称之为“榔规”，侗族称之为“款约”，瑶族称之为“料令”，布依族称之为“法郎”，傣族称之为“勐规”，羌族称之为“盟约”等。第三，少数民族地区乡规民约的内容十分广泛。少数民族地区乡规民约与当地的乡土生产生活、人际关系、社会伦理等相关联，且大都符合当地的传统行为习惯，通过易于操作的方式规范乡民的行为，从而达到劝善惩恶、教化乡里、保护自然环境、维护乡村社会秩序稳定有序的目的，实现乡村的善治。少数民族地区乡规民约的内容涉及社会生产生活的方方面面，

比如，有宗约、社约、会约、封山育林公约、保护秋收公约、维护地方治安公约等。第四，少数民族地区乡规民约具有民族性与群体性。少数民族地区乡规民约的形成与发展凝结了本民族强烈的民族情感和民族意识，是本民族特有的心理和意识的反映，各个民族的乡规民约都体现出本民族浓厚的乡土特色和民族文化色彩。各民族群众因生存地域的特殊性和自身民族文化的独特性，其乡规民约制定的内容围绕本民族的风俗习惯、禁忌、生产生活等来制定，如位于云南省中越边境的金平县勐拉镇曼丈下寨，常年种植橡胶，其乡规民约中就有关于损害他人橡胶的惩罚规定，因为橡胶是这个区域的主要经济作物，在前些年价格特别高，所以偷割橡胶或破坏橡胶的事件常有发生，因而将此写入村规民约的具体条款加以强调。不少少数民族生活在偏僻、自然环境恶劣的偏远山区，具有封闭性，与外界交往较少，在经济和生产方式都比较落后的情况下，他们的经济活动更多的是依赖于群体。一般来说，少数民族乡规民约中体现出来的村寨的整体利益要高于村民的个人利益，且村民对本民族的乡规民约有种天然的认同感和归属感。这种群体性特征强化了民族凝聚力，保护了本民族的共同利益，维持了本民族社会秩序的安定。第五，一些少数民族地区的乡规民约带有某些原始宗教意识和多神崇拜色彩。例如，岭南苗族、瑶族在制定乡规民约时，都要杀鸡、剽牛，这表示出订立乡规民约的民众的决心，同时也是认为鬼神会监督“依直”或石牌的执行；瑶族通过“砍鸡头”“进社”“烧香发誓”“装袋”等“神判”方式来解决纠纷，苗族一旦发生重大纠纷无法调解时，也会采用砍鸡头、捞稀饭、踩铧犁、看鸡眼、捞油锅、赌咒、占卜等“神判”的方法来解决。① 又如，云南省大理白族自治州剑川县象图乡乡规民约就有关于去本主庙的各种规定，其原因是白族有本主崇拜的传统习俗，本主文化是白族传统文化的组成部分，白族村寨对本主都必须保持敬畏。可见，少数民族地区的乡规民约与汉族地区的乡规民约相比较，更加注重对传统习俗的保护和农事活动的规定，具有更明显的地域性、民族性和宗教性特征。

---

① 过竹，黄怡鹏．岭南苗族瑶族乡规民约述论（二）［J］．西南学刊，2012（01）：107－121.

三、乡规民约在少数民族地区乡村治理中发挥作用的条件

（一）少数民族传统权威的影响

在新中国成立以前，我国少数民族地区曾存在多种传统权威，比如道德权威、家族权威、宗教权威等，其中，村寨头人、寨老、家族领袖、宗教人物等这些权威人物在少数民族乡村治理中发挥着至关重要的作用，这种权威是卡里斯玛型和传统型权威的杂合①。寨老、头人是村寨的领袖，一般都是德高望重者、受人爱戴的老人，在村寨中享有极高的威望，其主要职责就是制定乡规民约，以维护村寨生产生活的秩序和村民的利益，保障村寨的安全。他们通过引用传统规范来强化长幼、亲疏关系，号召民众或亲自身体力行地严格遵守乡规民约，保障乡规民约顺利的实施和推行，维护社会秩序。寨老作为村寨中的领导人物，不仅是乡规民约的制定者，也是乡规民约的执行者，“这些从属于乡村精英阶层的价值观和意识形态逐渐内化成为指导乡民日常行为的准则和标尺，并直接影响到了传统乡规民约的价值取向”②。同时，为增强乡规民约的权威性，使乡民自觉遵守，进一步维护乡村社会的秩序，某些少数民族会根据自己的民族信仰和民族习惯，以特定的仪式公布乡规民约，宣布其生效。比如，瑶族举行埋石牌的仪式，由此种仪式奠下的石牌称为“石牌律”。新中国成立后，传统的权威逐渐被人民公社、村党支部、村委会等取代，“文化大革命”期间尤为明显。但改革开放后，随着少数民族传统信仰和文化的恢复，“在贵州的苗侗等族聚居区，寨老又逐渐在村寨生活中发挥作用；在大凉山的彝族聚居区，民族的德古再次担负起调解民族间纠纷的职能。过去一度销声匿迹的祭祖、祭神等宗教活动也开始逐步恢复，宗族观念、宗教观念得以复兴”③。虽然这种现象不能说明传统权威的地位得到重新确立，但也可以看到很多少数民族地区传

---

① 马克斯·韦伯把权威系统分为卡里斯玛型、传统型、法律型三种。

② 党晓虹，樊志民．传统乡规民约的历史反思及其当代启示——乡村精英、国家政权和农民互动的视角[J]．中国农史，2010（04）：100－105.

③ 吴大华，潘志成，王飞．中国少数民族习惯法通论[M]．北京：知识产权出版社，2014：195.

统权威在当代乡规民约的制定、运行以及作用发挥中具有历史传承性，这是社会变迁过程中的传统基因，也正是少数民族各族群众对传统元素的认同和归属，使他们自然生成并遵守乡规民约的行为导向。一方面，传统权威对乡村生活的影响力在很大程度上是建立在公权力的默许及支持的基础上；另一方面，传统权威在调解纠纷过程中依据和凭借的是少数民族积淀深厚的传统道德，即真善美的伦理道德和价值观念，使得当代的乡规民约这一非正式制度能够持续在少数民族地区发挥作用。

（二）乡规民约制定的程序和方式为协商民主

传统乡规民约的制定者和执行者是以寨老为核心的传统乡村社会的民间组织。乡规民约在制定之前，寨老组织召开长老会议，根据传统习惯和村寨实际情况，拟定乡规民约草案，乡规民约草案经由全体村民大会充分讨论，逐条研究，修改后通过。乡规民约一旦通过之后就必须予以执行，并成为一种具有约束力的行为规范。乡规民约是经过村民讨论后通过的，这种制定程序的民主环节提高了大家遵守公约的自觉性。

当代乡规民约的制定往往是官方与民间、国家与社会合作、博弈的产物。乡规民约的制定机关是一个得到国家认可和授权的村寨公共权力机构，即村民大会或村委会，它的组织方式和权力运作都严格依照基层民主原则，可以说，村民会议是村寨的“议会”。无论是少数民族地区的乡规民约还是非少数民族地区的乡规民约都是由村民会议或村委会制定的，是村民行使直接民主和协商民主的产物，因而村民才对其有遵从的自觉。村民遵从的逻辑是：我参与制定的，我认可的，因此我必须遵守。此外，乡规民约也是由村寨的公共权力机构为保证而实施的。例如，保山市《腾冲县猴桥镇上街村村规民约》规定：根据《中华人民共和国宪法》《村民自治法》及有关法律、法规的规定，经召开村民大会充分商议，特制定本村规民约，望全体村民自觉遵守；该村规民约附则中规定，本村规民约按民主程序依法制定，具有法律效力，为了保证村规民约的落实，由上街村民委员具体实施开展工作，并负责解释。[①] 最后还组成文明公约管理委员会，因而公约能得到顺利执行。又如保山市龙陵县大寨社区（村规民约的制定一般以行政村为单位，大寨村是大寨社区下面的一个傣族自然村）

① 黄珺. 云南乡规民约大观（下）[M]. 昆明：云南美术出版社，2010：517－522.

的村规民约的制定和修改与三年一次的村委会换届选举同时进行。

村规民约的制定程序一般如下：村委会提出村规民约的大方向和框架性指导意见，通知各村民小组长组织本组村民进行村规民约的制定，村民小组会上每家每户的代表可以就本村的村规民约提出自己的意见，再由村民小组长汇总村民们的建议到村委会。村民小组会是村规民约制定过程中最能汇聚民意，也体现协商民主、直接民主的重要程序、环节和组织。从各个小组汇集上来的村规民约汇总后并通过村民代表大会审议通过，报镇政府备案后开始施行。将村民代表大会通过的村规民约下发到村民小组，在村民小组会上向户主告知、宣传，同时也会在社区内通过分发到户、墙体画以及广播等方式进行宣传。① 因此，乡规民约制定程序和方式的协商性、民主性是村民遵守乡规民约、践行乡规民约的重要前提条件。未经协商而制定的专断的乡规民约，没有村民们达成的共识，村民内心是不认可的，这样制定出来的乡规民约也就难以真正发挥治理效应。

（三）乡规民约应当体现村民公共意志

少数民族地区的乡规民约丰富多样，在内容方面各有侧重，涉及生产生活、文化生活、行为规范、村风民俗、婚姻家庭、邻里关系、资源管理、卫生管理、基础设施、环境保护、民事调解、社会治安、公共秩序等具体内容，这些内容既与少数民族地区群众利益密切相关，也是少数民族地区群众公共意志的直接体现。少数民族地区的乡规民约突出的特点除促进社会秩序稳定、经济有序发展外，还有协调少数民族地区的民族关系，促进各民族交往交流交融，实现民族内部和民族之间的团结和谐发展，具有族际伦理的性质，目的是实现族际整合。例如，古敢水族乡补掌村的村规民约制定的目的就是“为了确保依法治村的顺利实施，保持政令畅通，认真执行好党委、政府的各项方针政策，搞好民族之间的团结，增强民族的法制观念，解决好民族之间的纠纷做到民族团结，社会稳定，经济发展”②。少数民族地区的乡规民约具有合乎众意的共识，它是公共利益和公共意志的约束和规范载体，是构成少数民族地区乡规民约的合法性基础，是村民认同并维护乡规民约的主要条件，村民通过遵守和践行乡规民

---

① 本课题组2016年10月在龙陵县大寨村调查获取的资料。

② 黄珺．云南乡规民约大观（下）［M］．昆明：云南美术出版社，2010：312.

约的条款规则来维护公共利益和公共意志。此外，少数民族地区的乡规民约是乡民在合意的基础上制定的，是乡民相互之间的一种约定或契约性规范，这种契约文化认同感很强，容易为乡民所接受，实施中的障碍也较少，是乡规民约在少数民族地区发挥作用的重要条件之一。

四、乡规民约在少数民族地区乡村治理中发挥作用的方式

（一）价值导向的方式

乡规民约的追求目标之一就是倡导正确的价值观念，形成一种良好的社会风尚，以实现“重教化、厚风俗”的效果。在少数民族地区，通过“寨规、合约、规约、禁约、公约、村规民约”等形式为乡民的行为指引方向、划定边界，提倡和引导乡民树立正确的价值观念，促使其行为向有利于乡村社会行为的方向转变，以培育和促进乡村社会公序良俗的形成。在我国少数民族地区，美德善行、尊老爱幼、教化乡里、互帮互助一直是传统乡规民约中最基本的内容。例如，清末民初桂北地区的灵川新寨村立约要求“诸团各竟总要尊敬父母。不得以下犯上，忤欲妻。如违不遵，齐团捆绑，送官究罪，不得宽容”①。灵川大圩镇《桂局村公议禁约碑》要求村民要“出入相友，守望相助。尊卑长幼，职思其居庶乎仁厚”②。云南大理剑川地区的乡规民约要求村民“持家勤俭又节约，红白喜事莫攀比；积少成多累致富，黄赌毒邪要远离；教育孩子走正道，读书明理值千金；尊师重教出人才，国家民强万事兴；孝老爱亲好传统，宽容礼让有爱心；一家有难百家援，互助相帮邻里和”③。这些乡规民约告诫乡民要弃恶扬善，传颂美德，人与人之间要诚实守信，睦邻友好，村寨之间也要互援相帮。可见，乡规民约所倡导的颂扬美德、互助友爱、守法懂礼等价值观念是贯穿于乡村日常生产生活中的，它不仅符合民众的切身利益，也是乡民个体与村庄社会所需要的。由此，乡规民约在此发挥了其价值导向功能，纯化民风，规约德行，成为村庄道德生活及村庄文化的重要组成部分。

---

① 李亚乐．清末民初桂北地区乡规民约研究[D]．桂林：广西师范大学，2013.

② 李亚乐．清末民初桂北地区乡规民约研究[D]．桂林：广西师范大学，2013.

③ 本课题组2016年10月在大理州剑川县调查获取的资料。

（二）规范约束的方式

乡规民约是村庄共同体成员基于维护乡村社会秩序的需要，通过相互同意的方式而制定的一种具有一定权威性的民间行为规范，其作为一种自发的内生性的规范体系，不但规范和约束乡民的行为，而且调整乡民与乡民之间、乡民与基层社会组织之间的关系，是乡村社会关系的稳定器、调节器，可以说，乡规民约是乡土社会有序化的重要工具。乡规民约用相对严谨的语言规定了乡民应当为、可以为和不可为的行为界线，使乡民的行为不越轨、不逾矩。尤其是少数民族地区的乡规民约，它是在历史发展过程中逐渐积累而形成的一种民族内在的控制方式，既有规定村寨村庄各类事务的综合性规约，也有专为某一特殊目的而制定的单一性规约，内容涉及生产生活、文化生活、行为规范、村风民俗、婚姻家庭、邻里关系、资源管理、卫生管理、基础设施、环境保护、民事调解、社会治安、公共秩序、宗教祭祀等方方面面，对日常生产生活、社会公共行为、个人行为都有较强的规范约束作用。如大理剑川县核桃树村的口头传承的村规民约规定："古水井里的水是不能被污染的，洗衣服和接水只能在外面洗，井里面的鱼是不能捉的，把它们吃了的人会遭天谴。村里的大小事情，诸如娶嫁、家里丧葬、增添家庭成员、买车、有外出务工或者学习的事情，都要在去之前去一趟本主庙。在庙里面杀鸡做饭，祭祀本主，祈求本主保佑外出的人平平安安，家里事情顺顺利利。要想在学习上成为状元，榜上有名就要来魁星阁里面拜文曲星。村里的古戏台是不允许破坏的，每个人都应该爱护古戏台的卫生，不准在戏台上乱涂乱画，不得破坏建筑。村子外面的挡墙是拦住风水，制止邪恶势力的一堵墙，谁都不能破坏它。"① 有的少数民族地区的乡规民约以成文的条款直接规定了乡民若违反了乡规民约会有怎样的惩罚方式等。

（三）惩戒监督的方式

少数民族地区乡规民约发挥作用的一种重要方式就是惩戒监督方式，即通过对不遵守规约的行为或者说对不利于乡村社会的行为进行处罚惩戒，并告诫违约者和其他人要遵守规约，从而实现"弘扬正能量，规避负能量"，达到维持乡村社会良好公共秩序的目的。大多数情况下，少数民族地区乡规民约都有惩戒性条款的规定，为乡民的行为划定界限，一旦越界，将会面临各种形式的

---

① 本课题组2016年10月在大理州剑川县象图乡核桃树村调查获取的资料。

惩戒或处罚措施，这种惩戒性的乡规民约能使人心生畏惧，让人不得不严格遵守规约，按照规定的模式行事，以此保障乡规民约得以实现。例如，广西壮族自治区龙胜各族自治县和平乡龙脊村建立了专门性的禁约，严禁“烂崽”、严禁“窝赌”、严禁“乞丐”、严禁“盗贼”、除暴安良、严禁“匪类”、严禁“偷盗茶木棕皮以及竹笋”、严禁“强瞒暴欺横行”、严禁“夜行”、栽种禾苗禁放牲畜等，并对违规者采取不同程度的处理方式，包括罚款、写悔过书、肉刑、革逐、“沉塘”“活埋”、神判等。① 龙脊村当代乡规民约也有专门性的惩戒性规定，《龙脊村治安管理村规民约》《封山育林公约》《廖家屯屯规民约》对违约者进行的处罚方式有罚款、写检讨书并通告、交由国家司法机关处理。② 如大理剑川县核桃树村口头传承的村规民约有惩戒规定：“品行不好，行为不检点，不守妇道的妇女不能拿着祭祀的食品去祭拜本主，只能在本主庙外磕头。”③ 通常情况下，惩罚性规约与劝诫性规约是并用的，这种恩威并使的方式保障了少数民族地区的乡规民约在实施时能够收到良好的效果，使乡规民约达到弃恶扬善、劝人行善的目的。

（四）内化传承的方式

“为了维系整个文化的绵延不断，每一代长老都会把将自己的生活原封不动地传喻给下一代看成是自己最神圣的职责。如此，年轻一代的全部社会化都是在老一代的严格控制下进行的，并且完全沿袭着长辈的生活道路。”④ 少数民族地区乡规民约作为一种传统文化资源，其根植于乡土社会中，凝聚着各少数民族人民的智慧与情感，是他们在长期实践中沉淀而成的。在少数民族地区，乡规民约有着多种多样的传承方式，它们有的通过民间传说和故事，有的通过歌谣的反复吟唱，有的通过石刻碑文的展示，或者通过口耳相传和行为继承的方式进行传承。寨老或长辈将乡规民约中禁止与倡导性的规范以各种方式潜移默化地传给下一代，成为乡民自觉或不自觉约束自己行为的规则，由此，乡规

---

① 罗波．壮族当代乡规民约与乡村整合：以龙脊村为例［D］．桂林：广西民族大学，2010.

② 罗波．壮族当代乡规民约与乡村整合：以龙脊村为例［D］．桂林：广西民族大学，2010.

③ 本课题组2016年10月在大理州剑川县象图乡核桃树村调查获取的资料。

④ ［美］玛格丽特·米德．文化与承诺：一项有关代沟问题的研究［M］．周晓虹，周怡，译．石家庄：河北人民出版社，1987：8.

民约的规范及其蕴含的道德理念得以代代相传。当然，少数民族地区乡规民约若要更好地发挥作用，不能仅依靠这种单向度的传递过程，还需要乡民将乡规民约的价值观念内化为自身的言行准则，从被动的接受到发自内心的认可与遵从，因为从某种意义上而言，乡民对乡规民约的认知与内化过程是乡规民约能够在乡村社会治理中发挥作用的关键性环节。

五、乡规民约在少数民族地区乡村治理中的功能定位

乡规民约是中国传统法律文化的组成部分，长期以来，在教化乡民，协调化解民间纠纷，维护基层社会秩序，弥补国家法律不足方面发挥着重要作用。在少数民族地区，乡规民约是最具代表性、运行时间最长、治理作用与效果最显著的一种非正式规则，它是在历史发展过程中逐渐积累而形成的一种民族内在的控制方式，虽然有些乡规民约与国家法律存在一定冲突，不利于国家法律在乡村的实施，但它在一定程度上缓和了社会矛盾，提高了诉讼效率，降低了社会消耗成本。所以，在社会主义法治建设背景下，应对乡规民约进行引导，使乡规民约在国家法律框架内不断发展并完善，实现乡规民约与国家法律的协调并进一步与国家法律形成补充态势。少数民族地区的乡规民约更需要这样的价值追求和发展目标。

一方面，乡规民约可以说是一种特殊的乡土文化，在同一村庄生活的村民对这一文化具有天然的认同，而且文化具有整合和社会调控的功能，乡规民约亦然；另一方面，我们还应重视乡规民约对于我国社会主义法制建设的作用。① 因为从法律的可及性而言，它具有一般性，不可能覆盖乡村社会村民行为所有的特殊性；从运行机制上看，国家法律在有些少数民族乡村地区缺乏扎实的群众基础，加之传统“无讼”思想的影响，一些少数民族村民主体权利意识薄弱，使得很多少数民族村民更倾向于认同乡规民约的规定，所以必须挖掘少数民族乡规民约的合理性，处理好国家法律与少数民族地区乡规民约之间的冲突，

① 罗波．壮族当代乡规民约与乡村整合：以龙脊村为例[D]．桂林：广西民族大学，2010.

使国家法律与少数民族地区的乡规民约形成良好互动。

少数民族地区的乡规民约丰富多彩，各民族各特定区域的乡规民约在内容方面各有侧重，涉及生产生活、文化生活、行为规范、村风民俗、婚姻家庭、邻里关系、资源管理、卫生管理、基础设施、环境保护、民事调解、社会治安、公共秩序等具体内容。从乡规民约的作用角度看，乡规民约在少数民族地区通过价值导向、规范约束、惩戒监督、传承内化等方式，在民族关系、村社治理、生态保护、经济发展、社会稳定等层面的乡村治理格局中发挥着重要的作用。具体体现在以下方面：

第一，乡规民约作为一种社会规范并且被少数民族乡民所认同，能有效维持农村社会秩序。乡规民约是村庄共同体成员基于维护乡村社会秩序的需要，通过相互同意的方式而制定的一种具有一定权威性的民间行为规范，其作为一种自发的内生性的规范体系，不但规范和约束乡民的行为，而且调整乡民与乡民之间、乡民与基层社会组织之间的关系，是乡村社会关系的稳定器、调节器。具体而言，少数民族地区的乡规民约一般能够从社会治安、村风民俗、乡邻关系、婚姻家庭、环境保护等方面为乡民提供规范，调整乡民的生活，其内容更微观、更具体、更实用，成为生活中的“法”。乡规民约的很多条款指向在于保护正常的生产生活、社会交往秩序的稳定，倡导自觉维护民族团结，保持全村和谐稳定，不参与任何非法群体性聚会，规约当地群众不参与盗窃、吸毒和赌博，不敲诈、不哄抢集体、个人财务，不隐藏任何赃物，不酗酒闹事，不参加任何邪教组织，不侮辱诽谤他人，不造谣生事、搬弄是非。教导夫妻之间和睦相处，团结邻里，不因琐碎小事恶语相向。当村民违背乡规民约条款时，将承担相应的责任，受到乡规民约的惩戒监督约束，这种传承教化方式对于少数民族地区的社会稳定发挥着重要的规范作用。

第二，少数民族地区的乡规民约有利于构建和谐民族关系。少数民族地区的乡规民约的突出作用除促进社会秩序稳定、经济有序发展外，更多的是协调少数民族地区的民族关系，促进各民族交往、交流、交融，实现民族内部和民族之间的团结、和谐发展，对于构建平等团结和谐的新型民族关系作用重大。少数民族地区乡规民约均有维护民族关系的条款，引导少数民族地区群众积极拥护党和国家以民族平等、民族团结、民族区域自治、实现各民族共同繁荣为基本内容的民族政策，促进各民族共同团结奋斗、共同繁荣发展。乡规民约作为符合民风民俗的价值导向，引领着各族群众坚持维护平等、团结、互助的民族关系，维护和促进各民族之间和民族内部团结，坚决反对民族分裂，自觉认同中华民族文化，自觉归附于中华民族共同体，在维护中华民族大家庭平等团结，促进民族关系和谐发展方面具有重要的导向和引领作用。

第三，乡规民约有利于少数民族地区村社治理。在少数民族地区，乡规民约是最具代表性、运行时间最长、治理作用与效果最显著的一种非正式规则，它是在历史发展过程中逐渐积累而形成的一种民族社会内在的控制方式，既有规定村寨村庄各类事务的综合性规约，也有专为某一特殊目的而制定的单一性规约。在国家治理现代化背景下，应对乡规民约进行引导，使得乡规民约在国家法律框架内不断改善，实现乡规民约与国家法律的协调和补充。乡规民约对少数民族地区日常生产生活、社会公共行为、个人行为产生规范约束，发挥乡规民约在少数民族地区村社治理的作用。比如，村社公益事业，乡规民约倡导和鼓励当地群众积极参加村组织的修路搭桥、群众会议等各类投工投劳的集体活动，对于无故不参加、不支持公益事业的将受集体会议监督惩戒；村社环境卫生，乡规民约约束当地群众爱环境、讲卫生，主动自觉清理村社垃圾及污染物。乡规民约在少数民族地区是价值观念的象征和化身，是营造村社良好社会风尚的社会化机制，在少数民族地区社会秩序的维护上，乡规民约具有对社会自我调控、对国家法律补充等功能，并且运行的成本低，治理的效果好，稳定性较强，是提升基层治理绩效的传统资源，在少数民族地区村社治理中能够发挥资源性的治理作用。

第四，乡规民约有利于少数民族地区的生态保护。少数民族地区的乡规民约蕴含着保护生态环境和自然环境的内容和规定，对于少数民族地区当地群众保护环境的风俗习惯和行为规范都仍然发挥着重要的作用。乡规民约作为国家法律的有益补充，能够在国家生态法律法规不具体的地方起到拾遗补缺的作用，比如，大多乡规民约都承载有严管火、护好林、出外行、讲安全等内容，倡导当地群众管好生产生活用火，杜绝一切火灾隐患，因不当用火发生火灾损失的，滥砍滥伐破坏生态植被的，将按乡规民约规定赔偿经济损失，情节严重的交由法律处理并承担相应法律责任。少数民族地区群众在乡规民约的价值导向和约束规范下，能够在对生态环境造成破坏，但往往法律上缺乏证据、定不了案的时候发挥乡规民约的约束作用，从而维护保护生态环境的秩序和格局。

第五，乡规民约有利于少数民族地区经济发展。少数民族地区乡规民约作为一种传统文化资源，其根植于乡土社会中，凝聚着各少数民族人民的智慧与情感，是他们在长期实践中沉淀而成的。乡规民约作为文化载体对于少数民族经济发展有着理念指引，把乡规民约的文本载体立体化，深入挖掘少数民族地区乡规民约中蕴含的抓生产、谋发展等思想理念，去除“等靠要”滞后观念，引领当地群众自力更生，搞好自家生产生活，主动寻求特色种植业发展机会，促进家庭增收致富，主动参与壮大村社集体经济，追求致富生活。乡规民约的经济文化导向，构成少数民族地区内生发展机制的重要内容，各族群众在乡规民约倡导的经济文化中受到熏陶，自觉树立“各民族都是一家人，一家人都要过上好日子”的思想，积极参与经济和社会建设，促进少数民族和民族地区经济社会发展，实现各族群众共同富裕。因此，从内生动力的角度，乡规民约中规范生产生活、经济发展的内容为少数民族地区经济发展提供了自我发展的主动意识，成为引导和激励着少数民族地区发展改变的内生动力，推动着少数民族地区的经济发展。

第六，少数民族地区的乡规民约能促进乡村自管能力的培养与维系。村民自治是民主政治的重要内容，村民通过民主协商、对话的方式对乡村进行管理，而乡规民约则可以促进村民自治的发展。村民自治的目的是村民共同参与乡村管理，保障村民当家做主的权利，乡规民约为少数民族村民提供了自由表达的机会，有效维护了少数民族村民的知情权、参与权。

第七，少数民族地区的乡规民约能与国家法律相互补充，在法律可及性受限的领域和空间发挥其查缺补漏的治理作用。由于国家法律体系发展有待进一步完善，难以对乡村社会的所有领域和村民的所有行为形成有效约束，需要乡规民约这样的“软法”进行补充，尤其在少数民族社会更是如此。有些事件、有些行为不违法却违背伦理规范、道德准则和习惯法，虽然国家法律具有普遍性，但也有作用不到的微观空间，这就是乡规民约这一类的非正式制度和规则发挥作用的空间和舞台。同时，少数民族地区丰富的乡规民约可以为国家法制建设提供民族地区的社会资源和民族传统资源，使国家督导法制建设更易获得少数民族群众的认同。

六、少数民族地区乡规民约与乡村治理的联结点

乡村治理研究是农村研究的重要组成部分。我国农村社会在既已形成的乡村治理体系中，乡规民约是最具代表性、运行时间最长、治理作用与效果最显著的一种非正式规则，少数民族地区亦然。

第一，法治是乡村治理的必要条件，它应以一个国家的法律体系为基础，加之社会非正式规范体系的制约，今天的村规民约已经与传统以礼俗为依托的传统乡规民约有所不同，它是国家法的一种乡土化、民间化的体现，可谓国家法在农村里的“影子”，作为一种非正式的社会规范体系，在调节乡村矛盾，维护乡村和谐等方面发挥着重要作用。只有两者相互协调，才能弥补国家法律尚待完善的一些缺陷，真正推动农村法治建设，有效协调多元群体利益，建立完善的裁决机制。要想建设现代的法治中国，就必须建设现代法治乡村，促进法治精神与乡规民约的融合，让起源于道德礼俗的传统乡规民约在法治框架下得以成熟和完善。

第二，“德业相劝”“道德修养”是乡村治理的表现，而乡规民约有着深厚的文化积淀，其包括家庭和睦、爱岗敬业、与人为善等内在基本要求，强调“过失相规”“有过能改”，注重对人的道德教化，是传统基层社会德治的重要形式。充分尊重并借助乡规民约这种德治形式，让乡规民约以传统美德教化乡民，倡导淳美的乡村社会风气，通过以宗族情感为中心的传统文化影响，更易引导农村社会价值观念转向，规范农村社会行为，以达到净化乡风，稳定社会的目的，最终实现乡村治理。

第三，乡村治理的核心是村民自治，且村民自治是宪法规定的一项重要的民主政治，是农村基层民主建设的重要形式，乡规民约是乡村社会长期延续的一种内源性传统自治资源，既为村民自治奠定了较好的乡土根基，也可作为村民自治的一种传统形式和载体加以继承与创新。2010 年中央 1 号文件明确指出：要进一步完善符合国情的农村基层治理机制。发展和完善党领导的村级民主自治机制，切实维护农村社会稳定，解决好损害农民利益的突出问题，加强

农村法制教育，引导农民群众依法理性表达合理诉求、维护自身权益。① 而这些目标的实现一定程度上有赖于乡规民约的实施。村民通过投票选举、民主协商等方式对乡村公共秩序达成共识并在此基础上依法制定乡规民约，换言之，乡规民约的制定过程即为村民自治的实践过程，且以制度化形式对村民自治的内容予以确认，是村民自治的重要途径。

七、乡规民约在少数民族地区乡村治理中的实践基础、权威来源

（一）乡规民约在少数民族地区乡村治理体系中的实践基础

传统的中国治理结构有两个不同部分，其上层是中央政府设置的自上而下的官僚体系，其下层是地方性的管控，由族长、乡绅、宗族通过乡规民约、宗规族训来控制基层社会的内在秩序。这种治理结构的特点是乡村权威控制着地方区域的内部事务，他们不由官方授权，限制中央权威进入基层治理。

传统的乡规民约最初是在乡村绅士阶层的倡导下，经过乡村全体成员同意后共同制定的，且从明清开始，随着国家权力的介入，带有国家意志的“圣旨”“圣谕”开始渗透至乡规民约中并成为其核心内容。② 传统乡规民约的颁布可以分为两类，一是由乡村民间社会组织制定，乡村组织在制定乡规民约后采用著书或立碑的方式进行公布，从而顺利在乡村进行贯彻。二是由官府出面颁布，明清后，部分乡规民约为了增强其权威性、合法性，将制定好的乡规民约申报官府，由官府审批颁布。

传统乡规民约的内容中体现着国家法律所允许的乡村习俗、道德、人伦等因素，其效力的发挥除了村民的自觉遵守，更取决于明确的奖惩措施，奖罚性的条款可以惩戒、教育当事人，修复破坏的社会关系。③ 由于文化传统、价值观念的冲突，对于违反乡规民约者，各地民间组织的惩罚方式不尽相同。具体

---

① 中共中央国务院关于加大统筹城乡发展力度进一步夯实农业农村发展基础的若干意见[N]．人民日报，2010-02-01（01）．

② 党晓红．中国传统乡规民约研究[D]．咸阳：西北农林科技大学，2011.

③ 朱延秋．村规民约惩戒性条款的静态分析——以人权保障为视角[J]．黑龙江省政法管理干部学院学报，2007（4）：1-5.

而言，刑罚主要包括警告、财产处罚、体罚、精神处罚乃至剥夺生命。少数民族地区乡规民约的惩戒性也较为突出，在局部地区惩戒方式更为粗暴野蛮，甚至于违法。但正是由于这些奖惩措施的存在，作为非正式制度的乡规民约才在乡村社会中生存下来，对协调乡村关系、维护乡村社会秩序发挥了重要作用。其处罚措施简单粗暴，充满对人性的压抑和人权的伤害，甚至对乡民的生存产生威胁，造成对乡民名誉、人格、自尊的践踏。

从当代乡规民约的发展来看，乡规民约不是独立于国家法律之外的软法，相反，它是国家治理的重要制度工具，两者相互补充。从乡村外部看，乡规民约中存在的陋习需要国家政权的监督与指导；从乡村内部看，乡规民约以维护乡村共同利益为目的，依靠共同的文化认同、情感纽带、价值规范，调动村民的积极性。另外，乡规民约的治理也存在一些问题，尤其是在司法实践中存在与国家正式法律的冲突。总而言之，社会的变迁给乡村的社会带来剧烈的变革，乡规民约的真实性、合法性、权威性受到一定的挑战。

少数民族地区多数是边疆地区，地形崎岖，气候多样，自然环境条件较为恶劣，由于地形的崎岖使得交通相对落后，经济发展滞后。在我国传统社会中，少数民族地区地处偏远，远离国家政权的中心，于是自治是这些偏远地区维持地方秩序的主要路径，这就给乡规民约留下足够发挥作用的空间。

（二）乡规民约在少数民族地区乡村治理中的传统权威来源

乡规民约体现了传统乡村社会的自治及村民在乡村治理中的主体地位，那么，以传统文化为根基的乡规民约是如何承载乡村规范和秩序的呢？乡规民约的权威来源有哪些？这里从传统的维度来探究乡规民约的权威来源及基础。

第一，精英身份的获得及制度支持。乡村精英的身份既不是由官方获得，也不是天然继承得到的，它需要个人在实际行动中取得。获得精英地位需要依赖传统文化的支持，如地主、乡绅关心农业生产、村民福利及其他有关村庄的事务，他们以一种居高临下的、家长式的、道德化的力量辐射到每一个农户。①尤其是那些依赖个人品德的行为已经发展成为一系列关于乡规民约的制度，在保护地主乡绅的特殊地位及财富时，也发挥了保护村庄、本族和村庄成员的作用。

---

① 张静．基层政权乡村制度诸问题[M]．上海：上海人民出版社，2007：25－30.

第二，地方共同利益的构建。传统的中国地方权威必须依靠财富、学识加之个人在实际行动中的努力取得，且地方权威必须有能力使一个利益共同体产生，这个利益共同体必须能整合各方利益，确保一系列规则的适用，只有这样才能获得社会服从的权威。所以地方权威的构建必须与地方内部利益的维护相统一，同样，精英身份的确立也依赖于其在地方共同利益中的贡献。综上所述，地方权威地位获得的重要来源是对地方内在公共事务的参与及对地方利益的支持，乡村精英真正的权力来源不在外部，而是在地方内部的共同利益和一系列有关乡规民约的制度支持中。

第三，乡土社会中的传统礼法。传统中国乡村社会的特征是熟人社会、乡土社会、封闭性强。在这样的社会中，人们相互熟悉，依靠亲情、老乡、脸面维系着彼此的信用关系，村民之间彼此了解，相互熟悉，谁也不敢越出这种信用和规矩，否则就会受到熟人强力的舆论惩罚和道德批判。乡规民约就成长于这样的社会环境中，它是由村民经相互协定以供大家遵守的行为规范，其约束主体就是村民本身。所以乡规民约在无形中得到了村民的信任和支持，进而获得了在乡村社会中得以贯彻的权威。

第四，习惯法营造的权威和土壤。习惯法是在相当一部分地区确定并被人们所公认的法律，因而并不需要以书面的形式公之于众，但却被人们自觉遵守。一般而言，习惯法具有强烈的地方色彩，并受到地域、文化的限制，在这样的熟人社会里，人们依照惯例、习惯解决问题。对于乡民而言，他们缺乏专业法律训练和素养，因而是习惯法所营造的权威和土壤孕育了乡规民约。

我国古代的血缘社会、中央集权制、小农经济、内陆型地域等，使得社会交往多限于特定的地域，而传统乡土社会是一个紧密联系的社会，属于熟人型社会。在这样的熟人型乡土社会里，人们在长期的耕作活动中形成一套乡民认可的标准或可说规范，这就是传统型的权威，一个地方区域的政治首领和具有丰富耕作经验与生活经验的年长者，自然成为乡规民约制定、运行依靠的权威。少数民族地区由于地理环境的相对偏狭，生产生活的组织、指挥、协调、维系与运行更离不开该组织的政治权威、宗教权威、经验丰富的长者和那些具有一定本土知识的知识精英，他们就是少数民族地区的传统型权威，他们是本地乡规民约制定、维护和执行的权威依托。

第四章　少数民族地区乡规民约的实地调查案例

一、云南省保山市龙陵县大寨村村规民约调查研究

（一）问题与方法、田野调查点概况

1. 问题与方法

乡规民约在我国的历史上源远流长，在先秦时代的《周礼》中就有提到敬老、睦邻的约俗。乡规民约是一种衍生于以地缘、血缘和亲缘关系为纽带的乡村社会的人们约定俗成的规则、规范，强调的是一种乡民自愿合意，并且对维护乡民利益和乡村社会秩序具有积极意义。费孝通先生在《乡土中国》中就提到乡土社会是一个礼治的社会，礼是社会公认合式的行为规范。合于礼的就是说这些行为是做得对的，对是合式的意思。① 在乡土社会中维持礼的规范不需要国家权力，因为乡民们只需要遵循传统就可以。虽然国家的法律、法规不断融入乡村社会中，但是乡规民约作为一种非正式制度在乡村治理的过程中占据着不可替代的空间。特别在少数民族地区，长期以来形成具有自身文化特色的传统风俗习惯，一些约定俗成的规则等都是乡规民约的传统资源。少数民族地区的乡规民约具有一般乡规民约的共性，也具有自己的个性。在今天的乡村治理过程中，充分挖掘少数民族优秀的制度文化和自治资源，选择性地将其融入现代乡村治理体系十分必要。

本案例以云南省保山市一个傣族村社乡规民约的田野调查来呈现滇西傣族村寨的乡规民约状况。通过具体描述其内源性的习俗规范原貌，以及村民自治制度推行以来村民共同制定的村规民约文本，揭示其如何在村寨治理中发挥作用，并提出该地乡规民约发展的建议。

本案例将以乡村治理理论、非正式制度理论作为研究的理论基础，综合采用文献研究法、调查研究法以及历史分析法，历史地、现实地对傣族村社乡规民约进行描述和分析。笔者曾于 2016 年 8 月和 2016 年 10 月两次深入龙陵县大寨社区进行调查，通过实地调研、访谈等方式对龙陵县大寨社区的乡规民约状况进行调研，其中受访对象包括村干部、村民、佛爷等。访谈的问题依访谈对

---

① 费孝通．乡土中国[M]．北京：北京大学出版社，2012：83－84.

象不同而有所侧重，对村干部进行的访谈主要围绕村寨的实际情况、村寨基层组织建设、村规民约的制定程序等方面展开；对村民的访谈主要从寨规、民俗等方面获取村民们世代口耳相传的不成文的乡规民约；对佛爷的访谈则主要想了解宗教权威、宗教规范等与乡规民约的关系。

2. 田野调查点概况及行政体制沿革

龙陵县位于东经98°25′01″~99°09′39″，北纬24°07′52″~24°51′05″。地处云南省西部，东与施甸县隔江相望；南与永德县、镇康县、缅甸联邦果敢县毗邻，西与芒市、梁河县相接；北与腾冲县、保山市隆阳区相连。居住着汉、傈僳、彝、傣、阿昌、白、景颇等23个民族。1990年第四次人口普查，全县人口245180人，其中少数民族人口为12754人，占全县总人口的5.2%。

龙陵县历史悠久，早在新石器时代就有人类生息繁衍，先秦时期，龙陵属“濮”部（即哀牢族）。西汉为“百越”部落，为哀牢国地，宋时属软化府地。元代属大理金齿宣抚司管辖。明洪武二十三年在境内勐淋设守御所，明万历十三年（1585）改守御所为千户所。境内所设的“土舍”归千户所管辖。清康熙二十六年（1687）改勐弄为龙陵。当年，清政府废除“土舍制”，新置“乡约制”，境内设有龙陵、镇安、龙江、归顺（腊勐）4个乡约。清乾隆三十五年（1770）始建龙陵厅。民国2年（1913）改厅建龙陵县，民国21年（1932）将龙陵所辖的芒市、遮放、勐板三土司划出置设治局。1949年11月11日龙陵解放，1950年龙陵县人民政府正式成立，归属保山专员公署管辖，1956年将龙陵县划归德宏州管辖，1963年8月龙陵县复归保山公署管辖。2013年农村社区建设后，全县乡镇下设70个村民委员会、46个社区村民委员会、5个社区居民委员会。

大寨社区位于龙陵县勐糯镇东部，土地面积28平方千米，海拔780米，年平均气温21℃，年降雨量1400毫米，适合种植甘蔗、香料烟、粮食、石斛等农作物。全村耕地面积9985亩（其中水田660亩，旱地9325亩），人均耕地3.86亩，林地22009亩。2015年全社区经济总收入4386万元，农民人均纯收入10735元。村委会距镇政府所在地1.5千米，村民委员会下辖18个村民小组，辖区大寨1-4组、唐家田1-7组、包包寨组、自家田组、红木寨组、滚塘组、大山组、小海头组、海塘组，10个自然村。大寨自然村为傣族集中聚集地，共有162户612人。大寨1-4组共有傣族585人，全村共有傣族606人，彝族284人，其他少数民族42人。本文的田野调查点主要是以傣族居多的大寨自然村为主。大寨社区党总支部委员会下设5个党支部，配备5名党支部书记，共有党员84名，其中：预备党员3名，占党员总数的3.5%；男党员70名，占党员总数的83%；女党员14名，占党员总数的17%；文化结构：大专以上文化程度5名，占党员总数的6%；中专、高中20名，占党员总数的24%；初中及以下学历59名，占党员总数的70%。

（二）龙陵县大寨村的村规民约

傣族是一个具有悠久历史和古老文化的民族，保山市的傣族为古代百越民族之一滇越的后裔。秦汉以前，傣族就居住在今保山的广大地区，各个时期有不同的称谓。在汉代以前称为滇越，汉代称掸，唐宋时称金齿、银齿、白衣，元明时称作百夷或伯夷，明清后称摆夷，意为犁田、自由、酷爱和平的人。中华人民共和国成立以后，在民族识别工作中，国家按照傣族人民的意愿，正式定族名为傣族。傣族社会的历史发展和其他民族有所不同，它从氏族公社—农村公社—部落、部落联盟时代，发展到封建领主社会，但是始终未能进入到成熟的封建地主社会。所以，傣族社会最大的特点是长期顽强地保持着氏族公社—农村公社这种社会制度。除了原始信仰外，保山地区的傣族还信仰南传上座部佛教，又称小乘佛教。根据史料等推算，南传上座部佛教最迟是在16世纪中叶的时候进入德宏、保山。在南传上座部佛教的影响下，傣族的一些生活习俗、人生礼仪和节日文化都与佛教有着密切的联系，如关门节、开门节、泼水节（浴佛节）等。

龙陵县大寨村傣族寨子位于勐糯镇东部的平坝中，傣族村民围绕着缅寺的佛塔依山傍水而居。傣族喜欢种树，家家有果园，在寨子周围都会种上凤尾竹、龙竹、大青树，整个寨子被绿色植物层层围绕。寨子外面是田野，鸡犬相闻、阡陌纵横，灌溉沟渠四通八达。村民的住房大多为土木结构，各家自成院落，傣族喜欢在院内栽茉莉花、缅桂花、万年青、芒果、木瓜等果木，各家院落之间又有小径相通，居住环境十分优美。龙陵县大寨村的傣家人热情好客，尊老爱幼，民风淳朴，世代居住于此的村民在长期的相互交往中形成了以血缘、亲缘关系为纽带的乡土社会。历史上，大寨村形成了一些对寨子内部人员和寨子外部人员的规约，村民们把这些规约称为“寨规”。大寨村的“寨规”没有文本的记录，都是通过村民世代口耳相传，“寨规”的内容大多涉及傣族的宗教信仰、祭祀活动以及风俗教化等方面。

20 世纪 80 年代以后随着村民自治制度实施，以民主选举、民主决策、民主管理、民主监督为核心内容的村民自治得以贯彻执行，村民在村委会的领导下进行自我管理、自我教育、自我服务。在村委班子①的带领下，大寨村村民制定了服务于生产、生活，管理村社日常生活秩序的村规民约。

1. 龙陵县大寨村“寨规”

龙陵县大寨村的村民习惯将他们所依赖的关于宗教、祭祀以及伦理教化的规约称为“寨规”，这些“寨规”虽然没有文本记载，但是村民们对什么时候该做什么事，违反“寨规”要接受哪些处罚都能铭记于心。龙陵县大寨村的“寨规”虽然是以口传形式存在的，但是围绕“寨规”的执行也有一套村民们约定认可的、相对固定的运行机制，包括组织机构、活动时间、奖惩实施等。

（1）龙陵县大寨村“寨规”组织。

龙陵县大寨村是一个传统的傣族村寨，村民们一方面信仰南传上座部佛教，另一方面也保留着传统的原始崇拜，在村寨内部形成了内源性的宗教权威，村民们尊敬寺院里的佛爷，也尊敬懂得祭祀礼俗的寨主。村寨中留存着费孝通先生在《乡土中国》中所称的“教化性权力”“长老统治”②。龙陵县大寨村“寨规”所呈现的权力结构如图 4－1 所示。

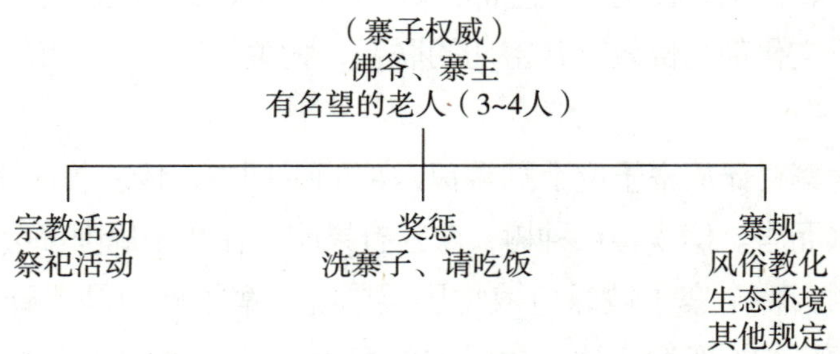

图 4－1　龙陵县大寨村“寨规”呈现的权力结构简图

龙陵县大寨村的傣族普遍信奉南传上座部佛教，南传上座部佛教已经成为他们生产生活的重要组成部分，佛寺是村民宗教生活的神圣空间，一定程度上

① 村委班子包括村委会党总支、村委会、监委会。

② 费孝通．乡土中国[M]．北京：人民出版社，2008：79－85.

也是村寨的公共生活空间。佛爷是佛寺的直接管理者，是寨子里的宗教权威。佛爷主要依靠村民供养，大寨村的村民每家每户都会轮流给佛爷送饭，如果因为农忙或是有事耽搁，村民们就会给佛爷50元钱，让佛爷自行解决吃饭问题。他们通过一个牌子进行传递，牌子传递到哪家，哪家第二天就负责佛爷的饮食，并且村民们还要轮流打扫佛寺的卫生。佛爷除了主持宗教活动外，在日常生活中如果有人违反“寨规”，佛爷也会参加惩戒的执行活动。在龙陵县大寨村，村民们还保持着传统的民间信仰，他们信仰各种神灵，比如寨心、谷物神、家神等，村寨需要有人来主持这些与传统民间信仰相关的祭祀活动，而这个被村民们称为“懂得礼俗套路”的人一般是寨主。寨主熟悉祭祀活动的礼仪程序，担任祭祀活动的主持，在村寨里也具有较高的声望。傣族都有尊老的美德，尊重并遵从老人们拥有的生产生活知识、经验和教导的伦理规范。家庭中的老人会经常到佛寺里诵经念佛，祈求家人平安，风调雨顺，庄稼丰收。佛爷、寨主以及有名望的老人共同组成龙陵县大寨村“寨规”的执行组织，在组织中他们分工各有侧重，又有所重叠，共同组织村寨的宗教祭祀活动、生产生活中的重要礼仪，并通过“寨规”对村民进行风俗教化，维护村寨的日常秩序。

（2）龙陵县大寨村的口传“寨规”。

龙陵县大寨村“寨规”是以口传的方式进行传承的，所涉内容零散地分布在宗教、祭祀活动中。笔者根据对佛爷、村民等所作访谈，进行记录、梳理和总结，龙陵县大寨村“寨规”主要包含风俗教化、保护生态环境等方面的内容，下面列举叙述。

第一，“寨规”对村民道德行为方面的规约。“寨规”规定如果有本村的女子未经父母同意未婚怀孕的情况，那么这个家庭就要“洗寨子”。“洗寨子”是一种惩罚性的规定，被罚的这家人要备好酒肉，邀请寨主到“色树”（傣族寨子一般均有“色树”，并圈定一定范围为“色林”，相传是建寨最早的寨老去世后安埋的地方）主持祭祀活动，并邀请佛爷、村子里的老人到家中吃饭。第二，“寨规”有教化村民辛勤劳动方面的内容。每年的六月中旬到九月中旬是傣族的关门节、开门节，也叫打斋节。关于关门节和开门节民间有多种解释，最原始的含义应源于南传上座部佛教的规定，经世俗化的演绎之后，其中一种通俗化的解释是说六月中旬的关门节意为关闭爱情、婚姻之门，不准谈情说爱，须全力投入生产劳动；九月中旬的开门节，意为打开关闭的爱情之门，可以谈恋爱啦。在关门节期间，村民禁止恋爱、嫁娶等活动。因为六月中旬到九月中旬正是农忙之时，青年男女应该集中精力进行农业生产活动，而到了九月中旬以后，农忙已经过去，正是自然以丰富的果实回报人类辛勤劳动的时节，可以庆祝丰收啦，男女青年也有闲暇进行广泛的社会交往。第三，“寨规”有敬老的规定。比如，规定了子女有赡养老人的义务，老人达到一定的年纪（一般是50岁左右）以后就不用再下田地干重的农活，可以去佛寺听经念佛，祈求家畜平安、风调雨顺、五谷丰登。第四，“寨规”还有维护村寨生态环境方面的规约。傣族爱美，尤其注重居住环境的美丽。龙陵县大寨村的寨子绿树成荫、山清水秀、环境优雅。傣族喜欢在自家庭院、寨子周围种植各类花草果木，装点院落和寨子。“寨规”也有规定，村民不能砍伐寨子周围的高大树木，不能砍“菩提树”，也不能砍伐“色林”中的树木。出于对神灵、宗教的敬畏，村民们都遵循“寨规”的生态伦理规范，对于生态环境的保护具有积极的作用。村民也有爱河护水的传统习俗和美德，“寨规”规定不准在水源地大小便，不准将动物尸体丢入水中，认为这样做是对水神的不敬，会给人们带来不幸。村民们的宗教信仰和原始的神灵崇拜在人与自然之间形成一种无形的约束，作为一种强制力量规约着人们的日常生活，并逐步内化、渗透到村民的观念和行为中，村民们自觉地与自然和谐相处，促进人与自然的持续发展。第五，“寨规”还有其他方面的一些规定，比如说本村已经出嫁的女子，不能在娘家产子，如有这样的情况发生须得“洗寨子”；家中来客人的时候只有男人和老人可以陪客人在客厅吃饭，女人一般不能在客厅吃饭，要负责做饭及服务，等男人和客人们吃好以后才能吃饭；外来人员想要落住在寨子里，得先祭寨神，并且要请寨子里有威望的老人到家里吃饭，如果不这样做就是冒犯了“寨规”，就得“洗寨子”；邻村丧葬嫁女不能从本村通过，如果有这样的情况发生，也得“洗寨子”，并向村中的寨主、佛爷和有威望的老人致歉。

从以上这些规定中可以看出，龙陵县大寨村“寨规”对于村风民俗、村寨社会秩序建设具有积极的意义；同时，也有一些封建迷信和落后观念。从“寨规”中可看出女性的社会地位和家庭地位较低，并表现出地方保护主义和封闭排外的思想。总之，龙陵县大寨村“寨规”看似分布零散，内容繁杂，不成系统，外人看起来难以操作、执行，但一旦寨子有相应情况发生时，村民都会自觉地按照“寨规”行事，执行起来有条不紊，这就是内源性制度的优势，是传统习俗的惯性。

调查中笔者也注意到，流传到今天，“寨规”大多趋向于淡化、简化或者说被现代生活削弱，用当地人的话来说则是“很多风俗都不讲究了”。少数民族地区的传统村风民俗经一次次政治运动和“文化大革命”不断流失和被冲淡。此外，由于云南少数民族分布具有“大杂居小聚居”的特点，龙陵县大寨社区（相当于行政村）是一个汉族、傣族、彝族杂居的村社，并且与龙陵县大寨社区接壤的村寨也是汉族居多。在与其他民族（主要是汉族）的交往中，傣族的一些生活习俗逐渐被汉化，年青一代比老人汉化程度高。调查中笔者发现，相对于年轻人，年长的老人更能记住这些详细的口传“寨规”内容。

2. 龙陵县大寨社区的村规民约

20 世纪 80 年代以后，我国开始在农村地区实行村民自治制度，国家权力逐步退出乡村社会这个场域，村民自治制度下的乡村治理为村规民约提供了生存土壤和作用空间。乡村社会尚有许多微观层面是国家法律法规作用不到的空间，亟须在村民合意的基础上制定服务于乡村生产、生活的共同行为规范和准则。《村民委员会组织法》第 27 条第 1 款和第 2 款规定：“村民会议可以制定和修改村民自治章程、村规民约，并报乡、民族乡、镇的人民政府备案。村民自治章程、村规民约以及村民会议或者村民代表会议的决定不得与宪法、法律、法规和国家的政策相抵触，不得有侵犯村民的人身权利、民主权利和合法财产权利的内容。”《中共中央关于农业和农村工作若干重大问题的决定》指出：“全面推进村级民主管理。依据党的方针政策和国家的法律法规，结合本地实际，全体村民讨论制定村民自治章程和村规民约，把村民的权利和义务，村级各类组织之间的关系和工作程序，以及经济管理、社会治安、村风民俗、婚姻家庭、计划生育等方面的要求，规定得明明白白，加强村民的自我管理、自我教育、自我服务。”① 依据国家的法律规定，在乡村治理中村民会议以民主、合议的方式制定本村的村规民约，但是村规民约的制定要以法律政策为指导，并且不能违反法律政策。龙陵县大寨村也制定了本村的村规民约。相较于“寨规”的零散、不规范、口传等局限性，村规民约从制定程序和内容上都体现出相对规范性。

---

① 《中共中央关于农业和农村工作若干重大问题的决定》，1998 年 10 月 14 日中国共产党第十五届中央委员会第三次全体会议通过。

（1）龙陵县大寨社区村规民约的制定程序。

据调查龙陵县大寨社区（村规民约的制定一般以行政村为单位，大寨村为大寨社区下面的一个傣族自然村，设村民小组）村规民约的制定和修改与三年一次的村委会换届选举同时进行。村规民约的制定首先是村委班子提出村规民约的大方向和框架性指导意见，再通知到各个村民小组长组织本小组村民进行本自然村村规民约的制定，村民小组会上每家每户的代表可以就本村的村规民约提出自己的看法，再由小组长汇总村民们的提议到村委会。村民小组会是村规民约制定过程中最能汇聚民意，也是最为重要的一个程序。对各个小组汇集上来的村规民约进行汇总并通过村民代表大会审议通过，报镇政府备案后开始施行。村民代表大会通过的村规民约一方面下发到小组，在村民小组会的时候向户主宣传、告知本社区的村规民约，另一方面也会在社区内通过分发到户、墙体画以及广播等方式进行宣传。从制定到宣传各种程序较为完备，较好地体现了基层协商民主。龙陵县大寨社区村规民约制定流程图如图 4－2 所示。

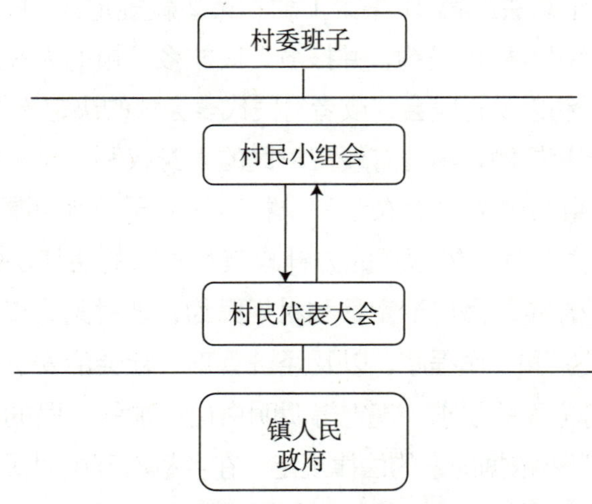

图 4－2　龙陵县大寨社区村规民约制定流程图

（2）龙陵县大寨社区村规民约的内容。

以龙陵县大寨社区 2013 年村规民约和 2016 年村规民约为分析文本，用具体案例来分析乡村治理中村规民约在具体内容、文字表述等方面的特点。

龙陵县大寨社区 2013 年村规民约共八个部分，四十六条，内容涵盖了社会治安、村风民俗、邻里关系、婚姻家庭、文化教育、土地山林、社会事务管理以及执行规定。总体来看，龙陵县大寨社区 2013 年制定的村规民约涵盖了乡村治理的方方面面，内容丰富、涉及面广并且符合国家法律法规的规定。而且文本的文字表达、结构安排都趋向严谨和规范。其中，第四部分第二十六条，夫妻在家庭中的地位平等，反对男尊女卑，反对家庭暴力，不准打骂配偶，夫妻双方和睦相处，共同承担生产、家务劳动，共同管理家庭财产。第二十九条，对合法的遗产，男女有平等的继承权。这些条款体现着新时期男女平等的思想，对传统男尊女卑思想的摒弃。然而，我们也可以看到 2013 年的龙陵县大寨社区村规民约更多停留在一种应然层面，对乡村社会治理缺乏具体的可操作性的指导。再者，该村规民约看似完整，面面俱到，但又是一个"放之四海而皆准"的村规民约，缺乏针对本村社村情的具体性规定，对乡村社会生活缺乏现实针对性，不能因地制宜地解决本村社共同生活中存在的各种实际问题。（参见附录 1：大寨社区村规民约 2013 年版）

龙陵县大寨社区 2016 年村规民约的显著变化体现在以下四点：一是在篇章结构上，2016 年村规民约不像 2013 年的村规民约一样分为八个部分，一目了然，而是直接以"条"的形式编排，共计十九条。在内容上也涵盖了社会治安、村风民俗、邻里关系、婚姻家庭、文化教育、土地山林、社会事务管理以及执行规定等方面。二是 2016 年村规民约的制定能够从本村社实际出发，结合了本村社乡村治理的特殊情况和要求。在村规民约中有六条都涉及古村落维护和美丽乡村建设，这是在响应党和国家提出的传统村落保护与美丽乡村建设的号召下结合本村社具体情况制定的①。三是增加了鼓励读书、发展教育的条款。该村规民约第十四条提倡尊师重教，重视人才培养，对本社区考上高等院校（小三门除外）② 的学生实行奖励：①考上一本的一次性奖 3000 元；②考上二本的一次性奖 1000 元，这条规定是十九条规定中唯一一条关于奖励的规定，也是关于鼓励读书、发展教育的规定。四是增加了有利于发展村社经济的条款。村规民约中第七条规定：本社区打造"传统村落"小镇，开放程度将进一步加强，凡外商到我社区合法经营者，必须服从地方管理并受到我社区的保护和支持，不许任何人有敲诈勒索霸道行为。此条款对于打破地方保护主义，发展村

---

① 龙陵县勐糯镇大寨社区大寨自然村入选为 2015 年市级美丽村庄试点。

② 当地人称"高考特长生"为"小三门"。

社经济具有积极意义。

当然2016年的村规民约也存在不足，在十九条中，有十一条都是罚款的惩罚条款，正面引导、鼓励性的条款只有奖励教育一条。并且2016年的村规民约通篇皆强调村民“该做什么”“禁止做什么”，较多地强调村民应该履行的义务，而只有三条（包括第十四条教育奖励）是涉及村民权利保护的规定。（参见附录2：大寨社区村规民约2016年版）

（三）对大寨村村规民约调查后的思考与启发

产生于乡土社会的乡规民约，是乡民自愿合意的乡村治理规范，具有乡土性特点。20世纪80年代以后，国家权力通过村民自治的方式指导乡村社会的自我管理和自我服务，村规民约因而也融入一些现代性特征。以村民为主体自主制定的村规民约是一种符合村民自治要求的非正式制度，是村民自治制度的重要载体，也是乡村治理的重要工具，在乡村社会发挥着法律不可替代的调节和控制作用。目前，我国的乡规民约正处于继承、探索和创新的转换时期，一方面乡规民约是我国传统乡村文化的重要组成部分，可以继承一些优秀的历史传统；另一方面随着乡村社会结构的变迁，乡村经济的迅速发展，村社精神文化生活的新需求，基层政治生活的新变化，乡规民约又需要适应时代变化，与乡村公共生活亦步亦趋，同步发展、创新。通过在大寨社区对村规民约的调查研究，笔者的思考和启发如下：

1. 村规民约要以遵循国家法律、法规为前提

无论是在传统社会还是在现代社会，村规民约都是乡村治理的一种重要方式。随着国家法治化的推进和建设社会主义和谐乡村的号召，对待传统乡规民约要进行合理的取舍，一方面要继续发扬村规民约在乡村治理中的正向积极作用；另一方面对待少数民族地区一些陈规陋习，与法治化不相符，甚至是与国家法律、法规相悖的村规民约一定要勇于摒弃。要依法取缔少数民族地区存在着的盲目排外的地方保护主义以及惩罚过于残酷、野蛮等落后的村规民约。根据《村民委员会组织法》的规定，村民会议可以制定本村的村民自治章程、村规民约，但是所制定的村民自治章程、村规民约不得与宪法、法律、法规和国家的政策相抵触。为了确保村规民约的合法性、合理性，需要县、乡政府组织相关专家在乡村基层组织制定村规民约的过程中予以适当的咨询和指导，但又不能强行介入村规民约的制定过程，否则就会压制村民自治空间，削弱村民的自治热情。

2. 村规民约运行的核心是村民本位

村民自治制度，简而言之就是广大农民群众直接行使民主权利，为切实保障村民自治，不仅要推进民主选举、民主决策、民主管理、民主监督等制度建设，也要发挥村规民约在引导村民进行自我管理、自我教育、自我服务中的作用。村规民约之所以是村民自治制度的重要载体，是因为村民本位是乡规民约运行的核心，它对乡村社会的整合力来源于村民合意。以村民为本位，不仅是村民自治制度的本质要求，而且村规民约的目的就是要实现对村民的道德教化，引导村民在乡村治理中发挥积极的作用。当前村规民约存在的一个普遍问题就是忽略了村民的主体地位，这主要体现在村规民约的制定过程缺乏自由、平等、协商，违背了村民合意的原则；在村规民约的内容上过于强调村民的义务本位，而忽略了对村民权利的保护；并且很多村规民约都倾向于采用经济处罚作为惩罚手段。毋庸置疑，在乡村社会，村规民约的运行缺乏国家权力的保障，就需要采取一些惩罚措施来保证村规民约的运行，但是偏离了以正面提倡、正面教育为主，处罚为辅的原则，村规民约就会沦为防民之利器，违背了自我管理、自我教育、自我服务的宗旨和原则。

3. 村规民约要吸纳少数民族传统文化中的积极因素

习近平总书记在系列重要讲话中强调了对待传统文化的观点，他说："在学习、研究、应用传统文化时坚持古为今用、推陈出新……努力实现传统文化的创造性转化、创新性发展，使之与现实文化相融相通，共同服务以文化人的时代任务"① 对待传统文化不能一刀切，特别是在少数民族地区，少数民族由于其独特的生活环境和宗教信仰，形成了自己的一套生活习惯，村规民约的制定要在尊重少数民族传统习惯的基础上制定，否则就会出现制定出来的村规民约水土不服，无法奏效的情况。比如，在制定保护生态资源方面的村规民约时，就应该吸纳少数民族长期以来形成的保护生态环境的习惯法和禁忌，这样制定出来的村规民约才能行之有效。

4. 村规民约的制定要立足本土，符合当地实际

村规民约具有地域性特征，它是村民处理村社事务、治理乡村的重要依据，

---

① 习近平．在纪念孔子诞辰2565周年国际学术研讨会暨国际儒学联合会第五届会员大会开幕会上的讲话[EB/OL]（2014－09－24）〔2016－03－07〕．http：//news. xinhuanet. com/politics/2014－09/24/c_ 1112612018. htm.

它的制定要立足本土，符合当地实际，充分考虑当地的村风民俗、社会结构、风土人情，并且在制定的过程中要充分考虑村规民约的内容与村民的日常生活的配合，与村民的需求相契合，才能保证村规民约的顺利执行。村规民约并不是普遍适用的契约规范，它仅在本村庄内部发挥作用，所谓“十里不同风，百里不同俗”，所以村规民约的制定也要考虑地域性。特别是在少数民族地区，其村规民约除具有地域性特征，还具有民族性特征，在制定村规民约的时候必须从少数民族的特殊性出发，整合其民族文化元素、生活习俗的特殊需求、宗教信仰对世俗文化的渗透及诉求，由此制定的村规民约才能得到广大村民的认同和支持，也才能彰显地域和民族特色。

附录 1：大寨社区村规民约 2013 年版

勐糯镇大寨社区村规民约

各位代表，我代表大寨社区第五届村民委员会做“村规民约”报告，请予审议。（社区村民委员会主任鲁丽华第一次村民代表会）

为切实保障村民的合法权益和应承担的责任和义务，维护农村社会稳定，创造和谐有序的生产、生活环境，促进物质文明、政治文明、精神文明的协调发展，按照自我管理、自我教育、自我服务、自我约束的原则，经本社区村民会议讨论通过，特作如下约定。

一、社会治安

第一条　每个村民都要学法、知法、守法，自觉维护法律的权威和尊严，同一切违法犯罪行为做斗争。

第二条　村民之间应团结友爱，和睦相处，不打架斗殴，不酗酒滋事，严禁侮辱、诽谤他人，严禁造谣惑众，拨弄是非。

第三条　自觉维护社会秩序和公共安全，不干扰国家机关正常办公秩序，不阻碍公务人员执行公务。

第四条　严禁偷盗、敲诈、哄抢国家、集体、个人财物，严禁赌博，严禁替罪犯藏匿赃物。

第五条　严禁非法生产、运输、储存和买卖爆炸物品，生产、销售烟花、爆竹，须经公安机关批准；捡拾枪支弹药、爆炸危险物品后，要及时上交公安机关或村治保。

第六条　爱护公共财产，不得损坏水利、交通、供电、生产等公共设施，不得在村民居住区安装噪声大的机械设备。

第七条　不得在公路上打场晒粮、挖沟开渠、堆积粪土、摆摊设点，不得以任何理由妨碍交通秩序。

第八条 不制作、出售、传播淫秽物品，不调戏妇女，自觉遵守社会公德。

第九条 严禁非法限制他人人身自由、非法侵犯他人住宅，不准隐匿、毁弃、私拆他人邮件。

第十条 严禁私自砍伐国家、集体或他人的林木，不准在社区附近或田边路旁乱挖、乱倒，严禁损坏庄稼、瓜果及其他农作物，严禁牛羊啃青。

第十一条 严格用水、用电管理，未经批准，不准私自安装用水用电设施，要切实爱护水电设施，节约用水用电，严禁偷水偷电。

第十二条 认真遵守户口管理规定，出生、死亡要及时申报或注销；外来人员需要在本村短期居住的，应向社区治保会汇报，办理临时居住手续。

二、村风民俗

第十三条 提倡社会主义精神文明，移风易俗，反对封建迷信及其他不文明行为，树立良好的社会风尚。

第十四条 喜事新办，不铺张浪费；丧事从俭，不搞陈规旧俗。

第十五条 不听、不看、不传淫秽和反动的书刊、音像。

第十六条 建立正常的人际关系，不搞宗派和宗族活动。

第十七条 搞好公共卫生和村容整洁，不随地倒垃圾、秽物；修房盖屋余下的垃圾碎片及时清理，柴草、粪土按指定地点堆放。

第十八条 服从村镇建房规划，不扩占，不超高，搬迁拆迁不提过分要求；拆旧翻新，须经村委会批准，统一安排，不准擅自动工。

三、邻里关系

第十九条 村民之间要相互尊重，相互理解，相互帮助，建立良好的邻里关系。

第二十条 在经营、生活、借贷、社会交往过程中，要诚实守信，应遵循平等、自愿、互利的原则，在生产过程中，自觉服从村委会及小组的安排，不争水、争电、争农具，不随意更换、移动地界标志；发扬风格，小事不斤斤计较。

第二十一条　依法使用宅基地，老宅基地要尊重历史状况，新宅基地按社区、镇的规划执行，不得损害整体规划和四邻利益。

第二十二条　村民饲养的动物、家畜造成他人损害的，动物饲养人或管理人负经济赔偿责任（由受害人自身过错或第三人过错导致的除外）；无行为能力或限制行为能力的人给他人造成损害的，由监护人按有关监护制度规定承担经济赔偿责任。

四、婚姻家庭

第二十三条　全体村民要遵循婚姻自由、男女平等、一夫一妻、尊老爱幼的原则，遵守家庭美德，建立团结和睦的婚姻家庭关系。

第二十四条　婚姻自由，婚姻大事由本人做主，反对他人包办干涉，不借婚姻索取财物。

第二十五条　自觉遵守《计划生育法律、法规、条例和政策》，提倡晚婚晚育，鼓励和提倡一对夫妻只生育一个孩子。若有违反处罚如下：1. 未达到结婚年龄（非婚生育）生育子女的处罚标准：夫妻双方需向镇计生部门缴纳6000.00元，向村委会缴纳2000.00元罚款；2. 生育间隔不到的处罚标准：夫妻双方需向镇计生部门缴纳4000.00元，村委会缴纳1000.00元罚款；3. 非婚间隔不到的处罚标准：夫妻双方需向镇计生部门缴纳10000.00元，村委会缴纳3000.00元罚款；4. 有配偶与他人生育子女的：需要向镇计生部门缴纳5000.00元以上10000.00元以下的罚款，同时到村委会缴纳2000.00元；5. 超生的处罚标准：夫妻双方需向镇计生部门缴纳社会抚养费（按上年保山市农民人均收入的5～8倍缴纳罚款），同时到村委会缴纳6000.00元社会抚养费；6. 村委会收取的罚金、抚养费按照属地管理原则，即收取来的相关资金将全部用于社区的公共事业建设和管护，若不缴纳者，村民小组、社区村委会一律不予办理户籍登记手续。

第二十六条　夫妻在家庭中的地位平等，反对男尊女卑，反对家庭暴力，不准打骂配偶，夫妻双方和睦相处，共同承担生产、家务劳动，共同管理家庭财产。

第二十七条 不准遗弃、虐待妇女儿童和老年人。对丧失劳动能力无固定收入的老年人，其子女必须尽赡养义务。

第二十八条 父母（含继父母、养父母，下同）承担未成年或无生活能力子女的抚养教育。不准遗弃、虐待病残儿、继子女和收养的子女。

第二十九条 对合法的遗产，男女有平等的继承权。

五、文化教育

第三十条 村民应当按时参加村小组、村委会组织的各种文化学习及会议，村民小组应当对村民参加会议的情况记录考勤，有事要请假，不能无故缺席，每参加一次会议者必须签到，如三次无故不参加的，村调解委员会按违约调处。

第三十一条 每个家庭有责任和义务让其子女完成九年制义务教育，凡是十六周岁以下少年儿童未完成九年义务教育，村委会及小组有责任和义务配合学校对其家庭及子女督促完成学业。

六、土地山林

第三十二条 土地属国家、集体所有。村民所承包的责任田地，未经有关部门批准，不得作为非农业生产及建房使用，违者责令其复耕。如不执行者，申请土地执法部门处理，由此造成的一切责任由当事人承担。

第三十三条 村民建房须本人提出申请经村小组同意，交村委会上报镇土管理部门审批后方可按规划建盖。严禁少批多建和不批就建，如有违反，责令其自行拆除并恢复土地原状。

第三十四条 村民因发展种植业、养殖业而需租用集体土地的，须经村民小组同意，交村委会及土地管理部门审批后按合同规定的地点和用途使用，不准将合同用地进行非法出租和转手倒卖，违者村民小组和村委会有权终止合同，收回土地使用权，不作任何补偿。

第三十五条 农户未经村民小组及村委会批准同意，不得私自乱开集体土地。已经开发开荒的，应无偿退还给村民小组（如属特殊情况双方协商处理）。未经村民小组及村委会同意，私自开荒、开发使用土地内的果树、作物，如国家、集体征用不作任何补偿。

第三十六条 树立护林防火人人有责的观念。村民在家及野外用火，引发的火灾损失由当事人负责赔偿，情节严重者交司法机关处理，其他按《森林法》有关规定处理。

第三十七条 凡属村小组集体和农户栽种的山林、树木，未经村委会及林业部门批准，不得私自砍伐和损害，违者必须按规定补种直至树木成活，并缴纳每株 5 ~ 10 元育林金；造成重大损失的移交林业及有关部门查处。

第三十八条 村集体土地管理使用需经村民会议讨论决定，任何村民组和个人不得私挖乱采和埋坟。

七、社会事务管理

第三十九条 随着新农村建设和农业基础设施建设。我们也积极争取项目和资金投入建成，但是管理跟不上，按属地管理的原则分其负责管理维护。1. 不论是道路、人畜饮水管网还是沟渠各小组各农户要划定责任区，原已划定的维持不变，还没有划定的要尽快划定责任区。2. 责任区内的管理和维护就由责任者承担。

第四十条 各村民组和农户要承担起该组村寨内的环境卫生，每个村民组要组织群众对该村寨内的环境卫生每月至少 2 次以上的清扫和垃圾处理，可以责任到区或户。

第四十一条 要发扬传统美德，关爱老人妇女儿童和弱势群体，每个家庭和村民组有责任和义务赡养本组的孤寡老人。

八、执行规定

第四十二条 本村规民约由社区村民委员会组织实施，并由村民会议授权村调解委员会负责调处因违反村规民约而发生的纠纷。

第四十三条 人民调解委员会调解因违反村规民约出现的纠纷，按照平等自愿、依法调解和尊重当事人诉讼权利的原则进行。

第四十四条 村民对社区调解委员会主持下达成的调解协议应当自觉履行。

第四十五条 违反本村规民约的，给予过错者批评教育，并视其情节轻重，收取过错人 100 元至 500 元违约金；造成损失的由有过错的一方赔偿损失。村民因违反村规民约而交纳的违约金由村委会收取，全部用于村内公益事业。

第四十六条 本村规民约经村民代表大会会议于 2013 年 7 月 15 日讨论通过后实施执行，涉及的条款由村委会负责解释。未尽事项由村民会议另行讨论决定。

2013 年 7 月 27 日

附录2：大寨社区村规民约2016年版

勐糯镇大寨社区村规民约

各位代表，我代表大寨社区第六届村民委员会做“村规民约”报告，请予审议。（社区村民委员会主任鲁丽华第一次村民代表会）

为切实保障村民的合法权益和应承担的责任和义务，维护农村社会稳定，创造和谐有序的生产、生活环境，促进物质文明、政治文明、精神文明的协调发展，按照自我管理、自我教育、自我服务、自我约束的原则，经本社区村民会议讨论通过，特作如下约定：

第一条　有下列扰乱公共秩序行为之一的，视情节轻重，每次触犯给予200元以上1000以下罚款，情节严重的交上级有关部门处理。

（一）拒绝、阻碍国家工作人员、村委会干部、理事会成员依法依规开展工作，经当场劝说任无理取闹的；

（二）捏造或歪曲事实，故意散布谣言或用其他方法扰乱公共秩序的；

（三）无中生有，凭空捏造假情况，并进行散布，企图损害他人人格或名誉的；

（四）经常使用打骂、冻饿、禁闭、强迫过度劳动、有病不治疗等方法，摧残、折磨家庭成员的。

第二条　侵犯、偷窃他人财物的，除追回赃物，赔偿损失外，情节轻者，每次处罚500元，严重者押送公安机关处理。

第三条　故意损坏公共财物及相关公共设施，除照价赔偿外，每次处罚500～2000元。

第四条　严禁参与吸毒、贩毒、赌博、偷盗、敲诈等违法犯罪和违反社会公德的活动，一经发现，直接押送公安机关。

第五条　认真遵守户口管理规定，出生、死亡要及时申报或注销，非亲友的外来人员需要在本村居住2天以上的，必须向村委会报备，如不报备，每触犯一次罚款500元。

第六条　对本社区具有标志性和历史意义的古迹、古树、周边环境必须加以保护，不可随意改变和破坏，百年以上古树保护范围必须让出 8 米以上。

第七条 本社区打造“传统村落”小镇，开放程度将进一步加强，凡外商到我社区合法经营者，必须服从地方管理并受到我社区的保护和支持，不许任何人有敲诈勒索霸道行为。

第八条 对不支持、不服从社区及小组公益事业建设的，以后如遇困难需要帮助，全社区不给予支持，村民应当按时参加村小组、村委会组织的各种文化学习及会议，村民小组应当对村民参加会议的情况记录考勤，有事要请假，不能无故缺席，每参加一次会议者必须签到，如无故三次不参加会议的罚款 200 ~ 500 元并取消国家相关扶持政策。

第九条 自觉处理好墙角、阴沟、排水、通道、通风、采光等关系，严禁任何人将猪尿粪便往巷道路面排放，影响环境污染，影响村庄清洁，影响他人身心健康。不处理者村小组组织人员清理打扫，所耗费用由该农户个人全权承担。

第十条 服从村镇建房规划，不扩占，不超高；纳入村庄规划和传统村落保护的大寨自然村建房和改造必须按规划实施，不准擅自动工，违者罚款 5000 ~ 10000 元，并取消相关扶持政策。

第十一条 森林防火期间禁止一切野外用火，违者罚款 300 ~ 900 元，其他按相关规定管理。

第十二条 严禁私人占用和损坏公共资源及公共设施，违者罚款 200 ~ 1000 元，并对造成的损失进行赔偿。

第十三条 社区内每户居民房前屋后卫生实行“门前三包”制，按责任牌进行打扫维护，拒不清扫户和责任区脏乱差户经通知仍不改正的，视情节轻重，每次处罚 100 ~ 200 元。家禽必须圈养，如破坏公物被打死不赔偿，如说服教育后不遵守的罚款 50 ~ 100 元。

第十四条 提倡尊师重教，重视人才培养，对我社区考上高等院校（小三门除外）的学生实行奖励：

考上一本的一次性奖 3000 元；

考上二本的一次性奖 1000 元；

第十五条 大寨自然村的居民严禁建盖琉璃瓦房、彩钢瓦房、铁皮房、石棉瓦房；已建盖的彩钢瓦房、铁皮房必须刷为青灰色，安装太阳能后颜色必须刷成灰色；墙体颜色一律为黄色；新建房屋一律按图纸规划，必须先请示村委会才能建盖。

第十六条 严禁在社区公路边私搭乱建、摆摊设桌、摆放车辆、加水、摆放木料、石料、沙子等杂物，如有不听劝告者，造成交通事故，由摆放户负全部责任；大寨“古村落、新风貌”美丽乡村建设，在规划范围内任何组织和个人必须服从规划建设，未经村委会同意，未按规定办理用地手续的，不可乱搭乱建。擅自使用，凡不按集体规划，未取得合法手续的，村委会将不予提供自来水、电、路等项目补助及出示任何证明、申请等服务。

第十七条 本社辖区内的名木花草，严禁任何人破坏，对不遵守村规民约的，将受到以下处罚：

（一）凡是进入景区的村民或游客都要爱护花草树木，不能损坏任何一株，违者按照成本价 3 倍赔偿，情节严重的，移交林业主管部门处理；

（二）村民或游客在观赏过程中不得随意采摘花朵，违者处罚 10 ~ 50 元每朵；

（三）严禁偷盗花草、树木，违者按照成本价的 5 倍罚款。

第十八条 为切实推进勐糯美丽乡村建设，全面建设宜居、宜业、宜游的世外桃源最美勐糯，在本辖区内禁止下列行为：

（一）擅自进行爆破、挖沙、采石、取土；

（二）侵占、围填、覆盖、堵截河道或者坝塘；

（三）在河道或者坝塘电鱼、捉鱼、炸鱼；

（四）在建筑物、构筑物上刻画、涂污；

（五）擅自设置标牌、喷绘或者张贴广告、招贴；

（六）随意倾倒垃圾、排放污水；

（七）侵占、损坏或者擅自移动、拆除公共设施；

（八）建设有碍古村落保护的建设项目；

（九）拆除、损毁确定保护的建筑物、构筑物；

（十）擅自拆除古民居、古建筑中的门、窗、牌、匾、坊以及其他装饰构件；

（十一）建设与古村落整体风貌、建筑风格不相协调的建筑物、构筑物；

（十二）除修缮以外的新建、改建、扩建建筑物、构筑物或者其他设施；

（十三）擅自破墙开店；放养犬只。

第十九条 村民因违反村规民约而交纳的违约金由社区村民委员会收取，全部用于社区内公益事业。

二、云南省腾冲市和顺镇乡规民约调查研究

腾冲市和顺镇坐落在祖国西南边陲，是云南省著名的侨乡。在云南这个多民族省份，和顺镇是一个以汉族为主的聚居区，是云南边地汉文化保持最完整的乡镇之一，有人形象地称它为“一部散落边地的汉书”。在周边区域都以少数民族为主的极边之地内，点缀着汉文化风貌的和顺古镇，其至今仍然保留着和内地一脉相承的汉文化，实属罕见，其是中国历史发展演进历程中移民屯边的一个缩影，和顺古镇的存在反映出汉文化所具有的强大生命力、包容性和适应性，也是汉族与周边少数民族和谐相处相融并得以存续发展的例证。同时，和顺古镇也是传统中国内地与边疆互动、共存的一个鲜活案例，也是一个较好体现中国西南与南亚、东南亚经济文化交流互动的典型区域。

历史上，和顺镇就有着重教兴文的传统，这样的文化土壤早早地开化了民智，涵养了一代一代的和顺人。寻根问底就会发现文化底蕴深厚的和顺镇有着运用乡规民约教化乡族、治理乡村的传统。本案例以这一位于少数民族地区的汉族聚居乡镇为主，对其乡规民约做一个历史纵向的考察和现实状况的描述。同时希望将之作为少数民族乡规民约研究的一个参照系，在对比研究中，相互取长补短，丰富乡规民约的研究成果，以期更好地发挥乡规民约在乡村治理中的积极作用，提高乡村治理绩效。

（一）和顺古镇的地理、历史和宗族简介

1. 古镇建筑风貌

行走在和顺古镇平整斑驳的青石板路（和顺人称之为“灯芯石”路）上，你会看到火山石做墙基的院落高墙，飞檐翼角、雕梁画栋的门头，粉墙黛瓦、小桥流水，无不散发着古朴典雅的韵味。和顺村落的居住格局依照血缘关系划分，遵循里坊制又依山就势，结合地形来灵活布置。和顺镇主村落依山顺势而下，宽窄适中的里巷至环村交汇处会设有闾门，闾门对面还会设置相应的月台。

严格的里坊之制，规整的里巷，且各家各户表现出“富不占路”的儒雅风范，给人一种井井有条、俨然有序的印象。和顺镇的村落布局和设计在云南别具一格、独具特色。走在小镇上，还会偶遇顺手提着垃圾往巷子外走的和顺人。走进历史与现代交汇的和顺古镇，看到的是一种富有秩序的整体风貌。在这种秩序背后，乡规民约发挥着不可小觑的作用。本案例选取和顺镇作为田野调查点，在和顺镇的历史文化背景基础之上，对和顺镇的乡规民约从纵向到横向上进行梳理描述。

对和顺镇乡规民约的研究，笔者主要采用文献研究法和实地调查研究法。前期笔者查阅了大量关于和顺镇历史文化的资料，对和顺镇历史发展的来龙去脉有了概貌的认识，为中期到田野点进行实地调查做好铺垫。笔者采用实地调查研究法对和顺镇的乡规民约进行挖掘，实地调查中又主要运用观察法和访谈法，笔者先后走访了和顺镇下辖的十字路、大庄、水碓三个社区和和顺镇的八大宗祠等地，一方面通过耳濡目染的观察方式，增进对和顺镇感性层面的认识，通过拍照的方式对碑刻公约、宗规族训、村规民约进行信息收集。另一方面，采用访谈法对和顺镇不同年龄段、不同从业者进行了深度采访，获取研究的相关素材。

2. 古镇概况

（1）位置和地理特征。

腾冲，古称滇越、腾越，位于云南西南部怒江西岸的高黎贡山西麓，处于东经98°05′~98°46′，北纬24°38′~25°52′。腾冲是古代“西南丝绸之路”上的商贸重镇，腾冲与缅甸接壤的国境线长达148.075公里，从腾冲到克钦邦首府密支那只有217公里。和顺镇位于腾冲市西部，东靠腾越镇，南连清水乡，西与荷花乡毗邻，北接中和镇，距离腾冲县城4公里。和顺古镇四周火山环抱，和顺镇坝子面积不大，只有17.4平方公里，东西长4.1公里，南北最长处4.45公里。

和顺镇四面火山环绕，山上树木葱郁。辖区水资源丰富，腾冲市三大水系之一大盈江镶嵌在古镇中，蜿蜒而过。龙潭、酸水沟、陷河头汇合成一条小河绕村而过，形成一条全长1.5公里的绕村河道，最后汇入大盈江。和顺镇气候温和，雨量充沛，属中亚热带到北亚热带气候类型，一年分为旱雨两季，每年十一月到次年四月是旱季，五月到十月是雨季。和顺镇年平均气温15~17℃，年降雨量1400~1600毫米。

（2）人口构成和经济概况。

和顺镇下辖三个社区，分别是十字路、大庄、水碓社区，其中十字路社区和水碓社区被旅游公司开发，发展古镇旅游。2016 年末有 2256 户 6939 人，有海外华侨 30000 多人，主要分布在缅甸、泰国、美国、加拿大等 13 个国家和地区，是云南省著名的侨乡。① 和顺镇主要居民为汉族，少数民族只占大约 4% 左右。

在经济发展方面，和顺镇村民经济收入主要来自于旅游服务业和农业收入。2016 年实现生产总值 2.09 亿元，农村经济总收入 1.55 亿元，完成一般公共预算收入 821.8 万元，完成固定资产投资 7782 万元；旅游业发展态势良好，2016 年接待游客 68 万人次，实现旅游总收入 9000 万元。实现农村常住居民人均可支配收入 11030 元。农业产业稳步增长，实现农业总产值 5083 万元；特色观光农业成效明显，特色经济林长势良好。②

（3）和顺侨乡的历史和风土文化。

和顺原名阳温暾，根据清朝康熙三十二年（1693 年）立于和顺中天寺的"鼎建中天寺常住碑记"所记和顺为"河顺"，因其"河顺乡，乡顺河，河往村前过"。③ 康熙四十一年（1702 年）永昌郡守罗伦在其编撰的《永昌府志》中，将"河顺乡"改为"和顺乡"，含义就是"和睦顺畅"的意思。居住在和顺的土著民族原是佤族，六百多年前，明朝开国皇帝朱元璋推行"军屯"制度，使得内地汉人陆续从四川、南京、湖南等地受命军屯戍边。由于这里历史上就有着连接东南亚、南亚的古商道，根据《史记》记载的蜀（四川）身毒（印度）道就有翻越高黎贡山到达腾冲，继而到骠国（缅甸）、身毒等地的古代民间商道。加之和顺镇本身田地少，仅靠耕作劳动很难获得更大的发展。于是"穷走夷方急走厂"便成了和顺人的生存方式。一代一代的和顺人通过走出去翻身、发财、衣锦还乡。"走夷方"发家致富的和顺人回到家乡除了买田置业，还热心公益，为家乡的发展出谋出力。和顺人尤其重视教育的发展，明清时期就有

---

① 腾冲市和顺镇门户网 .2017 年和顺镇镇情简介［EB/OL］. http：//www. hsz. tengchong. gov. cn/info/1039/2417. htm，2017 - 02 - 08.

② 腾冲市和顺镇门户网 .2017 年和顺镇镇情简介［EB/OL］. http：//www. hsz. tengchong. gov. cn/info/1039/2417. htm，2017 - 02 - 08.

③ 董平 . 和顺风雨六百年［M］. 昆明：云南人民出版社，2003：6.

私塾、义学，民国时期的和顺两等小学、女子师范学校、益群中学、和顺图书馆等，都是和顺镇重教兴文的体现。正是这种重视文化教育的优良传统，使得和顺镇表现出与众不同的乡村文化氛围，成为一个有着深厚文化底蕴的侨乡。

（4）宗族概况。

和顺镇是一个有着六百多年历史的古镇，从和顺镇现在的地名如贾家坝、李家巷、张家坡等来看，各个姓氏的开基先祖采取的是聚族而居的居住模式。和顺镇主要有十大姓，其中许姓和赵姓没有宗祠，寸、刘、李、尹、贾、张、杨、钏都建有宗祠。最早的是寸氏宗祠，建于清朝中期，晚近的宗祠是1926年建设完成的李、杨、钏宗祠。宗祠，又称祠堂、家庙、祠庙、宗庙、祖祠等，是宗族（家族）供奉祭祀先祖先贤的神主牌位、举行尊祖敬宗、崇先祀贤的重要聚集场所，是宗族议事、传承礼德、执行族规、团结凝聚族人的重要场所，是体现传统宗族文化的标志性建筑。① 宗祠是和顺镇宗族的公共活动空间，同一家族的人汇聚在一起进行祭祖、追思先祖的优秀美德、宣扬宗规族训教化族人等活动。据笔者采访，现在的和顺人进行娶亲嫁女等需要办筵席时也会到宗祠里办，原因是和顺人家的庭院大多比较窄，且都种满了花花草草，而宗祠地方宽敞，用具齐全，又具有宗族归属感和自豪感。和顺镇的宗祠不仅可以凝聚族人，而且也起到弘扬中华传统文化的作用。

（二）自治和德治传统：和顺宗族制下的宗规族训

宗族是由共同祖先界定出来的父系群体。宗族作为一种社会群体也可以说是社会组织，它长期存在于中国古代社会，我国乡村地区的宗族在新中国成立后经过一系列政治运动，尤其是“文化大革命”的冲击，其内部结构和外部生存环境受到破坏，改革开放政策放宽后，乡村地区又开始修宗祠族谱、修祖坟等活动。总的来说，在今天基层自治的体制下宗族过去在基层政治中的权力和地位已经被大大削弱，但长期以来以血缘关系为纽带的宗族在世代生存的过程中已经形成了一种万世一系的宗族观念，在研究乡村治理的过程中，宗族从来都是基层组织中一个不容忽视的因素。在宗族制的运行过程中，往往都会在共同文化价值的基础上形成一套本宗族的行为规则体系，使成员按照家族的习惯

---

① 吴祖鲲，王慧姝．宗祠文化的社会教化功能和社会治理逻辑[J]．吉林大学社会科学学报，2014（04）：155－176.

和规范行事，遵守家族的道德标准，遵循祖先的足迹，秉承祖先的优秀传统，完成个人的人生奋斗。宗规族训是家族制定、借助尊长权威施行、要求家族成员共同遵守的各种行为规范和规章制度的总称，是随着家庭、家族的产生发展而出现的一种管理和教化形式，其敦族睦邻教化主要包括和睦族党、友善乡曲、乐善好施等内容。① 宗族制下的宗规族约在漫长的封建社会中皇权不下县的体制框架下，对基层乡村社会治理发挥着重要作用。今天宗规族约随着宗族地位的削弱，已经不作为处理宗族事务的主要准则，但祖先信奉并遵循的道德标准，祖先制定并要求家族成员恪守的规范，仍然能给后世人提供德行修养的范例及榜样，启迪教育后世人，是基层社会自治和德治的宝贵传统资源。

和顺镇宗族众多，而各个宗族都有自己的宗规族训对本族成员进行管理。下面以寸氏宗族的宗规民约为例来分析和顺镇宗族制传统延续下宗规族训的特点。

1. 寸氏家训韵语十六章

根据《腾冲寸氏宗谱》的记载："寸姓原籍南京，世居四川重庆府巴县梁滩里寸家湾。和顺寸姓一世主寸庆，明朝洪武二十三年（1391 年）奉旨南征来到云南。"② 寸氏宗祠是寸氏宗族的象征，始建于明代嘉靖年间，扩建于清代嘉庆十年（1806 年）。寸氏宗祠大门不同于和顺镇其他家宗祠大门那种传统的飞檐斗拱、瓦木结构，它选用的材料和外形都是标新立异，典型的南亚风格，并且配以匾额楹联，最终形成了中外合璧的经典之作。

由清光绪乙未进士寸氏十八代寸开泰（1863—1925 年）主持编修的《腾冲寸氏宗谱》开篇第一章就是"家训韵语十六章"。在"家训韵语十六章"之前的引言中作者说道："古来世族多有家训，以教子孙，所以期望之者至深。"为了氏族的繁荣兴盛，先辈制定了本宗族的宗规族训对子孙万代进行教化。2006 年寸氏族人捐资重修家堂座，并将寸开泰手书的"家训韵语十六章"写好后裱成单条，张挂于宗祠之中。寸氏"家训韵语十六章"以孝、悌、忠、信、礼、义、廉、耻、恭、俭、慈、让、勤、谨、宽、和为题，用四字句韵作的宗规族训来陈述利弊，语言平实易懂，劝诫后人恪守遵循家族的道德标准。

---

① 陈延斌，张琳．宗规族训的敦族睦邻教化与中国传统社会的治理[J]．齐鲁学刊，2009（06）：25－30.

② 转引自：梁洁．人类学视野中的和顺侨乡[D]．北京：中央民族大学，2009.

寸氏家训韵语十六章

孝

百行之原，先在乎孝。《孝经》一书，孔圣所教。凡事父母，首当则效。古人所传，《二十四孝》，其事虽殊，其理均要，仿而行之，各尽其妙。孝贵真诚，不贵外貌。朝夕承欢，以亲色笑，始终小心，未可怠傲。反哺乌鸦，尚知图报。跪食乳羊，且知老少。人不孝亲，真大不肖，禽兽不如，心贻讥诮。谕尔子孙，互助劝导，各展孝思，忤逆勿蹈，肯构肯堂，箕裘克绍。

弟

人之大伦，固有次弟。入焉则孝，出焉则弟。敬长之道，曲礼祥细。内则少仪，行之无弊，同爵尚齿，朝廷之制，颁白不负，道路之例。老穷不遗，州巷之际，搜狩军旅，弟道可计。爱敬之心，推诸一世。各长其长，毫无乖戾。晚近民风，渐趋利势，犯上凌尊，谁阶之厉。凡我后昆，宜相砥砺。睦族敬宗，先明谱系。养老尊贤，时艰能济。顺以教民，人心关系。

忠

孝弟既尽，尤贵于忠。精忠报国，首推岳公。宗邦誓复，不肯和戎。犯颜谏诤，则推龙逢。比干箕子，各抱苦衷。诸葛二表，尽瘁鞠躬。郭礼韩范，皆有丰功。忠臣代出，细数难终。略举一二，已足钦崇。毁家纾难，出于吾宗。子文高义，千载风流。凡我后嗣，务宜追踪。忠贞世笃，同寅协恭。一心一德，共济和衷。唯唯诺诺，谀悦取容。素餐折鼎，终必有凶。

信

凡人居官，贵乎忠尽。与朋友交，言必有信。无诈无虞，心心相印。九鼎片言，何等谨慎。一诺千金，毫不惜吝。有约必践，勿违古训。天地可质，鬼神可问。性命相孚，谗言难进。肤愬不行，何况侵润。晚迁浇漓，风俗不振。

欺伪浮夸，未能静镇。口血未干，变于转瞬。阴雨谷风，多生嫌寡。告尔后昆，履信思顺。季路盟要，柳下鼎认。金万誓坚，当以身殉。

礼

动作周旋，无不有礼，先王制之，各得其体。天秩天叙，人纲人纪。辨其等威，严其率履。因心为节，称情而起。无过不及，得中而止。与其奢也，宁俭为美。冠婚丧祭，皆本宗旨。相鼠有皮，相鼠有齿。人无礼仪，必遭痛诋。学为长幼，学为父子。下治子孙，上治祖祢。皆礼范围，谁能越此。非礼勿言，非礼勿视。非礼勿行，非礼勿耳。蹈矩循规，斯为上矣。

义

人生世间，须明大义，义者事宜，极有精意。裁制能精，推行自义，临财勿苟，临难勿避。非其义也，受之有愧。不视万钟，不顾千驷，就义从容，忘士之器。慕义慷慨，烈士之志。义所当为，舍生不悖。救患恤灾，千金赈赐。每见今人，祇知好利。非义贪图，任情恣肆。遂其慾心，逞其私智，利禄熏心，仁义尽弃。告我宗人，良言谨记。教子义方，同敦古谊。

廉

天官六计，首重乎廉。真操自励，守己能严。非道不取，非义不沾。养成清节，人民仰瞻。封靡有戒，黩货是砭。囊瓦索佩，其祸伏潜。向魋欲马，惟利是觊。征及粟米，税及铁盐。多蓄怨厚，专利害添。所以古人，必戒夫贪。勿总货宝，勿纳币缣，苞苴永杜，未敢稍馋。象焚是惧，恐蹈炎炎。清清白白，蔼蔼谦谦。廉明正直，庶免疑嫌。后人体此，令名可占。

耻

士既能廉，尤贵知耻。耻之于人，实为大矣。惟机变者，乃不知此。耻尚不知，何能立已。苟且卑污，人所不齿。羞恶已忘，胡不遄死。凡我子孙，务各兴起。指不若人，求伸千里。心不若人，乌可不理。知耻近勇，古言宜体。发奋为雄，慎勿委靡。有时求知，不知不止。有时求行，弗行弗已。人一已百，勤力砥砺。人十已千，不敢推诿。虽曰愚柔，明强必矣。

恭

凡人居处，必当求恭。恭则不侮，礼数加隆。虞廷恭己，百姓钦崇。孔圣恭俭，弟子追从。一命再命，伛偻鞠躬。三命所至，益觉谦冲。循墙而走，不敢当中。恭敬之心，人人所同。特本此意，告我同宗。修己以敬，务各用功。颜色和顺，气度雍容。衣冠宜正，言语勿冲。必恭必敬，慎始慎终。不可暴戾，不可横凶。无涉怠慢，勿涉疏庸。允恭克让，追溯古风。

俭

古者国奢，示之以俭。宁俭勿奢，急须收敛。昔宴本仲，恒自损贬。汗衣濯冠，豚肩不掩。俭德可风，所生无忝。降及后世，纷华习染。由俭入奢，行之以渐。玉食锦衣，文秀箢箪。栋画梁雕，楹丹桷刻。半靡跨多，豪不知俭。奢则不逊，必张逆焰。请遂请缨，缴倖行险。舞俏歌雍，真属厚脸。凡我子孙，各宜检点。力戒奢淫，切勿阿谄。朴实家风，庶可无玷。

慈

济人利物，心主于慈。慈善之事，首贵博施。亲族有急，量力助之。幸勿漠视，吝惜微资。守财之虏，世同所讥。尝见有人，只顾家私。千金坐拥，万贯腰垂，高楼大厦，肥马鲜衣，酒食征逐，日事游戏，嫖赌之费，挥霍弗辞，劝以行善，则不肯为，一毛不拔，计及刀锥。凡我子弟，务宜深思，广行方便，切莫相推，或求人难，或赈人饥，随时施与，极力扶持。

让

凡礼之行，贵乎能让。不伐不矜，功能最上。亏盈益谦，天道所尚。恶盈好谦，人道所向。让为德基，其言无妄。世裕竞争，斯道早丧。夺地争城，征兵调将。只讲强权，公理难望。优胜劣败，各谋抵抗。礼让未兴，我心实怆。愿我子孙，首先提倡。让畔让居，恢宏度量。力挽颓波，誓平争浪。切勿逞强，切勿放荡。退让谦卑，上天必相。留与后人，作好榜样。

勤

古人有言，民生在勤。立心垦垦，做事殷殷。胼手胝足，苦志劳筋。或为儒士，攻读诗文，六经四子，五典三坟，朝夕穷究，咎继膏焚；或习农事，春耕夏耘，披星戴月，锄雨犁云；或为工贾，奔走纷纭，勿荒勿怠，多见多闻；或则出仕，或则从军，必能勤苦，乃奏功勋。未有懒惰，可以超群。大禹惜寸，陶侃惜分。谕尔后嗣，各宜殷勤，果能奋发，我心实欣。

谨

诸葛一生，无不细谨。戒慎恐惧，入于微隐。能定大谋，不逞小忿。子午谷计，魏延思逞，卒不肯行，以非安稳。吕端大事，勤勤恳恳。不敢糊涂，必加详审。令人作为，毫无忱悃。躁妄轻浮，好勇斗狠。高论放言，不慎口吻。万事欺诬，百端饰粉。先后游移，自相矛盾。如此之人，诚为可悯。望我子孙，务当含忍。谦则受益，满则招损。翼翼小心，谨慎为本。

宽

责己宜严，待人贵宽。宽则得众，人人相安。水懦民玩，火烈民残。宽猛兼济，乃曰好官。一味恃猛，下民心寒。严刑峻法，民益悲酸。横征暴敛，民力已殚。刻薄成性，其品不端。凡我宗党，以此为鉴。包荒大度，沥胆披肝。汪汪千顷，有若海滩。含蓄不尽，一望弥漫。事之则易，悦之则难。不曾求借，亦莫妄干。小过必赦，大善能完。居心宽厚，皆大喜欢。

和

天时地利，不如人和。失道寡助，得道多助。同心同德，彼此切磋。他山之石，借以琢磨。今人量浅，不能包罗。骨内乘异，同室操戈。分门别户，作浪兴波。营私树党，所好皆阿。戒我子侄，勿效么么。如手如足，无偏无颇。兄弟和睦，未可差讹。朋友和睦，未可怒诃。同舟共济，利涉江河。凡兹五族，皆系同科。共和政治，籍以观摩。家训简切，可颂可歌。

（来源于和顺镇《寸氏家谱》）

2. 寸氏宗规族训的特点

寸氏“家训韵语十六章”每一章以一个字为主题，凝聚的是先祖对后人寄予的殷切期望，谆谆教诲子孙后代要传承先祖遗留的良好家风。

（1）崇尚儒家伦理道德。

寸氏宗规族训字字句句无不渗透着儒家思想，虽然和顺镇位于少数民族地区，历史上和顺镇又有“走夷方”的传统，思想上融合了中国少数民族地区以及东南亚、南亚的多元文化，但和顺镇仍是以中原文化即儒文化为主。历史上的军屯戍边使得内地的汉人来到和顺，这些汉族军人的到来，不仅带来了先进的生产技术，对当地的社会经济发展产生了深远影响，同时还将汉文化带到了这个西南小镇。战乱平定后，边关将士的后代大兴儒学，重教兴文，和顺逐渐摆脱了早期的蛮荒之气，具备了中原文化因子和世风。儒家思想重礼教，善于把道德伦理政治化，“修身齐家治国平天下”强调了家庭是国家的缩影，家是个体出世入世的一个桥梁，把自己家庭经营好的人才可以把国家治理好，所以每个家庭都会有自己的宗法伦理来对家族成员进行约束。

“孝悌忠信礼义廉耻”是儒家倡导的“八德”。《论语·学而》：“孝弟也者，其为仁之本与！”孝悌是仁的根本，是仁的生发。孔子还说：“弟子入则孝，出则弟，谨而信，泛爱众，而亲仁。”（《论语·学而》）在这里孔子教导弟子要孝顺父母，尊敬师长，谨慎认真，诚实守信，广施爱心，亲近仁人志士。对于忠信而言，曾子说：“为人谋而不忠乎？”（《论语·学而》）孔子说：“言忠信，行笃敬。”（《论语·卫灵公》）言语忠诚，行为敦厚严肃，这是孔子对学生立身行事的准则要求。孔子说：“居之无倦，行之以忠。”《论语·颜渊篇》这是臣子之忠，要求官员要在其位谋其职，执行君主政令要忠心。《礼记·曲礼上》曰：“道德仁义，非礼不成，教训正俗，非礼不备。”儒家以“礼”为核心，倡导一种合乎天道自然的社会风尚，儒家之“礼”不但可以塑造公民个人的道德人格，也是重建社会伦理秩序的基石。“君子喻于义，小人喻于利。”（《论语·里仁》）孔子倡导的是君子道义，而将重利益视为小人。孔子说：“道之以政，齐之以刑，民免而无耻；道之以德，齐之以礼，有耻且格。”（《论语·为政》）孔子认为相较于刑法，德治更能教化百姓，知耻守节，主动规服。

寸氏“家训韵语十六章”孝、弟（悌）、忠、信、礼、义、廉、耻、恭、俭、慈、让、勤、谨、宽、和每一章都可以从儒家伦理中找到源流，处处体现了儒家的道德观念和伦理规范。有着宗族制传统的和顺镇历史上重礼法，讲究“君君臣臣父父子子”“亲亲”“尊尊”等等级观念。“礼并不靠外在的的权力来推行，而是从教化中养成个人的敬畏感使人服膺。”① 通过提升宗族成员的道德修养，宗族承担了一定的社会责任，与“个人—家庭—国家”家国同构思想相呼应。

（2）正人心，睦乡邻。

孝、弟、忠、信、礼、义、廉、耻、恭、俭、慈、让、勤、谨、宽、和十六字“数大端为人生必不可少者”（《腾冲寸氏宗谱》）。寸氏“家训韵语十六章”洋洋洒洒上千字囊括了寸氏宗族在修身立德、为人处世方方面面的准则。它教导后人做一个什么样的人、怎样做人以及怎样对待他人和国家。这样的宗规族训不仅可以教化宗族成员修身立德，而且在与乡邻、其他宗族的交往方面，也作出了规定，对于营造和谐的乡村人际关系、淳化社会风俗有着积极作用。

“正人心”培养高尚道德、完善的人格是宗规族训的根本。“跪食乳羊且知老少，人不孝亲真大不孝。”古人有云：“百善孝为先”，一个人如果孝顺，说明他有一颗仁慈之心，有了仁慈之心，就会待人仁慈。“忠贞世笃同寅协恭，一心一德共济和衷”教导族人要忠贞不贰，不能阿谀奉承，曲意逢迎。在诚实守信方面要做到“一诺千金毫无惜吝，有约必践勿辜古训”，不能言而无信。告诫族人要深明大义，不能被功名利禄熏心而舍弃大义，“告我宗人良言谨记，教于义方同敦吉谊”。尚节俭，杜奢靡，告诫子孙后代如果不履行俭朴的生活作风，纵使家财万贯，也会“玉食锦衣绿莞蕈尽”。子孙后代无论士、农、工、商，从事各行各业都要勤勤恳恳，“谕尔后嗣各直殷勤，果能奋发我心实欣”。凡此种种，寸氏先祖希冀可以通过宗规族约这样的行为规范提高族人的道德与人格修养。

而个人总是以群体的形式存在于社会，个人总是生活在群体之中，与群体命运息息相关，只有把个体融入群体中，才能获得全面的发展。寸氏先祖既注重个人的修身养性，同时也重视“约之以礼”“乐群贵和”“严己宽人”等道德原则，这对于维护和谐的人际关系，形成良好的社会秩序具有积极意义。寸氏“家训韵语十六章”中礼、慈、让、宽、和就是强调如何待人处事。“非礼勿行非礼勿耳，蹈矩循规斯为上矣”教导族人遵规守纪，不得违背公序良俗。“凡我子弟务宜深思，广行方便切莫相推。”看到亲族乡里有难，要乐善好施，

① 费孝通．乡土中国[M]．北京：北京大学出版社，1998：50－51.

切勿吝惜钱财。寸氏先祖在制定族训时感慨征城夺地、优胜劣败之残酷，于是便有“愿我子孙首先提倡，让畔让居恢宏度量”。劝导子孙后代要心怀宽广，礼让谦卑。“天时地利不如人和，失道寡助得道多助。”寸氏先祖指出“天时”“地利”都不如“人和”，注重人与人之间和睦共处、团结互助，德恰乡里。

正人心，睦相邻是寸氏“家训韵语十六章”中体现的伦理道德思想，这是和顺镇众多宗规族训的一个典范。正是在这些道德观念指引下，历史上和顺古镇人家族兴旺，贤才辈出。虽然和顺镇是一个多宗族的村落，但是各个宗族之间、邻里间都能和睦共处，安居乐业。宗规民约是历史上和顺镇基层社会自治和德治的根基。

（三）和顺镇的碑刻公约

和顺镇是一个历史文化底蕴深厚的古镇，自古以来就有着儒家的礼教传统，遵循礼法的古风一直延续到现代。散见于巷道、月台、道路等地的碑刻公约向人们展示着，这里的乡民善于运用公约来淳化社会风气，改善公共环境，维护公共文化，对乡村公共事务进行自我管理。按发挥作用的不同，和顺镇碑刻公约主要有保护生态环境、爱护卫生、保护公共基础设施等类型。碑刻公约是和顺传统乡规民约独特的一种宣传和传承方式，是和顺乡规民约的特色之一。

1. 保护生态环境的碑刻公约

和顺古镇生态环境幽静而美丽，古镇内百年以上树龄的古树名木近百棵。其中，在魁星阁入口处矗立着两棵有着五百多年树龄的古杉树，远远望去如伞盖一般，将古镇庇于荫下。在魁阁过厅前，立有石碑，上面有民国元老李曰垓为保护古树所诗《双衫行》。据称民国时期一位豪绅欲将古杉树伐作棺木，激怒一众乡亲。于是乡人、民国元老，曾任云南护国军秘书长的李曰垓，率众护树，并写下《双衫行》长诗，诗末一句“自今愿与父老约，维护当援人命律，有敢伐者头可斫”以警戒不法之人，表现了和顺先辈保护生态环境的强烈意识。就是这种保护生态环境的历史传统，才有今日走在和顺古镇中，古树名木随处可见的景观。这些名木古树现在都由和顺镇政府进行挂牌保护，据统计，和顺镇现共有挂牌保护的古树名木 115 株。①

① 腾冲市和顺镇门户网 .2017 年和顺镇镇情简介［EB/OL］. http：//www. hsz. tengchong. gov. cn/info/1039/2417. htm，2017 - 02 - 08.

2. 爱护卫生、保护公共基础设施的碑刻公约

和顺古镇巷道路面平整、干净整洁，月台上可以看到一些老人围坐在一起聊天、娱乐，尽享天伦之乐，这样怡然自得又井然有序的生活图景就是和顺人日常生活的真实写照。和顺人或主动或被动地遵守着月台、巷道的公约，但从笔者通过深入和顺镇的调查体悟到的村风民俗来看，和顺人多半都将各种各样的公约内化于心，主动遵循着爱护卫生、保护公共基础设施的规约。在赵家巷月台墙壁上张挂的公约为：赵家巷月台维护公约，公约内容包括公约制定的目的即“为维护社会的文明进步，保持月台的清洁卫生”；公约制定的方式：“经全体住户同意、协商达成”；公约约定的内容有三条：“一、月台内必须保持清洁卫生，不经巷道人允许不得堆放任何杂物，不得在月台内烤火，不得在月台内放鞭炮及爆炸物。二、为保持月台的整体美观，月台上不准拉线晾晒衣物被服，不得损坏月台上的绿化树及採花。三、如在月台内晒东西后必须打扫干净。”最后是落款部分。

笔者通过走访观察，发现和顺镇有一个独特的文化景观，即和顺人普遍热心公益，这一美德可能是源于和顺侨乡的历史传统。在一部成书日期不详，后人推测大概是清朝末期的被称为早年和顺人“出国必读”的劝世歌谣《阳温暾小引》中记录了对出国游子的教诲：“财本是，公众物，有散有收；你如是，留下那，银钱田亩；何不如，积些德，世代不休；世间事，远不假，概不虚谬；只有是，行好事，万古千秋。”①

历史上的和顺人通过“走夷方”发家致富，当他们携着功名利禄归家之时都会为家乡的发展贡献一己之力，这种报效桑梓、反哺精神延续到今天，呈现在随处可见的功德碑（有的叫流芳碑）上。一般功德碑上会记载和顺人举众亲之力兴建或修葺公共基础设施的时间、缘由，以及捐款人姓名和捐款数额，功德碑最后一部分内容是要求村民遵守的公约。

小李家巷巷道公约共有三条：“一、公共卫生分段打扫，巷内须临时堆放东西，事后由用户及时清理。二、严禁重型车辆入内，轻型机械进出造成损坏由该户照赔。三、保护巷内水电设施，谁损坏谁照赔。”末尾落款主管人姓名和日期。

---

① 王洪波，何真．百年绝唱——和顺《阳温暾小引》一部早年云南山里人的“出国必读”［M］．昆明：云南大学出版社，2005：68.

（四）和顺镇十字路社区村规民约

和顺镇乡规民约除各个宗族的宗规族约、村落中随处可见的关于具体事务的公约等形式外，还有各个社区、村民小组组织制定的村规民约。下面以和顺镇十字路社区村规民约为例，来具体分析和顺镇村规民约在乡村治理中的运用情况。

1. 和顺镇十字路社区简介

和顺镇十字路社区位于和顺镇西南面，距镇政府 3.5 公里，西邻荷花乡，南邻清水乡。全村土地面积 6.66 平方公里，辖 3 个自然村，11 个村民小组。有寸、尹、贾、张四大宗祠，弯楼子民居博物馆及 100 多幢有价值的古民居，是和顺景区的重要组成部分。目前社区有农户 774 户，2753 人，其中男 1316 人，女 1437 人。现有劳动力 1658 人，常年外出务工劳动力 96 人。十字路社区耕地面积 2268 亩，其中：水田 1552.8，旱地 715.2 亩。人均占有粮食 583 公斤，农民人均纯收入 4300 元。社区以旅游服务业、农业、畜牧业、石材加工、藤编、土特产品加工为主。①

2. 十字路社区村规民约的制定流程、内容及宣传方式

对和顺镇十字路社区的村规民约的调查，笔者先后走访了十字路社区的几户村民家以及村委会，通过访谈的方式获取相关资料。

（1）十字路社区村规民约制定流程。

笔者走访了十字路村委会，通过与十字路社区的村委会主任的交谈了解到，和顺镇十字路社区村规民约制定流程如下：

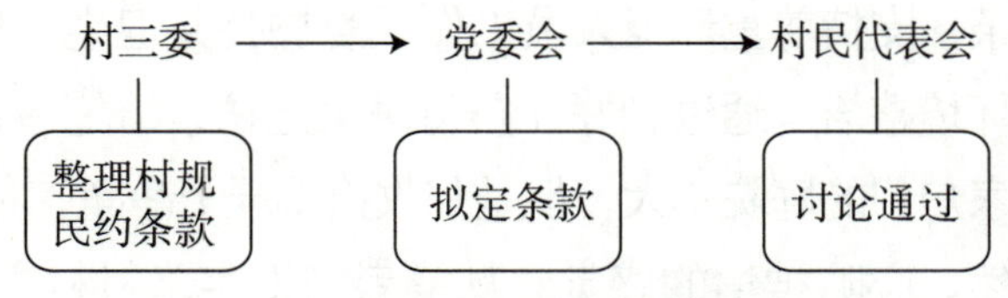

图 4-3　十字路社区村规民约制定流程

十字路社区村规民约的制定一般会与三年一届的村委会换届选举同时进行，其制定流程为：首先由村三委（党支部委员会、村委会、村监委会）大体整理罗列出村规民约条款，再由村党委会具体拟定条款，最后再由村民代表会讨论通过。

① 资料来源：笔者 2017 年 5 月于和顺镇十字路社区村委会获得。

（2）十字路社区村规民约的内容。

笔者通过对比分析十字路社区 2013 年与 2015 年的村规民约来呈现十字路社区村规民约的内容及特点。通过对比分析得出，相对于 2013 年的村规民约，十字路社区 2015 年的村规民约在文本规范性、体例编排，以及内容涵盖面等方面都有一些改变。

文本特点。就文本特点来说，笔者发现 2013 年的村规民约出现错别字的概率较高，而 2015 年则相对规范，较少出现文字错误。从体例编排来看，2013 年的村规民约是逐条展开，没有做章节区分，一共二十五条。而 2015 年的村规民约则是在分为九个部分的基础上逐条展开。2015 年的十字路社区村规民约分为村风民俗、邻里关系、婚姻家庭、公共财产、环境卫生、交通秩序、安全生产生活、纠纷处理、附则九部分，一共四十条。

内容特点。十字路社区村规民约除了囊括一般性、日常性的规约外，比较突出的就是村规民约重视对本村优秀传统文化的保护、村庄环境卫生的保护以及对消防安全的重视。总体来说，不论是 2013 年的村规民约，还是 2015 年的村规民约，内容皆丰富、具体。2015 年的村规民约在 2013 年的基础上增补了一些条款，比如，2013 年村规民约中关于公共卫生的规定是第六条：搞好公共卫生，不随地倾倒垃圾，生活垃圾用袋装放到指定地点，修盖房屋余下的垃圾碎片及时清理，柴火、粪土不准放在公共地方，保持村容整洁。2015 年第五部分环境卫生中，除了有 2013 年第六条的规定外，还增加了第二十条：家庭卫生要及时打扫，物品堆放整齐有序。提倡利用家庭空余场地种植花草树木，美化环境。第二十三条：支持尊重环卫人员工作，爱护公共卫生。积极交纳垃圾清运处理费，保障环境整洁。通过到好几户村民家走访，给笔者留下最大的印象就是，和顺人家家户户的庭院不大，但是都收拾得干干净净，种满了花花草草，给人一种生机盎然、心旷神怡的感觉。从笔者与十字路村村主任的交谈得知，十字路村的环卫工作已经承包给第三方来负责，村民只需要按期交纳一定的垃圾清运费用。由此就可以得知，2015 年新增的第二十三条正是适应这一变化而适时新增的条款。在邻里关系方面，2015 年增加了第九条：邻里之间要互相谅解，包容相处。不侵占邻里土地、巷道。不大声喧哗、影响邻里休息。要尊重、互爱、互助，建立良好的邻里关系，在日常生活中，应遵循平等、自愿、互惠互利的原则，发扬社会主义新风尚。和顺镇的村落布局遵循着历史上保留的里坊制，民居鳞次栉比，紧凑又有序，这样的布局在日常生活中就需要多为旁边的邻居考虑，以防因为噪音干扰到临近居民的正常生活。在很多农村地区，常常会有这样的情况发生，村民都想着占更多的地，就不断将围墙往外扩，一家如此，家家如此，最后导致无路可走，给整个村子的交通都造成不便。和顺镇条条巷道都连通，路面宽窄适中，方便行人和轻型车辆通行。这得益于和顺镇保留了“富不占路”的遗风，为了将这一传统美德延续下去，在村规民约中也对此作出了规定。还有一点是，在2015年的村规民约附则部分第三十九条规定：凡到本村生产经营及旅游观光人员，须遵守本村村规民约。这一点是基于和顺古镇被开发成旅游景点这一特殊情况而做出的一个补充说明，虽然到古镇的开发商、游客不是本地村民，但是入乡随俗，也同样需要遵循本村的村规民约，共同参与到维护古镇公共秩序的行动中来。

（3）十字路社区村规民约的宣传方式。

十字路社区村规民约的宣传方式主要有：村民代表会以及小组会等会议方式向农户解读并宣传本村村规民约，张贴村规民约以及制作村规民约小册子发放给农户等方式进行宣传。

笔者在访问一位十字路社区寸姓妇女时，问道：“阿姨，请问您知道您们社区有没有制定过村规民约？具体内容是什么您清楚吗？”寸姓妇女回答道：“我们村有村规民约，我记得村里还给我们每家每户发放过一本村规民约的小册子，但是具体内容我说不上来。”制作宣传小册子并发放到家家户户的手中，是一种有创意又有利于传播村规民约的宣传方式。

（五）对和顺镇乡规民约调查后的思考

显而易见，和顺镇较好地运用了乡规民约来对公共事务进行治理，和顺镇的治理呈现出井井有条、欣欣向荣、一片祥和的景象。和顺镇的祥和之风貌得益于良好而深厚的基层自治传统，历史遗留下来的家训民约，散见于巷道、月台、道路等地的碑刻式公约等多样化的规约都体现出和顺镇以深厚的传统文化底蕴而实现以文化人、以德育人，从而使和顺镇民风淳厚，长期为边地上一方儒雅祥和之地，和顺人能够达至“德业相劝”“道德修养”的境界。乡规民约在和顺镇历史悠久，形式丰富多样，内容贴近百姓生活，与环境需求相吻合，并能内化于心。可以说，乡规民约早已在和顺古镇扎根。基于和顺镇乡规民约的调查研究，笔者提出自己的一些思考，以期对和顺镇乃至更多的地区有所参考和借鉴。

1. 乡规民约在乡村日常公共生活治理中作用突出

从和顺古镇公共空间随处可见的公约、碑刻和祠堂文化中夺目的宗规祖训，以及社区全面细致、贴近生活、宣传到位的村规民约，都在叙说一个真理，即“不以规矩不能成方圆”。乡规民约在乡村日常公共生活的规范和管理中起着非常重要而又不可替代的作用，它是基层社会生活井然有序的法宝。随着社会经济不断发展，乡村社会的开放性、流动性增强，但很长一段时间内中国的农村社会仍将保持着乡土性。在乡土社会中，村民生活在“生于斯，长于斯”的熟人型社会中，在相互交往之中往往会看重“面子”、公共舆论以及良心、道德的规约。乡规民约和乡土社会的特点是吻合的，它作为一种乡土社会内源性的具有乡土性的约定俗成的规约，可以在潜移默化中改变村民落后的生活习惯，淳朴民风，教化行为。

2. 发挥宗规族训对家风、乡风、民风的教化作用

习近平总书记在系列重要讲话中强调，培育和弘扬社会主义核心价值观必须立足中华优秀传统文化，尤其是中华传统美德。对待传统文化应该是有鉴别地对待、有扬弃地继承，传统宗族制留下的一些诸如对女性权利的束缚、森严的等级制度等已经不适应社会的发展，面对传统文化我们可以推陈出新，结合实际进行取舍。但对于其中的一些积极的伦理道德思想，我们应该深入挖掘，不断整合传统文化资源。在研究和顺镇寸氏宗族的“家训韵语十六条”中可以看到寸氏先祖在清代对族人的宗规族训建设体现的是一种儒家的伦理思想，是一种有益于社会主义核心价值观建立的伦理道德。宗规族训可以视为宗族范围内维系家风的一种民约，其在乡村治理中的作用不容忽视。2015 年 2 月 17 日，中共中央、国务院在人民大会堂举行 2015 年春节团拜会，习近平总书记在讲话中强调：“不论时代发生多大变化，不论生活格局发生多大变化，我们都要重视家庭建设，注重家庭、注重家教、注重家风”①，使得“千千万万个家庭成为国家发展、民族进步、社会和谐的重要基点”②。习近平总书记的讲话体现了对于家教、家风的重视，也体现着儒家传统的家国同构思想。宗规族训就是一个

① 新华网．中共中央国务院举行春节团拜会习近平发表重要讲话［EB/OL］．http：//news. xinhuanet. com/politics/2015 -02/17/c_ 1114401705. htm，2015 -02 -17.

② 新华网．中共中央国务院举行春节团拜会习近平发表重要讲话［EB/OL］．http：//news. xinhuanet. com/politics/2015 -02/17/c_ 1114401705. htm，2015 -02 -17.

家族家教、家风的体现，发挥其中蕴含的思想精髓不仅有益于其家族成员的发展，而且对整个乡村社会乡风民风的淳化都有着积极意义。

3. 乡规民约要与乡村社会“水土相服”

乡规民约在乡村治理中具有不可替代的作用，但是如何才能最大化发挥乡规民约的治理作用是关键。首先，乡规民约不是一个摆设，不是村委会换届的一个表面性程序，更不是为了应付政府和社会走走过场，而应该扎根于乡村社会的土壤，适应乡村社会环境，围绕着村民日常的生产生活而制定，这才是乡规民约的“地气”，或可说“草根性”和生命力。每个村除了有一般性规定外，还应该依据本村实际需要制定具体性规约。比如，和顺镇十字路社区 2015 年村规民约第九条规定“不大声喧哗，影响邻里休息”的出发点就是基于和顺民居相对紧凑这一实际，如果不控制声音分贝，可能会影响邻居休息。其次，要适时增删相关规约，剔除乡规民约中不合时宜的规定，新增相应的规约。比如，十字路村 2015 年新增的第二十三条：支持尊重环卫人员工作，爱护公共卫生。积极交纳垃圾清运处理费，保障环境整洁，就是适应于村里的环卫工作承包给第三方这一变化而做出的规约调整。

4. 鼓励村民有序参与乡规民约的制定和施行

首先，乡规民约实质上体现的是一种契约，一种民主精神，它不同于法律形式的契约，乡规民约的基础是风俗习惯、伦理道德，这种契约精神基础在“差序格局”的乡土社会中是奏效的。其次，鼓励村民有序参与可以激发村民的积极性，是村民自治制度的内在要求，有利于村民主体意识的觉醒，催生富有现代性的民间生活，引导村民参与到整个乡村治理中来。再次，鼓励村民有序参与乡规民约的制定和施行，有助于更好地宣传乡规民约，村民广泛领悟了村规民约，才能内化于心，在日常的相互交往中才能按规则行事，这样一来也有利于乡规民约在乡村治理中作用的发挥。最后，动员村民的参与还有助于村民对乡规民约施行过程的监督，乡规民约因为有一定的契约性，自然会对村民产生规约作用。在规约的基础上还需要有一定的监督，而村民广泛知晓乡规民约，有助于村民之间的互相监督，节省了乡村治理的成本。

附录 1：

和顺镇十字路社区 2013 年村规民约

为贯彻《中华人民共和国村民委员会组织法》，切实保障村民的合法权益，维护农村社会稳定，营造和谐有序的生产、生活环境，促进物质文明、政治文明、精神文明的协调发展，按照自我管理、自我教育、自我服务、自我约束的原则，结合本社区实际，特作如下约定：

第一条 村民之间应团结友爱，和睦相处，不打架斗殴，不酗酒滋事，严禁侮辱、诽谤他人，严禁造谣惑众，拨弄是非。

第二条 爱护公共财产，不得损坏水利、交通、供电、生产等公共设施，不得在村民居住区安装噪声大的机械设备。

第三条 不得在马路上打场晒粮、挖沟开渠、堆积粪土、摆摊设点，严禁任何车辆在村内主要道路及巷道上乱停乱放，不得以任何理由妨碍交通秩序。

第四条 倡导乡风文明，提倡社会主义精神文明，移风易俗，反对封建迷信，抵御邪教，树立良好的社会风尚。

第五条 喜事新办，不铺张浪费；丧事从俭，不搞陈规旧俗。

第六条 搞好公共卫生，不随地倾倒垃圾，生活垃圾用袋装放到指定地点，修房盖屋余下的垃圾碎片及时清理，柴火、粪土不准放在公共地方，保持村容整洁。

第七条 服从古镇建房规划，不扩占，不超高，搬迁、拆迁不提过分要求，拆旧翻新依程序办理，不准擅自动工。

第八条 依法使用宅基地，老宅基地要尊重历史状况，新宅基地审批按古镇保护规划执行，不得违反规划和损坏四邻利益。

第九条 村民饲养的动物、家畜必须圈（拴）养。

第十条 全体村民要遵守婚姻自由、男女平等、一夫一妻、尊老爱幼的原则，遵守社会公德、家庭美德，建立团结和睦的婚姻家庭关系。

第十一条 自觉遵守计划生育法律、法规、政策，实行计划生育，提倡优生优育，禁止无证生育。

第十二条　不准遗弃、虐待老人，对丧失劳动能力无固定收入的老年人，其子女必须履行赡养义务。生病就医、生活服务，由子女承担费用。

第十三条　村民应当参加村小组、村委会组织的各种文化学习及会议。

第十四条　每个家庭有义务保障其子女完成九年义务教育，凡十六岁以下少年儿童未完成义务教育，辍学务农经商的，村委会及小组有权配合学校对其进行批评教育，督促其完成学业。

第十五条　土地属国家、集体所有，村民承包的责任田地，未经有关部门批准，不得作为非农业生产及建房使用；违者则令其复耕。如有不执行者，申请土地执法部门处理，由此造成的一切责任由当事人承担。

第十六条　村民建房须本人提出申请，经村民小组、村委会签注意见报镇国土所、古镇办初审，上报建设局审批后方可按计划建盖，严禁少批多建和不批就建。如有违反，责令其自行拆除，并恢复土地原状。

第十七条　消防安全人人有责，各户主、家长保证管好自家的每一个成员，保证不人为发生任何火灾，出门时必须对火源、电源、易燃物品的安全进行检查，各小组保证消防车正常通行。如发生火灾各村民积极配合有关部门进行灭火救灾。

第十八条　凡属村小组集体和农户栽种的山林、树木，未经村委会及林业部门批准，不得私自砍伐和损害，违者必须按照规定补种成活树木，并缴纳每株 50 元至 100 元的育林金；造成重大损失的移交林业及有关部门查处。

第十九条　在和顺古镇内的居民应当做好消防工作，并按照消防要求配备相应的器材。任何人不得妨碍消防通道的畅通，不得损坏消防设施。

第二十条　和顺古镇风貌协调区内禁止下列行为：破坏性开发湿地，擅自进行爆破、挖沙、采石、取土，在河道内用特种工具捕鱼，在建筑物、构筑物上刻画、涂污；擅自设置标牌、喷绘或者张贴广告、招贴，不准侵占、损坏或者擅自移动、拆除公共设施，随意倾倒垃圾、排放污水，擅自破墙开店，建设有碍古镇保护的建设项目。

第二十一条　本村规民约由村民委员会组织实施，并由村民会议授权村调解委员会负责调处因违反村规民约而发生的纠纷。

第二十二条　人民调解委员会调解因违反村规民约出现的纠纷，按照平等自愿、依法调解和尊重当事人诉讼权利的原则进行。村民对调解委员会主持下达成的调解协议应当自觉履行。

第二十三条 违反本村规民约的给予过错人批评教育，并视情节轻重，收取过错人 50 元至 100 元违约金；造成损失的由有过错的一方赔偿损失。

第二十四条 村民因违反村规民约而缴纳的违约金由村委会收取，全部用于村内公益事业。

第二十五条 本村规民约经村民代表会讨论通过于 2013 年 6 月 1 日开始实施执行，涉及的条款由村委会负责解释。未尽事项由村民会议另行讨论决定。

和顺镇十字路社区村民委员会

附录 2：

和顺镇乡规民约调查问卷

尊敬的先生、女士：

您好！我们是云南大学公共管理学院政治学系的硕士研究生，为了能比较全面地了解和顺镇村社治理的基本情况，特进行此次调查。此次调查资料仅为学术研究使用，我们将对您的回答严格保密。回答问卷不记名，里面内容无所谓对错，请按您的真实情况和想法在合适的选项序号上打“√”即可。衷心地感谢您的支持和合作，谢谢！

1. 您的性别是？

A. 男　　B. 女

2. 您的年龄是？

A. 16 ~ 20 岁　　B. 20 ~ 35 岁

C. 36 ~ 60 岁　　D. 60 岁以上

3. 您的民族是？

A. 汉族　　B. 傈僳族

C. 回族　　D. 彝族

E. 其他

4. 您的政治面貌是？

A. 中共党员　　B. 团员

C. 群众　　D. 其他民主党派

5. 您的文化程度是？

A. 文盲　　B. 小学

C. 初中　　D. 高中

E. 大专　　F. 本科及以上

6. 您的职业是？

A. 务农　　B. 做生意

C. 工人　　C. 学生

D. 公务员　　D. 事业单位人员

E. 其他

7. 您信仰的宗教是？

A. 佛教　　B. 道教

C. 儒教　　D. 其他

8. 您家的主要经济来源是？

A. 种植粮食作物　　B. 种植经济作物

C. 工资收入　　D. 进城务工

E. 做生意　　F. 出国务工

G. 其他

9. 您知道在你们镇有一些关于村民们的日常规则吗？

A. 非常了解　　B. 了解

C. 不怎么了解　　D. 一点都不了解

10. 在制定这些村规民约的时候村民们是否参与制定过程？

A. 是　　B. 否　　C. 不清楚

11. 您清楚你们村是如何制定这些规则的吗？

A. 非常清楚　　B. 比较清楚

C. 不怎么清楚　　D. 一点都不清楚

12. 在制定这些村规民约的时候有没有征求村民们的意见？
A. 有　B. 没有　C. 不清楚
13. 制定这些规则之后，有没有相关的人员对其进行讲解和宣传给村民？
A. 有　B. 没有　C. 不清楚
14. 您清楚这些规则是谁制定的吗？
A. 非常清楚　B. 比较清楚
C. 不怎么清楚　D. 一点都不清楚
15. 您清楚这些规则是明文规定的还是口传的吗？
A. 非常清楚　B. 比较清楚
C. 不怎么清楚　D. 一点都不清楚
16. 作为本村村民，你们知不知道这些规定？
A. 完全知道　B. 不知道
C. 不清楚　D. 一点都不知道
17. 您对于这些规则的知晓程度如何？
A. 非常清楚　B. 清楚
C. 不清楚　D. 一点都不清楚
18. 您清楚这些规则具体的都是讲什么吗？
A. 非常清楚　B. 比较清楚
C. 不怎么清楚　D. 一点都不清楚
19. 作为本村村民，您认可这些规则吗？
A. 十分认可　B. 基本认可
C. 有些认可　D. 完全不认可
20. 您是不是在日常生活中也按照这些规则来要求自己或者您的家人？
A. 是　B. 有时候是
C. 不是　D. 完全不是
21. 您觉得这些规则的制定，对于村里有哪些好处？
A. 民风　B. 生产生活
C. 村民行为　D. 自然环境

22. 您清楚这些规则是为什么制定的吗？

A. 非常清楚 B. 比较清楚

C. 不怎么清楚 D. 一点都不清楚

23. 您觉得这些规则和法律法规有区别吗？

A. 有 B. 没有 C. 不知道

24. 这些规则有没有受到乡政府或者村委会的保护实施？

A. 有 B. 没有 C. 不清楚

25. 您觉得你们村的村规民约有什么地方需要改进？

再次感谢您的支持和合作！

三、大理白族自治州大理市喜洲镇周城村乡规民约调查研究

（一）白族的源流及喜洲镇的历史、地理概况

1. 白族的源流

“白族人”在白语中被称为 baipnid，音义同“白人”。不管是男是女都自称 baipzi，音义同“白子”，或者又自称 baiphaot，音同“白好”。“白（baip）”是白族的历史称谓，haot 义为“穴”“房屋”“家”，baiphaot 即“白家人”。其他民族对白族的称谓有：滇僰、叟、爨、西爨白蛮、白蛮、白人、民家、河蛮、那马、勒墨等几种。[①] 1953 年，新中国在进行民族识别时根据白族人的意愿，正式将“白族”作为该民族的族称。

20 世纪 50 年代，云南民族史学家方国瑜研究指出：“南诏建国以前住在洱海南部的白僰从今四川宜宾（僰道）进入是很有可能的。僰人原先住在青衣江入岷江一带，氐羌族，来迁入岷江入金沙江处。”方先生还引用《华阳国志·南中志》的“秦始皇经营僰道，人被迫迁居到滇东北地区”，以及《元史·地理志》关于“僰刺蛮在马龙州、益州居住，后被爨部占领，僰人迁走”的记

---

① 黄雪梅．大化无形——云南大理白族祖先崇拜中的孝道化育机制研究[M]．桂林：广西师范大学出版社，2009：51－52.

载，来说明“白族是属氐羌的僰人迁入滇西与洱海区域的‘昆明族’、‘哀牢夷’、‘白蛮’等族系统一、联合形成的民族”。① 这种观点被很多学者认同。马曜先生对白族的源流有过深入细致的研究，他指出：“白族先民住于坝区，由于交通的便利，民族之间容易吸收外来文化，以致融合或融合于其他民族。其形成特点是异源同流，由多源的成分构成。”② 白族的族源成分包括：(1) 僰人。秦始皇修筑了从僰道通往滇东北的道路，在僰道和滇东北沿途有僰人居住，东汉王莽时期僰人起兵失败之后去到滇西地区，为了躲避王莽的追杀，隐瞒了“僰”这一族称，因为古代“僰”和“白”通用，所以僰人是白族的主要成分。(2) 洱滨人。他们是“西洱河蛮”的前身，他们不是僰人，而是最早居住在洱海周围的人。(3) 楚人。公元前286年，庄蹻入滇是从滇东北进入滇池地区。张若是秦的太守，从滇西北经四川盐源、盐边和云南华坪等县以及金沙江对岸的丽江、鹤庆、姚安一带，他们其中一些人迁徙到洱海地区，之后又有汉人迁徙到洱海地区，和当地的民族融合在一起。(4) 蜀（叟）人。“蜀”人和“叟”人有着密切的联系，秦灭蜀之后历经汉魏晋战乱纷争，蜀人四处流亡，流入中原一带的称“蜀”人，融入西南夷的称之为“叟”，西汉时期派到云南的士卒多数都是从西北和巴蜀叟人聚居的地区征募而来的，他们融入滇池地区的僰人并且最终被称为“僰”。“僰”和“叟”这两个都是属于氐人，晋代以后“叟”便被称之为“氐叟”。③ 马曜先生认为，白族是以最早生活在洱海周围地区的“洱滨人”为主体，不断融合或同化了西迁的僰人、楚人、蜀（叟）人、秦汉人以及周围的一些民族成员，同时他们也吸收了大量的汉文化和其他民族的文化，而形成一个开放性的民族共同体。④ 关于白族的族源问题，有同源异流说、异族同源说等。洱海地区地势平坦，四面环山，坝区面积大且土地肥沃，是古代滇西地区环境、气候较好的区域之一，较早就有先民在此地居住，同时不少的外地民族由于经商、避战或者农耕等迁徙到此定居，因而形成白族的多源流特征。

---

① 方国瑜．略论白族的形成[M]．//方国瑜．云南白族的起源和形成论文集．昆明：云南人民出版社，1957.

② 马曜．白族异源同流说[J]．云南社会科学，2000（3）．

③ 黄雪梅．大化无形——云南大理白族祖先崇拜中的孝道化育机制研究[M]．桂林：广西师范大学出版社，2009：53.

④ 马曜．白族异源同流说[J]．云南社会科学，2000（3）：59－72.

2. 喜洲人的族称

喜洲人是河蛮大姓的后裔。河蛮即西洱河人，整个洱海的西边、苍山脚下一带都是河蛮聚居区，根据《西洱河风土记》“其西洱河……有数十姓，以杨、赵、董为名家”的记载。当时大姓是掌握该地区资源和财富的重要家族。唐代中叶至宋初，出现了“大封民”“大封人”“大封国”的称号。到元代，白族还自称自己是“大封人”。到明洪武年间，明太祖通过文化强制和武力征服的手段使大理白族人的族群认同出现极端：抵抗和屈服。喜洲人不满明太祖的统治方式，很多喜洲人在家谱中不写自己是“河蛮后裔”，直接说自己是“九隆之裔”或者是印度血统。后来随着儒学和科举在云南的兴起，越来越多的白族人接受“学而优则仕”的观点，读书、科举、做官成为潮流。这个时期，冒籍现象也越演越烈。明朝初期，对白族开始有“民家”之称。民家这一说法在民国时期成为很多大理人的自称和他称，喜洲的很多老人还称自己是“民家人”。清代，大理地区多数则被称为“白人”。20 世纪 50 年代，新中国进行民族识别，大理喜洲人之前自称自己祖籍是南京应天府，民族识别之后全改称自己是白族。现在去大理地区，如果问一个白族人：“你是白族人吗？”他们都会毫无疑问地回答：“我当然是白族人。”喜洲人也和其他白族人一样能够自豪地认可自己的白族身份。这是因为白族在新中国的政治“屋顶下”获得了迅速发展，作为中国 56 个民族成员之一而拥有与汉族等其他民族平等的政治地位，白族地区各项建设事业欣欣向荣，国家对白族地区的各项政策产生了较大向心力，民族自豪感使每一个民族成员可以大大方方地认同自己的民族身份。

3. 喜洲镇地理位置

喜洲位于大理市北部，距离大理白族自治州首府所在地下关 32 公里，西靠苍山五台、沧浪、云弄三峰，东临洱海，南与大理市湾桥镇相连，北至龙首关与洱源县毗邻，南北长约 12 公里，东西宽约 6 公里，总面积 161 平方公里。①喜洲地势平坦，属于坝区，平均海拔 1990 米，气候温和，据 2000 年统计，总人口 61715 人，有白、回、汉等 15 个民族，其中白族占总人口的 87. 81% 。②是一个白族聚居的历史名镇。

① 罗杨．中国名镇·云南喜洲[M]．北京：知识产权出版社，2014：16.

② 罗杨．中国名镇·云南喜洲[M]．北京：知识产权出版社，2014：16.

喜洲又称“大厘城”，其历史可以追溯到很早时期，早在新石器时代就有人类居住，主要从事狩猎、农业、渔业等生产劳动。秦汉以来在中央王朝的统治之下，与内地保持着联系，清末至民国初年，喜洲商业兴起，商帮影响着四川、西藏、印度等地区，喜洲的经济得到空前的繁荣。喜洲是大理开发较早的地区，被赋予了“白族第一镇”“云南省民族团结进步边疆繁荣稳定示范镇”的称号，在白族发展史上占有重要的地位，是考察、研究白族文化不可或缺的古镇。

4. 周城村概况

喜洲镇的周城村是全国最大的白族聚居自然村，有“中华白族第一村”，“白族活化石”之称。村庄坐落于大理市北部，是古代河蛮自固的城邑之一，西靠苍山云弄峰，东临洱海桃源码头，南距大理古城 25 公里，北连著名的蝴蝶泉景区，地理位置十分优越。该村现有农户 2214 户，全村人口 9635 人，其中男性 4725 人，女性 4910 人。农业人口 9635 人，其中劳动力 5575 人。该村以白族为主，其中白族 9532 人，汉族 86 人，其他民族 17 人。白族人口占总人口的 99%。耕地面积 2850 亩，人均占有耕地 0.28 亩。村党总支下设 3 个党支部、21 个党小组，党员总数 312 名，设一个团总支。周城村委会下设民兵、妇委、治保调解、老年人协会等 4 个群团组织；设有文化站、中心幼儿园、卫生所等 8 个事业单位；有周城民族扎染厂、金花奶粉厂和水电管理所等 3 个集体企业。周城村是一个配套组织健全、非公有制企业和集体企业并存的远郊农村。在众多白族村社中，周城村是一个较发达的白族村落。

（二）周城村村规民约的主要内容及类型

1. 文字形式的村规民约

周城村“20 要”村民公约

祖国要热爱　法律要遵守　集体要关心　科技要学习
致富要勤劳　做人要诚信　尊老要尽孝　爱幼要育才
家邻要和睦　言行要文明　邪教要远离　赌毒要杜绝
婚丧要简办　庭院要美化　畜禽要圈养　猫狗要管好
饮酒要适量　娱乐要健康　生活要节俭　治安要联防

为了进一步提高村民自我管理、自我教育、自我约束的能力，推动我村物质文明和精神文明建设，经村民大会讨论通过，特制定如下村规民约：

第一条 热爱中国共产党，自觉贯彻执行党的路线、方针、政策。

第二条 热爱社会主义祖国，坚定社会主义道路，遵守各级政府的法律、法规。正确处理国家、集体、个人三者关系，为建设社会主义新农村多做贡献。

第三条 热爱集体、爱护公共、公益设施，敢于同破坏集体利益的坏人坏事做斗争。

第四条 发扬家乡优秀传统，不做破坏家乡声誉和利益的言行。

第五条 提倡学习科学文化知识，养成健康向上的生活方式。反对封建迷信，聚众赌博。

第六条 热爱劳动，搞好生产，诚实经商，勤劳致富。反对偷窃财物，抬价掺杂，走私贩私、偷税漏税行为。

第七条 勤俭持家，移风易俗，提倡婚事简办，丧事简办。反对婚丧喜庆大操大办，铺张浪费。

第八条 家庭和谐团结，敬老爱幼，夫妻恩爱，婆媳、姑嫂、妯娌、兄弟之间相互关心体贴，不虐待老人、儿童。

第九条 提倡邻里团结互助，亲邻相帮。反对酗酒闹事、打架斗殴。提倡与相邻地机关、学校、企事业单位团结、协作，维护机关、学校、企事业单位的工作、学习、生活的正常秩序。

第十条 遵守《婚姻法》，自觉执行国家计生政策。提倡晚婚晚育，少生优生。反对买卖包办婚姻、近亲结婚、早婚早育、歧视妇女的行为。

第十一条 做好治山、治河、造林绿化和保护耕地工作。坚持土地公有制，不乱用土壤、乱放砂石、滥伐山林果树，禁止非法占用耕地建造房屋。

第十二条 大力提倡绿化美化环境，保护花草树木，禁止在绿化区域内放牧和随便砍树折枝，森林防火人人有责。

第十三条 保持村容村貌卫生整洁，各家各户实行“门前三包”，搞好街道清洁畅通，及时清除道路污水、杂物，不乱倒垃圾、随地吐痰，家禽家畜要圈养，猫狗宠物要管好，注意保护水源和节约用水。

第十四条 注意交通和用电安全，遵守交通规则，禁止在公路、村内道路两侧堆放杂物，车辆入村要慢行，不耗电。

第十五条 加强社会治安综合治理，发挥群防群治作用，要提高法制观念和意识，搞好防盗防火工作。

第十六条 外来常住或暂住人员一律要向公安派出所申请并办理有关手续后方可居住，住村期间要遵守本公约。

违纪上述条款，按情节轻重予以处罚，触犯刑律的，依法追究刑事责任。

2. 口头形式的村规民约

周城口头的村规民约主要就是民间禁忌所体现的规约，这是历史上流传下来深入周城村村民心中的原始习惯法。禁忌，指的是习俗禁止和忌讳的某些行为和语言，社会的禁忌，既有宗教信仰的，也有世俗性的；既有历史传承下来的，也有后人新建的。不同地区、不同民族由于历史、地域文化前景的差异，禁忌的内容也多有不同。① 禁忌的产生很古老，它是原始宗教观念的一个部分。弗洛伊德在《图腾与禁忌》一书中认为，禁忌代表两种含义：第一是崇高的、神圣的，第二是神秘的、危险的、禁止的、不干净的。禁忌的意义在于维护社会制度。② 如果一个人触犯某种禁忌，他自己就会处于一种危险的境地或者会受到惩罚。

禁忌习俗通过口头传承和人们的行为习惯表现出来，大概可以分为五类：其一，把自然力或者自然物看作神圣的不可侵犯的事物来加以崇拜，形成了人们对日、月、星辰、雷电、风雨、火、山等事物的崇拜、畏惧心理。其二，把一些动植物看作是与本民族祖先有近似关系的神圣的事物，形成了严禁捕捉等禁忌。其三，对祖先象征或遗物的禁忌。如宗祠的祖先牌位以及画像，是不可侵犯的。其四，对吉凶祸福命运的迷信派生出来的趋吉避凶所形成的禁忌。其五，对鬼灵、精灵的崇拜所引发的关于所谓鬼、怪之类及其活动场所的禁忌。③ 周城村人在长期与自然环境适应的过程中，在生产生活的触动下，在村落和家庭公共生活以及精神生活的需求下，也产生了本村的禁忌，这些禁忌本质上体现着周城村人期盼平安、丰收，是通过禁止某些行为来排除种种危险和不吉利的可能发生，以保障事事如意，平安顺利。这些禁忌渗透在周城村人的日常行

---

① 郝翔，朱炳祥．周城文化——中国白族名村的田野调查[M]．北京：中央民族大学出版社，2001：188.

② 郝翔，朱炳祥．周城文化——中国白族名村的田野调查[M]．北京：中央民族大学出版社，2001：189

③ 郝翔，朱炳祥．周城文化——中国白族名村的田野调查[M]．北京：中央民族大学出版社，2001：190.

为和生产生活的活动中：

第一条 凡是属相为鼠和马、牛和羊、蛇和猪、虎和龙者不能相互配偶，否则婚姻不幸福，还会克夫克妻。

第二条 吃饭时，不准掉饭粒，否则会遭雷打。

第三条 客人来家里，只能听客人讲话，不能抢话。

第四条 腊月三十晚上，吃完饭就要用艾草清理生活用具，把碗筷锅碗瓢盆都清理干净，大年初一只能吃素食。

第五条 大年三十晚上十一点到十二点就锁门，锁门之后不准进出，初一不能到别家串门。

第六条 农历三月十五是蛇节日，家家朝墙角门槛撒石灰，忌讳坐在门槛上。

第七条 结婚要选日子，不能在"四绝"（立春、立夏、立秋、立冬）和"四离"（春分、秋分、夏至、冬至前一天）结婚，送礼物要送双数，新娘接回家时，新郎父母和哥嫂要回避。

第八条 下葬要算日子，在外面出意外逝去的人不能送回去家里，要在村子外面就安葬。

第九条 栽秧这天，家家要蒸大块大块的肥肉吃，表示希望谷子丰收。栽秧会的旗帜必须是蓝色，象征水。

第十条 不能偷别人家地里的粪，偷了头发会脱落。

第十一条 不能拿手指着彩虹，如果指了，手指头会被刀割破。

第十二条 小孩不能骑狗狗，否则结婚那天会下雨。

第十三条 不能打鸟蛋，如果把鸟蛋打碎，脸上会长斑。

3. 周城村村规民约的类型

周城村的村规民约涉及民间习惯、伦理道德、民风、生产生活、丧葬礼仪、禁忌、生态环境、人际关系、家庭教育等方面。内容很接地气，与白族村民日常生活息息相关。主要包含以下方面的内容：第一，涉及民间习惯方面的规定，如栽秧会的饮食和旗帜、婚姻和丧葬习惯方面的规定，第二，涉及伦理道德方面的规定，要求家庭和谐团结，敬老爱幼，夫妻恩爱，婆媳、姑嫂、妯娌、兄弟之间相互关心体贴，不虐待老人、儿童等。第三，涉及生产生活方面的规定，要求保持村容村貌卫生整洁，各家各户实行"门前三包"，搞好街道清洁畅通，及时清除道路污水、杂物，不乱倒垃圾、随地吐痰，家禽家畜要圈养，猫狗宠物要管好，注意保护水源和节约用水。强调注意交通和用电安全，遵守交通规则，禁止在公路、村内道路两侧堆放杂物，车辆入村要慢行，不浪费电。加强社会治安综合治理，发挥群防群治作用，要提高法制观念和意识，搞好防盗防火工作。第四，涉及结婚丧葬礼仪方面的规定，如结婚要选日子，不能在“四绝”（立春、立夏、立秋、立冬）和“四离”（春分、秋分、夏至、冬至前一天）结婚，送礼物要送双数，新娘接回家时，新郎父母和哥嫂要回避。下葬要算日子，在外面出意外逝去的人不能送回去家里，要在村子外面就安葬。第五，涉及生态环境方面的规定，要求做好治山、治河、造林绿化和保护耕地工作。坚持土地公有制，不乱用土壤、乱放砂石、滥伐山林果树，禁止非法占用耕地建造房屋。大力提倡绿化美化环境，保护花草树木，禁止在绿化区域内放牧和随便砍树折枝，森林防火人人有责。周城村的村规民约涉及生产生活的方方面面，既有历史上的文化留存，也结合了现代社会的一些先进的观念。文字形式的村规民约写在村委会门口的墙上，是村委会工作人员结合当代新农村建设的精神制定的，口头形式的村规民约是在生产生活中约定俗成的一套习俗禁忌，是口耳相传的。

四、大理白族自治州剑川县象图乡核桃树村村规民约调查研究

本部分以白族聚居区的核桃树村作为田野调查点，采用文献研究法、调查研究法对剑川县象图乡核桃树村村规民约进行描述和分析。与前文所述的喜洲镇周城村不同，周城村是白族名村，象图乡核桃树村则是大理州众多白族聚居村落中最平凡一个村落。其村规民约以口头或者文本形式存在，规范着村民的行为，影响着村民的道德观念，调节着村庄内部秩序，是村庄治理不可缺少的重要制度资源。笔者于 2016 年 10 月到剑川县象图乡核桃树村进行实地调查，通过实地调研、发放问卷、访谈等形式对核桃树村村规民约及其运行调查研究。

（一）田野调查点概况

1. 剑川县地理、历史概述

大理白族自治州地处云南省中部偏西，东邻楚雄州，南靠普洱市、临沧市，

西与保山市、怒江州相连，北接丽江市。大理州共有汉、白、彝、回、傈僳、苗、纳西、壮、藏、布朗、拉祜、阿昌、傣等13个世居民族，2015年末全州户籍总人口358.44万人，少数民族人口185.83万人，占总人口的51.84%，其

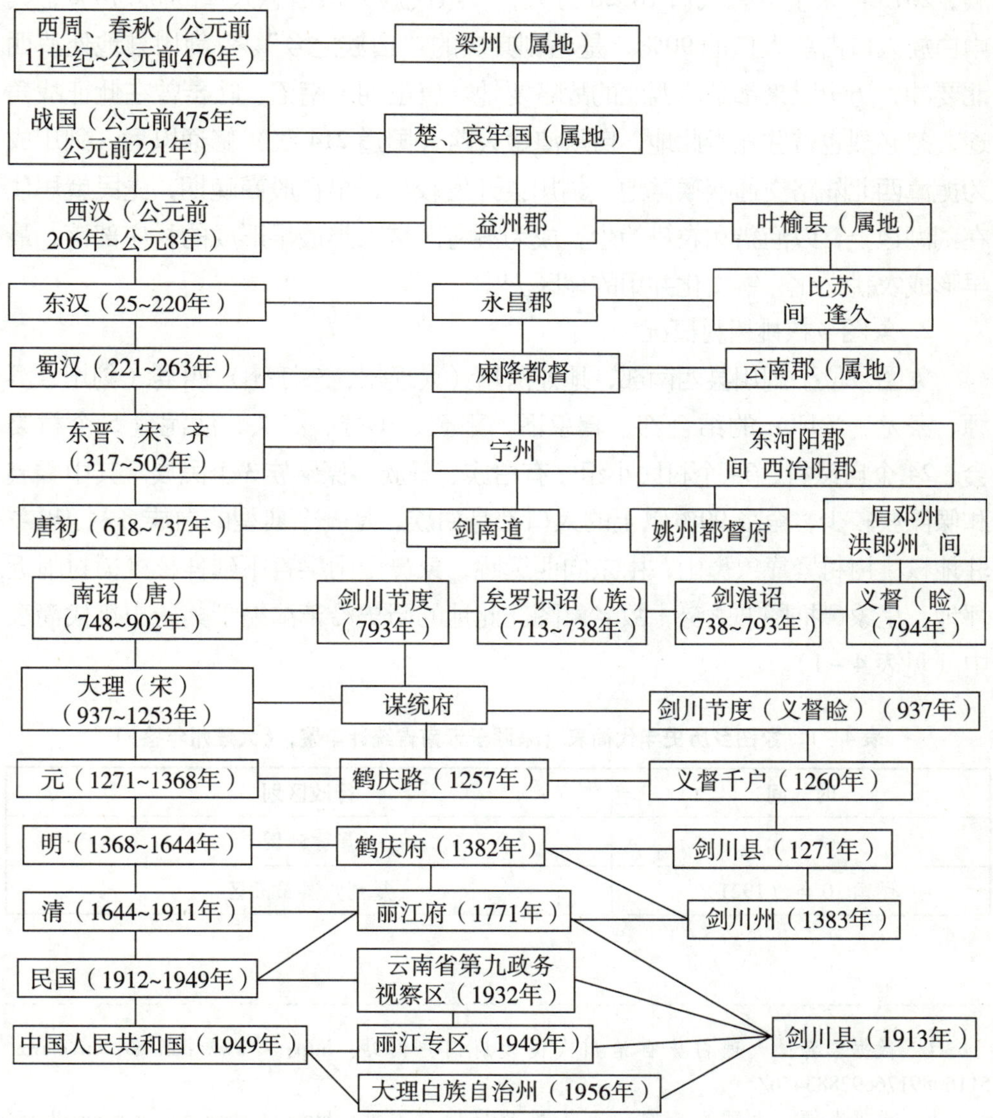

图4-4　剑川历史年代简表（来源于云南省统计年鉴，《大理州年鉴》）

中：白族人口121.79万人。① 剑川县位于滇西北横断山脉中段，“三江并流”世界自然遗产保护区南端，是大理州的北大门。辖5镇3乡，88个村委会，5个社区，391个自然村，境内有白、汉、彝、回、纳西、傈僳等16个世居民族，2015年末全县总人口18.26万人，少数民族人口占总人口的89.74%，其中白族人口占总人口的90%，是名副其实的“白族之乡”。② 剑川县地处滇西北要冲，历史以来都是滇西北的战略要地。唐王朝、南诏、吐蕃曾在此征战角逐，忽必烈也曾驻扎于此地，自从滇藏公路（国道214线）修通以后，剑川成为扼滇西北陆路交通咽喉重地。剑川县开发较早，早在殷商晚期，先民就居住在剑湖边上，以渔猎和农耕为生，成为洱海区域人类最早形成的村庄部落，最早形成农耕文化、铜文化并用的地区。③

2. 象图乡核桃树村概况

象图乡位于剑川县西南部，地处两州（大理州、怒江州）四县（剑川、洱源、云龙、兰坪）的结合部，辖象图、下登、丰登、江头、沽泥盆5个村委会、24个自然村、34个村民小组。有白族、彝族、傈僳族3个民族。其中彝族和傈僳族较少，全乡90%以上的人口都是白族，是一个典型的白族乡村。④ 乡驻地核桃树村紧靠象鼻山，由东向西远眺，象鼻山山梁直下延伸核桃树村附近坪地，呈象鼻抱图书之势，故名象图。此地的历史沿革浓缩于其历史年代简表中（见表4-1）。

表4-1 象图乡历史年代简表（来源于云南省统计年鉴，《大理州年鉴》）

时 间	行政区划
清 代	属弥沙图
民国10年（1921）	属剑川县第五区

---

① 数据来源：大理白族自治州人民政府门户网站：http://www.dali.gov.cn/dlzwz/5116089176692883456/.

② 数据来源：大理白族自治州人民政府门户网站：http://www.dali.gov.cn/dlzwz/5116089176692883456/.

③ 云南省统计年鉴，《大理州年鉴》。

④ 数据来源：大理白族自治州剑川县政府门户网站：http://www.114huoche.com/zhengfu/DaLi-JianChuanXian.

续　表

时　间	行政区划
清　代	属弥沙图
民国 28 年（1939）	属弥沙镇
1949 年	属弥兰区
1952 年	属剑川县第三区
1954 年	属剑川县第二区
1955 年	属剑川县乔后区
1958 年	为象图公社
1961 年	分为弥沙、象图、玉河 3 个公社
1962 年	属弥沙区
1971 年	属弥沙公社
1984 年	从弥沙区析出，设象图区
1988 年	设象图乡

象图乡总面积 200 平方公里，其中耕地 1.4 万亩，占 4.7%；林地 22.14 万亩，占 73.9%；水面 1071 亩，占 0.4%；草地、荒地 6.3 万亩，占 21%。全乡坐落在象图河谷中，地形复杂，地貌差异大，境内群山壁立，沟壑纵横，地势北高南低，相对高差大，象图河由北向南剧烈切割，将全乡劈为东西两半，形成一大峡谷。峡谷东部千柏山海拔 3715.5 米，核桃树村海拔 2440 米，南部谷底的沽泥盆，海拔 1973 米，与沙溪米子坪同为县内海拔最低点。随着海拔的递增，亚热带、温带、寒带植物依次分布的情况较为明显。土壤亦依据海拔升高而递次分布，海拔 3400 ~ 3900 米为棕色针叶林土，2500 ~ 3200 米为暗棕壤、红棕壤、棕壤，土质为紫色土、水稻土，土层较厚，肥力较高，但因坡陡谷深，能耕作的水稻只有 100 余亩，全乡多以旱作物为主。

象图乡气候属于中温带高寒层，特点是长冬无夏，春寒秋凉，年均气温 11℃。随着海拔高低不同，霜期和降水量差异较大，山间地带与河谷地带有霜期相差达两个月，山间年降水量约 1200 毫米，谷底降水量约 700 毫米，年日照时数 2100 小时，立体气候特征很突出。主要的农作物有杂粮、玉米、小麦、大麦、芸豆；经济林木有漆、核桃、梅、花椒、青木等；药材有当归、何首乌；

矿藏有铅锌。①

（二）核桃树村村规民约的主要内容及类型

1. 由信仰衍生的宗教民约

大理白族地区由于历史渊源，信仰本主和“阿吒力密”教，云南自古以来因地缘优势，处在蜀身毒道的必经之路上，这条道北接四川成都，至滇池沿岸，经大理、保山、腾冲进入缅甸，远达印度。蜀身毒道由灵关道、五尺道、黔中古道、永昌道等四条古道组成，又被历史学家称为“南方丝绸之路”。佛教最初就是由这条路从印度传入云南的。唐代，白族地区“阿吒力密”教曾很兴盛。公元8世纪以后，“阿吒力密”教由摩揭陀国出发，经过缅甸北部传入南诏国，广收教徒，为老百姓消灾祈福。“阿吒力密”教以咒术、秘法与当地白族的原始宗教信仰相融合，互相吸收借鉴，成为白族民族文化认同的一部分。元代以后汉传佛教大量传入，“阿吒力密”教逐渐衰落下来，之后的大理地区佛教基本以禅宗为主。② 本主是白族的内生的原始宗教，白族的本主崇拜至今仍对白族民众存在着一定影响，渗透在民俗中。“本主”就是本地方的保护神，几乎每个白族村庄都会建立自己的本主庙。根据徐嘉瑞先生20世纪40年代在大理的调查：“大理（指明清时太和县境）现存之本主庙，若稽来源，皆历史甚古，今大理之七十一村中，几乎各有本主庙。……现存本主庙之神祇，共有六十神，其中女神有二十一，男神三十九，加最高之神，则为六十一，又加最高神后，则为六十二。最高神所居之庙，曰神都，在七十余村中，几乎每村皆奉一本主。”③ 1990年，张锡禄统计：“（大理市）共有白族聚居的自然村316个，共祀不同的本主神143坛。其中喜洲镇有46村，31坛本主；湾桥镇27村，12坛本主；银桥镇29村，7坛本主；大理镇有36村，18坛本主；七里桥乡36村，21坛本主；凤仪镇31坛本主；海东镇28村，7坛本主；挖色镇9村，7坛本主；下关镇28村，17坛本主。”④

核桃树村有观音庙、文曲星魁阁，还有本主庙，每年都举行本主节，这是

---

① 云南省剑川县志编纂委员会编纂．剑川县志[M]．昆明：云南民族出版社，1999.

② 杨雯．浅谈云南大理本主崇拜与佛教的融合[J]．大观周刊，2012（49）.

③ 徐嘉瑞．大理古代文化史稿[M]．北京：中华书局，1978：277.

④ 大理白族自治州白族文化研究所编．大理从书·本主篇（上册）[M]．昆明：云南民族出版社，2004：23.

白族最重要的民间节日，本主信仰在白族的信仰生活中占有重要地位，也交融在白族的民间礼俗文化中。无论是婚嫁、丧葬、生病、起居盖房、求子嗣、辞旧迎新，还是外出务工或者求学、做生意等关系人生的大事，白族人都要去本主庙磕头、敬香，以求本主神灵保佑。本主庙的基本结构如图4－5：

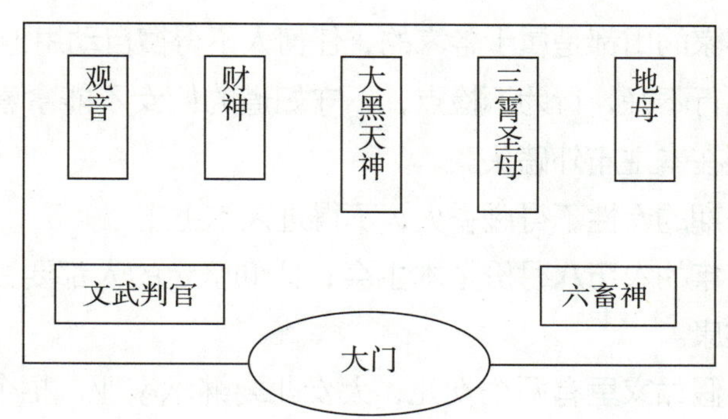

图4－5　核桃树村本主庙祀奉示意图

资料来源：根据笔者对核桃树村的实地调研绘制，2016年10月。

白族社会的诸多众神，“实际上是古代白族社会约定俗成的道德规范与佛、儒、道三教善恶观念融合的产物。包括：恪守尊卑长幼之序，行孝悌睦邻里；忠孝节义，乐善好施；修身养性，自身完善人格”①。这些宗教信仰形成的道德规范具有宗教民约的性质，根植于白族村庄中，在白族村民的心中产生了根深蒂固的影响，参与着白族村庄秩序的实现。

2. 口头形式的村规民约

第一条　古水井里的水是不能被污染的，洗衣服和接水只能在外面，井里面的鱼是不能捉的，把它们吃了的人会遭天谴。

第二条　村里的大小事情，诸如娶嫁、家里丧葬、增添家庭成员、买车、有外出务工或者学习的事情，都要在去之前去一趟本主庙。在庙里面杀鸡做饭，祭祀本主，祈求本主保佑外出的人平平安安，家里的事情顺顺利利。

第三条　要想在学习上成为状元，榜上有名就要来魁星阁里面拜文曲星。

第四条　村里的古戏台是不允许破坏的，每个人都应该爱护古戏台的卫生，

① 李东红．白族本主崇拜思想刍议［J］．云南民族学院学报，1991（2）：6－7.

不准在戏台上乱涂乱画，不得破坏建筑。

第五条 村子外面的挡墙是拦住风水，制止邪恶势力的一堵墙，谁都不能破坏它。

第六条 村子里的人，不管年长或者年幼，在外面去世的一律不准带遗体回家，也不得回村子，只能直接去墓地。

第七条 各家的田都是属于各家的，任何人不得擅自动用他人家的田。

第八条 品行不好，行为不检点，不守妇道的妇女不能拿着祭祀的食品去祭拜本主，只能在本主庙外磕头。

第九条 经期的女性不得碰香火，不得进入本主庙。

第十条 每年的农历八月份是本主会，信仰坚定的人都要去观音庙烧香磕头，祈求平安健康。

第十一条 假如家里有两个女儿，大女儿要继承家业，招个上门女婿，对父母尽赡养义务。

第十二条 为延续血脉，各家子女取名字有讲究。姓不变，名字的中间那个字是：女孩子要用祖母名字的最后一个字，男孩子的要用祖父名字的最后一个字。

第十三条 不得在村里赌博，要认真从事农业生产，不得好逸恶劳。

3. 文字形式的村规民约

第一条 爱国爱家促和谐，党的方针要记牢；八荣八耻记心间，公民道德要遵守。

第二条 坚持科学发展观，增收致富是根本；烟粮林畜靠科技，致富安康人民乐。

第三条 建设农村新面貌，乡风文明村容整；管理民主强根基，人民江山代代传。

第四条 妇女权益要保障，少生优生育好苗；男女平等和睦亲，家庭和谐社会稳。

第五条 持家勤俭又节约，红白喜事莫攀比；积少成多累致富，黄赌毒邪要远离。

第六条 教育孩子走正道，读书明理值千金；尊师重教出人才，国家民强万事兴。

第七条　孝老爱亲好传统，宽容礼让有爱心；一家有难百家援，互助相帮邻里和。

第八条　房前屋后要打扫，公共卫生大家管；公益事业要处理，众人拾柴火焰高。

第九条　合格公民讲奉献，物质精神文明扬；和谐社会建立起，小康生活日日兴。

象图乡民族团结公约

第一条　积极拥护党和国家以民族平等、民族团结、民族区域自治、实现各民族共同繁荣为基本内容的民族政策，促进各民族共同团结奋斗、共同繁荣发展。

第二条　维护民族团结、社会稳定和国家统一，增强对伟大祖国的认同，对中华民族的认同、对中国特色社会主义道路的认同；增强汉族离不开少数民族、少数民族离不开汉族、各少数民族之间互相离不开的思想观念；增强法制意识、公民意识、坚定自觉地维护国家统一和民族团结。履行维护民族平等、民族团结和国家统一的任务。

第三条　树立“各民族都是一家人，一家人都要过上好日子”的思想，积极参与经济和社会建设，促进少数民族和民族地区经济社会发展，实现各族群众共同富裕。

第四条　积极开展民族团结进步创建活动，积极参与民族团结宣传教育活动，争当民族团结先进模范。

第五条　维护平等、团结、互助的民族关系，维护和促进各民族之间和民族内部团结，反对民族分裂。

第六条　尊重各民族语言文字、风俗习惯和宗教信仰自由，传承和弘扬优秀民族传统文化，反对邪教活动和封建迷信活动。

第七条　维护社会主义法治、维护人民群众的根本利益，坚持法律面前人人平等，支持依法妥善处理影响民族团结的问题，学会运用法律来表达诉求和维护权益，做知法守法的公民。

4. 核桃树村村规民约的类型

核桃树村的村规民约涉及民风、生产生活、丧葬礼仪、禁忌、生态环境、人际关系、家庭教育等方面。第一，涉及民风类的村规民约。如红白喜事莫攀比，尊老爱亲好传统，宽容礼让有爱心，黄赌毒邪要远离等。第二，涉及生产生活的规约。如坚持科学发展观，增收致富是根本；烟粮林畜靠科技，致富安康人民乐；建设农村新面貌，乡风文明村容整；管理民主强根基，人民江山代代传。第三，涉及丧葬礼仪的规定。要求村里的大小事情，诸如娶嫁、家里丧葬、增添家庭成员、买车、有外出务工或者学习的事情，都要在去之前去一趟本主庙。在庙里面杀鸡做饭，祭祀本主，祈求本主保佑外出的人平平安安，家里事情顺顺利利；村子里的人，不管年长或者年幼，在外面去世的一律不准带遗体回家，也不得回村子，只能直接去墓地。第四，涉及女性的。如品行不好，行为不检点，不守妇道的妇女不能拿着祭祀的食品去祭拜本主，只能在本主庙外磕头；经期的女性不得碰香火，不得进入本主庙。第五，涉及生态环境的。如房前屋后要打扫，公共卫生大家管；古水井里的水是不能被污染的，洗衣服和接水只能在外面，井里面的鱼是不能捉的，把它们吃了的人会遭天谴；村里的古戏台是不允许破坏的，每个人都应该爱护古戏台的卫生，不准在戏台上乱涂乱画，不得破坏建筑。第六，涉及人际关系的规约。如倡导孝老爱亲好传统，宽容礼让有爱心；一家有难百家援，互助相帮邻里和。第七，涉及宗教信仰习惯的。要想在学习上成为状元，榜上有名就要来魁星阁里面拜文曲星。第八，涉及家庭教育方面的规定。如教育孩子走正道，读书明理值千金；尊师重教出人才，国家民强万事兴。第九，其他方面的规定。如为延续血脉，各家子女取名字有讲究，姓不变，名字的中间那个字是：女孩子要用祖母名字的最后一个字，男孩子的要用祖父名字的最后一个字；不得在村里赌博，要认真从事农业生产，不得好逸恶劳。

经过调查得知，上述九条口诀式的村规民约是2007年制定的，其内容明显地带有新时期国家政策方针的色彩。保护妇女权益、坚持科学发展观、倡导男女平等观、八荣八耻等这些思想都是结合了国家的大政方针，将这些思想吸收到村规民约的内容里，宣传了国家的方针政策和核心价值观，赋予了村规民约新时代的活力。在象图乡政府的大厅展示着该乡的民族团结公约，这一公约要求村民积极拥护党和国家，拥护民族平等、民族团结、民族区域自治、实现各民族共同繁荣等民族政策，倡导各民族共同团结奋斗、共同繁荣发展。要求村民热爱党、认同伟大祖国、中华民族和中国特色社会主义道路，表述了“三个离不开”、平等、团结、互助的新型民族关系等观念，宣传了我党的民族思想。象图乡有彝族、傈僳族和白族3个少数民族，而且90%以上都是白族，是一个典型的白族村落，民族团结公约发挥着维护民族平等团结的重要作用。

（三）充分发挥核桃树村村规民约在白族村社治理中作用的建议

1. 大力推进新农村建设

随着国家经济的发展和社会的进步，在我国两个一百年奋斗目标实现的路上，新农村建设给农村地区投入了较大力量，改变着农村的面貌。虽然我国已经成为世界第二大经济大国，但是贫富差距还很大，中国绝大多数的乡村地区经济条件落后，经济基础薄弱，农村地区的多数村民经济来源都还依靠种植粮食作物，收入甚微。村民的绝大部分精力主要集中在如何增加收入上，对基层政治参与的热情度极其低。因此，必须大力发展农村地区的经济，只有经济条件有了改善，村民才会有基层政治参与的热情，村规民约的进一步发展才具备条件。

2. 加强民族村社教育

教育是关系国计民生的大计，一个国家只有发展好教育，才会有民族美好的未来。民族村社由于其地处偏僻、发展滞后，师资力量严重不足，优秀的人才不愿意到这些地区教书，大部分的教师是特岗教师或者专科毕业的教师。少数民族学生从小讲的是民族语言，掌握普通话需经后天的学习，加上基础教育的薄弱，学校环境、师资力量、经济投入等的差别，与城市相比，他们受教育水平较低。一个人的教育水平决定他的意识，只有加快农村地区的教育发展，才能提高他们的素质，提高其政治参与的意识和积极性，为乡规民约的制定和实施提供保障，提高乡规民约的质量和执行效果。为此，首先，国家要加强义务教育，保障少数民族地区的受教育水平，提高村民的整体素质；其次，要鼓励优秀人才到这些地区支教，给予他们一定的补贴，积极吸纳优秀人才到这些地区支教；最后，加强对少数民族村社的财政补贴，增加助学贷款的名额，让农村有能力接受高等教育的少数民族学子都能实现自己的梦想。

3. 创新治理方式

根据调查结果分析，少数民族村社的基层党组织建设还有待加强，多数村民认为该地区党组织并没有发挥其作用。如在乡规民约的制定和执行方面，在村务信息公开方面，党组织都要发挥引导村民、组织村民、协调统合等作用。只有少数问卷显示乡规民约制定的过程中征求过村民的意见，大多数的村民都认为乡规民约制定过程中没有征求他们的意见，这对于村民认可并接受乡规民约不利。此外，对乡规民约没有采取合理有效的宣传方式，制定以后宣传和讲解不到位，导致多数村民对村规民约并未真正理解、内化于心。今后首先要完善基层党组织建设，提高党员素质，提高基层党干部的素养和工作能力。其次要创新村规民约的宣传方式，定期以短信、橱窗等方式把村规民约的内容分享给村民。最后要充分发挥基层党员对乡规民约的遵守示范作用，通过他们的带头宣传和执行示范，提高村规民约在村级的治理绩效。

附　录：

象图乡村规民约调查问卷

尊敬的先生、女士：

您好！我们是云南大学公共管理学院政治学系的研究生，为了能比较全面地了解白族村社治理的基本情况，特进行此次调查。此次调查资料仅为学术研究使用，我们将对您的回答严格保密。回答问卷不记名，里面内容无所谓对错，请按您的真实情况和想法在合适的选项序号上打“√”即可。衷心地感谢您的支持和合作，谢谢！

1. 您的性别是？

A. 男　　　　B. 女

2. 您的年龄是？

A. 16 ~ 20 岁　　　　B. 20 ~ 35 岁

C. 36 ~ 60 岁　　　　D. 60 岁以上

3. 您的民族是？

A. 白族　　　　B. 傈僳族

C. 彝族　　　　D. 其他

4. 您的政治面貌是？

A. 中共党员　　B. 团员

C. 群众　　D. 其他民主党派

5. 您的职业是？

A. 务农　　B. 做生意

C. 工人　　C. 学生

D. 公务员　　D. 事业单位人员

E. 其他

6. 您信仰的宗教是？

A. 阿吒力密教　　B. 本主教

C. 道教　　D. 基督教

E. 其他

7. 您家的主要经济来源是？

A. 种植粮食作物　　B. 种植经济作物

C. 工资收入　　D. 进城务工

E. 做生意　　F. 其他

8. 您知道在你们乡有一些有关村民们的日常规则吗？

A. 非常了解　　B. 比较了解

C. 不怎么了解　　D. 一点都不了解

9. 在制定这些乡规民约的时候村民们是否参与制定过程？

A. 是　　B. 否

C. 不清楚

10. 您清楚你们村是如何制定这些规则的吗？

A. 非常清楚　　B. 比较清楚

C. 不怎么清楚　　D. 一点都不清楚

11. 在制定这些村规民约的时候有没有征求村民们的意见？

A. 有　　B. 没有

C. 不清楚

12. 制定这些规则之后，有没有相关的人员对其进行讲解和宣传给村民？

A. 有 B. 没有

C. 不清楚

13. 您清楚这些规则是谁制定的吗？

A. 非常清楚 B. 比较清楚

C. 不怎么清楚 D. 一点都不清楚

14. 您清楚这些规则是明文制定的还是口传的吗？

A. 非常清楚 B. 比较清楚

C. 不怎么清楚 D. 一点都不清楚

15. 你们作为本村村民，知不知道这些规定？

A. 完全知道 B. 不知道

C. 不清楚 D. 一点都不知道

16. 您对于这些规则的知晓程度如何？

A. 非常清楚 B. 比较清楚

C. 不清楚 D. 一点都不清楚

17. 您清楚这些规则具体的都是讲什么的吗？

A. 非常清楚 B. 比较清楚

C. 不怎么清楚 D. 一点都不清楚

18. 作为本村村民，您认可这些规则吗？

A. 十分认可 B. 基本认可

C. 有些认可 D. 完全不认可

19. 您是不是在日常生活中也按照这些规则来要求自己或者您的家人？

A. 是 B. 有时候是

C. 不是 D. 完全不是

20. 您觉得这些规则的制定，对于村里有哪些好处？

A. 民风 B. 生产生活

C. 村民行为 D. 自然环境

E. 传统习惯

21. 村里面商量事情的时候，会按照这些规定来做吗？

A. 全都会　　　　　B. 有些会

C. 不清楚

22. 您清楚这些规则是为什么制定的吗？

A. 非常清楚　　　　B. 比较清楚

C. 不怎么清楚　　　D. 一点都不清楚

23. 您觉得这些规则和法律法规有区别吗？

A. 有　　　　　　　B. 没有

C. 不知道

24. 这些规则有没有受到乡政府或者村委会的保护实施？

A. 有　　　　　　　B. 没有

C. 不清楚

25. 您觉得这个村规民约里面哪几条条例最有效？（请列出是哪几条）

26. 您觉得哪几条是最没有用处的？（请列出是哪几条）

27. 您觉得这些条例中需要补充哪几条？

调查地点：云南省大理州剑川县象图乡核桃树村

调查时间：2016 年 10 月 1 ~ 5 日

五、贵州省盘州市羊场乡赶场坡布依族村寨村规民约调查研究

布依族是中华民族大家庭中的一员，自古繁衍生息于我国的西南地区，主要居住在云贵高原的东部，其居住地大部分处于东经 104° ~ 108°和北纬 24° ~ 27°之间，地势北高南低，海拔一般在 400 ~ 1100 米之间，最高的达 2000 多米，最低的仅 240 米。① 根据 2010 年第六次全国人口普查数据，我国布依族总人口数约为 287 万，在 55 个少数民族中居第 11 位。其中，贵州省的布依族人口数约为 251 万，占全国布依族人口的 94% 以上，而贵州省内的布依族主要分布在黔南和黔西南两个布依族自治州以及安顺市和六盘水市。

---

① 王伟，李登福，陈秀英．布依族[M]．北京：民族出版社，1991：18.

关于布依族族源的探讨，最合理的学术路径是从布依族所流传下来的文献中去考证，但由于中华人民共和国成立前布依族史上并未产生文字，没有布依族自我书写记录的历史。因而只能从一些与布依族相关的史书、资料中去考证布依族的源流。史学界对布依族的来源有着多种说法，综合来说大致有“越人”说、“西瓯”说、“骆越”说、“濮人”说、“濮越”融合说、“汉人”说、“夜郎”国居民后代以及与壮族同源等。“越”是中国古代南方的一个族群，秦汉以前就分布在中国东南沿海及西南的广大地区，自古有“百越”（或“百粤”）之称，支系繁多。其中，分布在广西中北部和贵州南部的“骆越”和“西瓯”与布依族有直接的渊源。“濮”也是中国古代南方一个较大的族群，秦汉时期广泛分布于中南至西南这一区域内，在云贵高原与“越”形成交错杂处的居住格局，因此在布依族的历史发展过程中又不断有“濮”的成分加入，史籍中也有“越濮”“夷濮”等记载。从战国晚期到西汉，如今的贵州南部，先后出现了“夜郎”“且兰”等地方政权，而布依族的先民就是当时这些“方国”的主体民族。汉以后，“越”“濮”等名称在文献史籍中逐渐消失，包括布依族先民“骆越”在内的南方诸多民族（主要是壮侗语族）被称为“僚”或“俚”。明清两代的封建统治者曾多次有组织地向布依族地区移民，其中规模最大的一次是明洪武年间的“调北征南”和“调北填南”，到清代，现贵州境内原来“夷多汉少”的民族分布格局被打破，形成了“汉多夷少”的分布格局。① 抗日战争期间和中华人民共和国成立后，又陆续有过几次汉族大量进入贵州的移民浪潮，进一步改变着贵州布依族地区的民族分布格局。

与学术界有些学者认为的布依族是由外地迁入贵州的说法相应，在布依族地区，民间也存在布依族自外地迁来的传说，一些布依族家族甚至有家谱记载。根据一些学者对布依族家谱的相关研究认为，布依族的祖先来自江西、湖广等省。“布依话”属于汉藏语系壮侗（侗台）语族壮傣语支，与壮语北部方言比较接近，基本可以通话交流，这也印证了布依族与壮族有同源之说。布依族在其自身的发展过程中吸收了部分汉族和其他兄弟民族的成员，同时，布依族自身也有一部分成员融合于外族。关于布依族是从外地迁来的传说，只是反映了古代各民族迁徙并有过相互融合（有的是局部成员的融合）的史实，这只代表

---

① 贵州省民族事务委员会编．布依族文化大观[M]．贵阳：贵州民族出版社，2012：39.

着布依族历史发展的一个侧面，并不是布依族族源的主流。

综上，布依族是世居于贵州境内的一个古老民族，是从古越人中的“西瓯”“骆越”支系以及其后的“獠人”逐渐发展起来的，在长期的历史发展过程中，先后有古濮人以及后来的汉族和其他民族成分融入，逐步形成了今天为数众多的布依族。各少数民族在长期的历史发展中形成了各具特色的历史和文化，布依族也在生产、饮食、服饰、婚丧及节日等多方面形成具有鲜明特色的民族文化。

（一）问题与方法、田野点简介

1. 问题与方法

乡村治理的研究是如今农村研究的重要领域，也是国家治理体系中的重要组成部分。秦汉以来，我国农村社会在自身的发展过程中逐渐内生演化形成了传统的乡村治理体系，其中最具代表性、运行时间最长、治理作用与效果最显著的一种非正式制度便是乡规民约。党的十八届四中全会指出：“发挥市民公约、乡规民约、行业规章、团体章程等社会规范在社会治理中的积极作用。”①此外，国务院出台的1号文件也明确指出：“要从农村实际出发，善于发挥乡规民约的积极作用，把法治建设和道德建设紧密结合起来。”②

本案例主要运用民族政治学的理论与方法，采用历史分析法、文献分析法和田野调查的方法，通过对布依族的源流、宗教风俗和乡规民约等相关文献进行梳理，并结合前往布依族村寨进行实地调查的资料，对布依族村寨的村规民约在乡村治理中的作用进行分析。笔者于2016年10月两次前往贵州省六盘水市盘州市羊场乡赶场坡村进行实地调查研究，采用实地考察、访谈、问卷调查等形式对赶场坡村村规民约的历史演变、文本内容、作用效力等相关问题进行调查。

2. 赶场坡村概况

赶场坡村位于贵州省盘州市羊场乡东北部，全村总面积6.4621平方公里。居住着布依族、汉族、白族、苗族等522户居民，共2208人，其中布依族占村总人口的80%以上，是典型的布依族聚居区。辖6个自然村寨，9个村民小组，

---

① 中共中央关于全民推进依法治国若干重大问题的决定[N]．人民日报，2014-10-29（1）．

② 中共中央国务院《关于加大改革创新力度加快农业现代化建设的若干意见》[N]．人民日报，2015-02-02（1）．

其中7个村民小组为布依族村寨，两个村民小组为汉族、白族、苗族、彝族混居的村寨。村民委员会共5个党小组，26名党员，已培养6名入党积极分子。农业生产主要以种养业为主，村寨土地肥沃，雨量充沛，阳光充足。主要生产玉米、水稻、花生、生姜。资源主要有煤矿。赶场坡村的少数民族民间文化源远流长，古朴典雅的少数民族风情历史悠久，是民族民间文化研究和旅游开发的重要地区。

（二）布依族村寨传统村规民约的历史形态、性质及特性

1. 布依族村寨传统村规民约的历史形态

人类社会早期的习惯法，也可说是乡规民约的萌芽。布依族历史上较早就出现了习惯法，习惯法来源于原始的“禁忌”，禁忌是通过人们共同认同的神的意志对人的行为进行强制性约束，在社会生产力和认知水平有限的历史条件下，禁忌具有很强的规范作用。但禁忌是一种观念的产物，在社会实践中不具有普适性，随着社会生产力和人们认知水平的提高，禁忌逐渐失去了原有的权威和效力。相应地，通过人为实行惩罚的习惯法开始出现，由于人为处罚显得更加公平公正，习惯法逐渐占据了主导地位。布依族中最早出现的习惯法是一种产品分配方式，后逐渐演变而适用于社会生产生活的所有领域。明代以后，中央王朝开始加强对布依族的直接统治，布依族的习惯法（即乡规民约）适应领域逐渐缩减。到了近现代，它仅仅在婚姻、丧葬以及财产的继承与分割等较小范围适用，而在这些范围内，国家和地方政府制定的法律法规也同样发挥作用，形成了布依族地区内一种“二元复合”型的法文化。在相当长的一段历史时期因为布依族没有本民族的文字，所以习惯法产生的年代难以考证，因而其习惯法只有通过口耳相传的方式传承。唐宋以后汉族文化逐渐传入，布依族内开始出现了懂汉语、识汉字的“文化人”，随着对汉字的进一步把握，汉字逐步被布依族用来记录民歌、民间故事以及简单契约等。但由于汉字文字资料的缺乏和运用不熟练，布依族用汉字订立法规的记录最早在明代才出现。清代后布依族地区汉文化教育得到发展，再有汉族的大量涌入，布依族中用汉字来订立乡规民约开始成为一种普遍现象，有的地区也有了刻碑乡规民约的形式。

赶场坡村的布依族主要以岑氏为主，根据走访村寨和询问村里的布依族长者，从他们口中得知布依族最早是在明朝时期在赶场坡聚居，由于布依族没有文字记载，所以这一点也无从考证，但口传资料也是民族学研究问题的一种依

据，甚至有时更为重要。而通过网上查阅文献资料，布依族岑氏先祖通过汉字记载下的文物最早可以追溯到1825年甚至更早的年代。尽管存在没有文字记载的限制，但布依族内相传他们的村规民约由来已久。笔者通过走访了解到，赶场坡村以文字形式记载的村规民约是在19世纪30年代，曾专门篆刻碑文来记录村规民约的内容。碑石历经多年岁月的洗礼而出现部分残缺，同时该村在新农村建设过程中没有充分重视和保护，碑石损坏较大，破损的碑石被部分村民用来建房，其篆刻内容已无法追寻原本。现行的村规民约是在乡政府的带领下，由村民代表大会协商制定，通过文本的形式确立和施行的。

2. 布依族村寨传统村规民约的性质

布依族村规民约的核心内容源于在社会生产能力和认知水平有限的历史条件下对社会产品平均分配的一种习惯法，通过禁忌来约束布依族人哪些事是不该做、不能做的，这其中包含了布依族人的伦理要求、道德要求和风俗习惯等。随着中央王朝对布依族地区管理力度的增强，其乡规民约中也加入了中央王朝统治的政治要求。如今，国家对少数民族地区的帮扶政策不断增多，治理能力不断增强，当前布依族村寨的村规民约中进一步增加了国家政策层面的内容。与其他地区的乡规民约一样，布依族的乡规民约也属于一种特殊的社会主义道德规范，与政治规范部分重叠，对法律规范起到补充。同时也是布依族群众在社会生产生活中践行基层民主，实现自我管理和自我教育的自治形式。

3. 布依族村寨传统村规民约的特点

乡规民约作为一种在一定区域内居住居民约定俗成的基础上制定出来的社会行为规范，对区域内的人起到规范、调节和约束的作用。随着农村社会的不断发展变化，在乡规民约的内容中增加了国家政策层面的内容。学界已有学者对乡规民约的特性进行过阐述，如卞辉认为现代乡规民约的主要特点是具有内生性、契约性、地域性、规范性、自治性、广泛性、教化性。从乡规民约的制定主体及其规范作用涉及内容、与国家法律制度的关系三个维度思考，他认为乡规民约具有自治性和民主性、社会性和规范性、灵活性和非形式化的一般特征。① 作为一种在一定区域内的人们所奉行的社会行为规范，历史上的乡规民约更多是村民自发组织约定起来的，现如今，乡规民约是该区域内的县乡政府

① 卞辉．农村社会治理中的现代乡规民约研究[D]．咸阳：西北农林科技大学，2014.

机构带领该区域内的“重要人物”、村委会成员甚至全体村民经民主协商而制定的。不管是历史上还是现如今，乡规民约都是村民行使直接民主或是协商民主的产物，因而乡规民约具有鲜明的民主性和较强的自治性；就乡规民约的内容而言，涉及社会生产生活、日常行为规范，因而具有社会性和规范性；就乡规民约与国家法律制度的关系而言，作为一种非正式制度，乡规民约在一定程度上可以实现对国家法律制度之外的规定规范的补充，扮演着“软法”的角色，因而具有灵活性。

盘州市羊场乡赶场坡村是一个典型的布依族人口较为集中的行政村，其乡规民约具有乡规民约的一般特征，此外布依族特色鲜明的民族传统文化也使得其乡规民约与汉族聚居地区的乡规民约相比同中有异。根据笔者调研走访布依族长者所得，赶场坡村的传统乡规民约以往是篆刻在一处固定的石碑之上，遗憾的是该石碑在赶场坡村农村建设过程中被凿碎用于房屋改建。据布依族长者回忆，对这一篆刻着乡规民约的石碑的破坏，是在房屋改建过程中外来建筑工人与村民找不到石头修砌的情形下被凿碎的。笔者原本想寻找到这些石头被用于哪些农户家的建房所用，甚至想继续追寻一些破碎的石碑上残缺的内容以作研究参考，无奈这些房屋早已被粉刷或是被再次重建过，至今已难寻踪迹。无疑那些篆刻在石碑上的乡规民约一定具有较强原生性和传统气息。

目前赶场坡现行的村规民约，是在羊场乡政府的带领下经赶场坡村民代表大会通过确定的，加之传统乡规民约传承载体的消失，在内容上必定是一大断层。但在村寨中的民间婚嫁、丧葬、文化活动中仍遵循着许多布依族的传统观念，这些观念属于习惯法性质，也可说是布依族口传的民约。布依族是一个勤劳朴实而又好诗词音乐的民族，贵州省六盘水市盘州市羊场乡赶场坡村是一个具有悠久历史的布依族聚居乡村，至今流存着布依族的优秀风俗习惯，其中现存最具民族特色的是“布依盘歌”。“布依盘歌”并不单纯是民族歌曲，其中还包含了布依族的民间故事、价值追求、风俗习惯、民族服装、生产生活等方面的内容，现已成为赶场坡布依族一枚重要的文化标签。如赶场坡婚嫁活动中分“接亲队”和“送亲队”，接亲的过程中有“开路”“创路”“拦路”“敬酒”等流程，其中大量穿插“布依盘歌”，布依族称之为“敬意歌”。歌词内容围绕男女双方成家后如何对待父母、教养子女、与邻相处等内容，表达方式以“以寓言志向”“作诗”、类比等为主。这些习俗虽然没有被写入村规民约中，也没有通过文本确定下来，却作为布依族一种口口相传的特殊民约，至今仍然受到乡民们的自觉遵从和广泛传播。随着布依族人民与汉族人民的交往、交流、交融程度日益密切，布依族历史遗传下来的村规民约的约束力虽然逐渐减弱，但是“布依盘歌”这一能够充分体现布依族精神文化风貌的民族传统文化载体至今仍受到布依族人民的喜爱。

（三）布依族村寨村规民约的作用分析

通过实地调查和走访，笔者从赶场坡村村委会得到了一份经全体村民于2016年8月20日讨论通过制定的村规民约文本。文本以推进赶场坡村民主法制建设，维护社会稳定，树立良好的民风、村风，创造安居乐业的社会环境，促进经济发展，建立文明卫生新农村为主要内容。经过对赶场坡村规民约的内容进行仔细研读，加之调研走访掌握的相关信息，概括出以下八个方面：（赶场坡村规民约内容详见文末“附件1”）

1. 社会治安方面

关于社会治安方面的规定主要强调对国家法律法规的服从，对公共秩序的维护，以及对公共财产的保护。内容中要求全体村民要学法、知法、守法，自觉维护社会秩序和公共安全，爱护森林、公共设施等。这一部分规定后还写出了违反规定的处罚方式，也是唯一专门说明处罚方式的一个方面。村规民约中这样写道：“对违反上述社会治安条款者，触犯法律法规的，报送司法机关处理。尚未触犯刑律和治安处罚条例的，由村委会批评教育，责令改正。”可见，赶场坡村把社会治安作为村规民约的重要内容，用通俗易懂的语言清晰界定了村民日常社会行为的边界。

通过采访村支书，我们还了解到一起村民违反村规民约被处罚的事例：2016年9月20日，赶场坡村民段某在昆明打工期间因涉毒被昆明市公安局依法抓捕定罪，现已被关入戒毒所强制戒毒。根据赶场坡村规民约中社会治安部分关于村民要守法的规定，段某违反了村规民约，村委会在段某受到应得的法律制裁之余，还可对其收取200~5000元违约金罚款。但由于考虑段某家中上有老人需要赡养，下有孩子在读书，家庭经济较困难，因此村委会最终只收取了最低限额200元的违约金，所收200元违约金作为赶场坡村的公共经费由村委会保存，用于全体村民的日常公共费用开支。可见，尽管乡规民约强调对人的监督惩戒，但在惩戒力度上也具有一定灵活性，且倾向于从轻惩戒，这也体现乡规民约在监督惩戒中“重教化”“讲情面”的方面。

2. 消防安全方面

关于消防安全方面的规定主要强调森林防火、家庭防火，公共防火、防电设施的维护和检修，安全用火、用电知识的宣传教育。内容中要求村民在防火期禁止一切野外用火，禁止上坟祭祀用火，加强家庭和公共场合防火、防电设施的检修，加强对村民尤其少年儿童的用电安全知识宣传教育。这一部分的规定着力约束村民森林区用火、焚烧农作物秸秆、焚烧生活垃圾、上坟烧香烧纸等行为，加强村寨防火、防电设施的建设与定期检修，加强对村民尤其少年儿童安全用火用电知识的宣传教育。这其中有多项规定是与村民的日常生活行为息息相关，尤其是关于禁止上坟烧香烧纸的规定，这与赶场坡村传统的民间祭祀习俗产生冲突。根据村主任介绍，每年清明节村委会都会组织人员在山区巡查，如发现有村民烧香烧纸现象会及时上前制止，但往往也会有村民玩起“躲猫猫”，而村委会也会因该村山地众多，监管区域宽广且难度较大，只要没有被监管人员当场看到也没有引发火灾，也存在睁一只眼闭一只眼的态度。

3. 计划生育方面

关于计划生育方面的内容不多，文本中只有四条规定，主要包括要求村民要主动签订计划生育双向承诺书，禁止遗弃婴儿，及时上报人口变动情况，育龄妇女积极参加孕前优生健康检查。这四个方面的规定，无一不与我国计划生育政策的宗旨相切合，体现了乡规民约对国家法律、制度、理念的强调和宣传作用。通过乡规民约这一传统权威的进一步强调和宣传，必将使得国家的正式制度和理念得到更好地传达和践行，也体现出乡规民约存续的合理性及重要性。纵观整体文本，乡规民约中关于计划生育这一部分的规定内容是最少的，据采访了解，赶场坡以往的村规民约中对计划生育方面的规定比现行这份要多一些，这可能与我国计划生育放开二胎政策的大背景有关，这也反映出村规民约作为一种非正式制度，主动与国家的正式法律、制度和理念相调适。

4. 禁毒工作方面

关于禁毒工作方面的规定主要强调全体村民严禁种毒、制毒、贩毒，积极主动与村委会签订各类禁毒责任书，加强对涉毒人员管理，及时向村委会汇报流入流出人员情况并按时办理相关证明，积极参与“无毒害”创建活动并推行村（居）自治工作，做好涉毒人员帮扶服务工作。禁毒是一项国家长治久抓的工作，赶场坡作为农村少数民族聚居地区，经济发展水平不高、对毒品的危害认识不深等因素容易导致村民被利益蒙蔽、受吸毒人员诱惑而涉毒，因而在村规民约中关于禁毒工作的规定是不可缺少的。根据查看村委会已记录的涉毒人员数量来看，赶场坡村民中近年来的吸毒涉毒人员每年都有 3～10 名，村规民约中禁毒工作的规定没有使得村民产生敬畏，约束效果不明显。这或许是当前村规民约作用发挥中的一大难题。传统的乡规民约不能预见今后社会发展变化之下人的社会行为的改变，对人的“新型过错”总是滞后于提前预防，而在监督惩戒上显得措手不及，无法做到内容上的细化，更多仅存在于口号式的禁止或是照抄国家正式制度中的理念性内容。这是值得深思的一个问题。

5. 村风民俗方面

关于村风民俗方面的规定从内容上可归为三个方面。首先强调要反对封建迷信，提倡社会主义精神文明，树立良好的民风、村风，体现了精神理念的追求与塑造紧扣社会主义核心价值观的内容；其次对赶场被村民的婚嫁、丧葬酒席操办的细致规定，要求操办酒席需按时到村委会登记备案，提倡勤俭节约，禁止燃放礼花，反对大操大办，体现了村规民约对村民集体公共行为的重视，这是村规民约对行政法规的细化作用；最后要求村民积极参加文明卫生村建设，做好公共卫生，整改地容村貌，垃圾堆放规范，并要求村民建房要服从村庄建设规划，爱护公共服务设施，与邻居友好相处，反对家族主义，体现村规民约对农村基层社区的构建具有协力的作用，能够进一步推进农村良好秩序社会风貌的建立。以上规定的后面还写道：“违反上述规定的给予批评教育，出具检讨书，情节严重的交上级有关部门处理。”体现了乡政府和村委会对赶场坡村民的酒席操办、公共卫生、社会主义精神文明建设方面做出的规定要求很严，这些规定要求涉及村民的价值观、道德风俗养成和日常行为准则，这样的规约内容无疑对我国新农村建设的推进发挥了良好作用。

6. 邻里关系方面

关于邻里关系方面的规定较少，一方面要求村民之间要互尊、互爱、互助，和睦相处，建立良好的邻里关系；另一方面要求在生产、生活、社会交往中应遵循平等、自愿、互惠互利原则，发扬社会主义新风尚；此外，如发生邻里纠纷情况，应尽量协商解决，调解不成的应向村委会申请调解或向人民法院起诉寻求法律解决，不得出现暴力冲突现象。村规民约作为一种非正式制度得以长久流传下来的生命力在于其约束作用来源于传统权威，中国传统的乡土社会一直奉行“让他三尺又何妨”的道德理念和“以和为贵”的价值理念，决定了村约处理人与人之间的矛盾冲突上必定是温和的，协商、和解是首选，往往通过调节协商使矛盾双方有所退让，实在解决不了再交由正式法律制度来解决。

7. 婚姻家庭方面

关于婚姻家庭方面的规定主要在于强调男女平等，一夫一妻，尊老爱幼，建立团结和睦的家庭关系，体现了村规民约对于长幼秩序、和谐家庭、邻里关系的强调。此外还主张婚姻自由，夫妻地位平等，提倡晚婚晚育，遵守计划生育相关法律法规和政策，布依人恋爱观较早体现了恋爱自由和夫妻地位平等的观念。这一点从布依人古时青年男女通过“对歌”选择男女之间的倾慕对象就有体现，结为夫妻后分工明确但地位平等，布依族妇女可以通过“对歌”表达自己的诉求和实现发言权。晚婚晚育与遵循计划生育政策是为响应国家计划生育政策。

8. 违反本村村规民约规定村委会可做出的处罚

规定处罚分以下三种：一是视情况收取 200～5000 元违约金；二是村委会不予办理与个人相关的其他手续及证明；三是取消本人和其直系亲属以及所有帮忙人员所享受的所有的惠民政策（对违规操办酒席涉及人员还应接受如下的处罚：对其承办酒席的餐具和用具进行没收和现场清除，所收礼金按非法所得没收；对违规办酒席的管事、厨师、屠户每人罚款 200 元违约金；对挂礼人员分别处 200 元的违约金；对出借酒席餐具和用具的家庭，处以 200 元违约金；对送礼的党员、村干部、网格员、人大代表处 50 元的违约金）。这些惩罚的内容或许是基层民主政治中最易出现的，而村约的最后以这样细致而明确的规定确定各类事件发生的惩罚力度，体现了规约明确的针对性和良好的自治性特点。

（四）布依族村寨村规民约当前存在的问题及应对策略

1. 规约传承问题突出，保护举措须多头并进

规约的传承问题凸显有两个方面，一方面，传统的规约中存在的具有民族特色并受布依族人民广泛遵从的内容，在新修订的村规民约中应如何取舍？规约的内容是根本性的，倘若规约中一些布依族村民所特有的约定俗成的内容，由于其民族传统特色过于突出，与社会主义核心价值观的基本要求不完全相符或是与地方法规偏离较大，而受到大量乃至全盘的摒弃，势必会因传统规约内容受到冲击而造成规约作用趋于虚置化；另一方面，作为村规民约继承主体的

“90 后”布依族青年，对布依族传统规约的认知较少，加之在农村人口向城市流动的大浪潮中也深受影响，许多布依族中青年选择走出村寨外出务工的长期远离家乡，使布依族传统文化的文化自觉进一步弱化，自发性接受传统规约的青年少之又少，最终可能导致布依族传统规约无人传承。在村规民约的传承问题上，对于布依族传统村规民约中那些与社会主义核心价值观不相矛盾甚至相吻合的部分，可考虑将其纳入地方法规中，以实现布依族村规民约作为一种习惯法与国家法的良性衔接。同时，在宣传法律知识中可通过文本、网络媒体等方式，有意识、有侧重地向布依族人民加以宣传，并通过一定的社会组织，以发扬布依族优秀传统文化（如“布依盘歌”）的形式，将布依族村规民约内容纳入村寨社区文化中，以此加深布依族村民特别是布依族青年对本族村规民约的认知。

2. 寻求乡规民约作用发挥与国家现代化进程的调适

随着我国现代化进程的不断推进，特别是国家治理体系和治理能力的推进，布依族乡规民约这一传统自治形式的作用正在消减，这其中有社会变迁带来的自然消减，也有国家治理体系和治理能力现代化推进带来的作用空间缩小。如何将布依族村规民约传统自治形式与推进国家治理体系和治理能力现代化进行调适和互动，是布依族乡规民约作用发挥中的现实问题。这就要求布依族村规民约在内容制定和作用方式上与国家治理实现良性衔接，使社会主义核心价值观为广大布依族村民所遵循。布依族村规民约作为一种非正式制度的“软法”，这一传统自治形式具有道德规范约束强、成本低、灵活性大等特点。在国家治理对布依族村寨的深入过程中，在不违反国家治理原则的情况下，可结合布依族村寨实际，因地制宜地适当增强村级自治权，同时着力在增强布依族村民有序政治参与和基层民主，提高乡村治理绩效和创新乡村治理途径等方面进行探索。

3. 寻求乡规民约作用效力与国家法制建设的互动

有着深厚文化根基和历史传统的布依族乡规民约，长久以来在布依族村寨中起着调整社会关系的功能和作用，但在现今的社会转型时期，国家法律制度正不断完善和推进，布依族村寨的村规民约不免会与国家法存在一定不相符的内容，是我们法治建设中不可回避的一个问题。在主张“全民学法”的新时代，村规民约的作用效力存在虚置化的风险，然而作为历经了一千多年历史发展演变而留存下来的非正式制度规范，村规民约仍有着较强的发展潜力和制度弹性，法治建设并不意味着村规民约这一非正式制度的消亡。基于此，推进国家法治建设应为乡规民约提供缓冲地带，以此来减少国家法的内容与村寨生活实际之间的差距和冲突，这个缓冲地带可通过民族区域自治法和地方法的变通权来提供，实现乡规民约与国家法律制度的良性互动、相辅相成，以期规约最终得以在国家法律制度的框架内。

4. 在“变与不变”中探寻发展的新契机

乡规民约是秦汉以来我国农村社会自身发展轨迹中内生演化的乡村治理体系中运行时间最长、治理作用与效果最显著，同时也是最具代表性的一种非正式制度。一千多年的历史发展过程中，不管是“主动调整”和“被动调适”，乡规民约都在遵循着自身价值的“变与不变”，使其得以延续流传至今。长久以来，少数民族地区乡规民约在乡村社会中所发挥的“维稳定、促发展、调关系”等方面发挥了不可或缺的作用。当前，我国社会正发生重大改革和变迁，现代化进程不断推进、法治建设不断加强、新型城镇化发展等都需要乡规民约延续其自身生命力中的“主动调整”与“被动调适”，在“变与不变”中探寻发展的新机遇。布依族村寨的村规民约也应如此。

概而言之，布依族村规民约之“变”，在传承问题、内容范围、作用效力、作用方式和存在形态等方面应务必与国家建设和大政方针实施、国家法治建设等相调适，在乡村治理中发挥“软法”作用，始终做好国家正式制度的贯彻实施与布依族村寨乡村治理的顺利对接，积极响应和服务国家发展的需求，并顺应时代的需求。“不变”之处在于布依族村规民约的原创性、民主性、道德约束、民族元素方面应继续保持。乡规民约是中国传统社会的内生演化制度，原创性、民主性、道德约束是其存续的根本，而这些特性在现实中又较具灵活性，能够为国家法律法规不易统一规定的一些微观方面提供“小接口”。同时，布依族规约的“变与不变”问题的确定还需建立在更为深入细致研究的基础上。

附件 1：

赶场坡村规民约

为推进我村民主法制建设，维护社会稳定，树立良好的民风、村风，创造安居乐业的社会环境，促进经济发展，建设文明卫生新农村，经全体村民 2016 年 8 月 20 日讨论通过，特制定本村规民约。

一、社会治安

1. 每个村民都要学法、知法、守法、自觉维护法律尊严，积极同一切违法犯罪行为做斗争。

2. 村民之间应团结友爱，和睦相处，不打架斗殴，不酗酒闹事，严禁侮辱、诽谤他人，严禁造谣惑众、拨弄是非。

3. 自觉维护社会秩序和公共安全，不扰乱公共秩序，不阻碍公务人员执行公务。

4. 严禁偷盗、敲诈，哄抢国家、集体、个人财务，严禁赌博、严禁替罪犯藏匿赃物。

5. 严禁非法生产、运输、储存和买卖爆炸物品；经销烟火、爆竹等易燃易爆物品需经公安机关等有关部门批准。不得私藏枪支弹药，拾得枪支弹药、爆炸物品，要及时上缴公安机关。

6. 爱护公共财物，不得损坏水利、道路交通、供电、通信、生产等公共设施。

7. 严禁非法限制他人人身自由或非法侵犯他人住宅，不得隐匿、毁弃、私拆他人邮件。

8. 严禁私自砍伐国家、集体或他人的林木，严禁损害他人庄稼、瓜果及其其他农作物，加强牲畜看管，严禁在户外放猪、放牛、放羊。

9. 有什么矛盾纠纷及信访事宜应当以理性合法的形式表达诉求。

10. 积极主动参与群防群治工作。

对违反上述社会治安条款者，触犯法律法规的，报送司法机关处理。尚未触犯刑律和治安处罚条例的，由村委会批评教育，责令改正。

二、消防安全

1. 加强野外用火管理，在森林防火期，禁止一切野外用火，禁止上坟烧香、烧纸、点蜡，严防山火发生。

2. 家庭用火做到人离火灭，严禁将易燃易爆物品堆放户内、寨内，定期检查、排除各种火灾隐患。

3. 加强村寨防火设施建设，定期检查消防池、消防水管和消防栓，保证消防用水正常。

4. 对村内、户内电线要定期检查，损坏的要请电工及时修理、更新，严禁乱拉乱接电线。

5. 加强村民尤其是少年儿童安全用火用电知识宣传教育，提高全体村民消防安全知识水平和意识。

三、计划生育

1. 主动与村委会签订双向承诺书。

2. 禁止终止妊娠、溺婴、胎儿性别鉴定、非法吻合术等。

3. 及时准确向村委会上报人口变动情况。

4. 已婚育年龄妇女积极参加孕前优生健康检查。

四、禁毒工作

1. 及时主动签订各类进度责任书。

2. 严禁种、制、贩、吸毒人员新增，并加强涉毒人员管理。

3. 及时向村委会汇报流出流入人员情况，督促流入流出人员按时到乡办理相关证明。

4. 积极参加“无毒害”家庭创建活动，并推行村（居）民自治工作。

5. 做好涉毒人员帮扶服务工作。

五、村民风俗

1. 提倡社会主义精神文明，移风易俗，反对封建迷信及其他不文明行为，树立良好的民风、村风。

2. 凡居住在我村范围内的农村群众或居住用户，需操办婚嫁酒（本人、本人的子女或本人直接监护的亲属结婚），15 日内到村委会申请、登记。丧葬酒（本人的配偶、成年子女及本人直接赡养的老人去世），丧事须在事后 15 日内主动到村委会登记备案。不准操办婚丧嫁娶酒以外的酒席。符合操办的酒席提倡勤俭节约，禁止燃放礼花，反对大操大办。

3. 不请神弄鬼或装神弄鬼，不搞封建迷信活动，不听、看、传淫秽书刊、音像，不参加邪教组织。

4. 建立正常的人际关系，不搞宗派活动，反对家族主义。

5. 积极开展文明卫生村建设，搞好公共卫生，加强村容村貌整治，严禁随地乱堆乱倒垃圾、秽物，修房盖屋余下的垃圾碎片应及时清理，柴草、粪土应定点堆放，村民应做到门前“三包”。

6. 建房应服从村庄建设规划，经村委会和上级有关部门批准，统一安排，不得擅自动工，不得违反规划和损害四邻利益。

7. 不损坏道路、行道树、路灯、健身器材、水利等公共服务设施。

违反上述规定的给予批评教育，出具检讨书，情节严重的交上级有关部门处理。

六、邻里关系

1. 村民之间要互尊、互爱、互助，和睦相处，建立良好的邻里关系。

2. 在生产、生活、社会交往过程中，应遵循平等、自愿、互惠互利的原则，发扬社会主义新风尚。

3. 邻里纠纷，应本着团结友爱的原则平等协调解决，协调不成的可申请村调解委调解，也可依法向人民法院起诉，树立依法维权意识，不得以牙还牙，以暴制暴。

七、婚姻家庭

1. 遵循婚姻自由、男女平等、一夫一妻、尊老爱幼的原则，建立团结和睦的家庭婚姻关系。

2. 婚姻大事由本人做主，反对包办干涉，男女青年结婚必须符合法定结婚年龄要求，提倡晚婚晚育。

3. 自觉遵守计划生育法律、法规、政策，实行计划生育，提倡优生优育，严禁无计划生育或超生。

4. 夫妻地位平等，共同承担家务劳动，共同管理家庭财产，反对家庭暴力。

5. 父母应尽抚养、教育未成年子女的义务，禁止歧视、虐待、遗弃女婴，破除生男才能传宗接代的陋习。子女应尽赡养老人的义务，不得歧视、虐待老人。

八、违反本村规民约规定的，村民委员会可作如下处理：

1. 视情况收取200～5000元违约金；

2. 村委会不予办理与个人相关的其他手续及证明；

3. 取消本人和其直系亲属以及所有帮忙人员所享受的所有的惠民政策（对违规操办酒席涉及人员还应接受如下的处罚：一是对其承办酒席的餐具和用具进行没收和现场清除，所收礼金按非法所得没收；二是对违规办酒席的管事、厨师、屠户每人罚款200元违约金。三是对挂礼人员分别处200元的违约金；四是对出借酒席餐具和用具的家庭，处以200元违约金；五是对送礼的党员、村干部、网格员、人大代表处50元的违约金）。

本村规民约自通过之日起执行。

赶场坡村民委员会（加盖公章）

2016年8月20日

附件2：

关于村规民约的社会调查问卷

尊敬的村民朋友：

您好！我是云南大学公共管理学院的在读研究生，在学校老师的带领下，我们在进行一项国家民委下达的关于我国村规民约的课题研究，为了解村规民约对乡村治理和农村生活的影响，特进行此次问卷调查，也很高兴您能接收这份问卷调查！该问卷为无记名式问卷，您的答案仅作学术研究的分析之用，请您根据自己的实际情况回答。

感谢您的配合！祝您工作顺利、生活愉快、万事如意！

填写说明：

（1）凡符合您情况和想法的项目，请在其选项上划“√”，或在________中填写适当的内容。

（2）若没有特殊说明，每一题只能选择一个答案；可多选的题目在题后有【可多选】标注，答案可多选择；简述题请简述对相关问题的看法，如没有对相关问题的看法请注明：无。

第一部分：基本信息

1. 您是什么民族？

A. 汉族　　B. 少数民族（请说明是____族）

2. 您的年龄属于以下哪一范围：

A. 18 岁以下　　B. 18～40 岁

C. 40～60 岁　　D. 60 岁以上

3. 您在你们村大概居住了多长时间？

A. 20 年以内　　B. 20～40 年

C. 40～60 年　　D. 60 年以上

4. 你们村的民族构成属于以下哪种类型？

A. 都是汉族，没有少数民族　　B. 汉族居多，有一些少数民族

C. 少数民族居多，汉族较少　　D. 都是少数民族，没有汉族

5. 您的政治面貌是？

A. 中共党员　　B. 团员

C. 群众　　D. 其他民主党派

6. 您家的主要经济来源是？

A. 种植粮食作物　　B. 种植经济作物

C. 工资收入　　D. 进城务工

E. 做生意　　F. 其他

第二部分：村规民约

1. 你们村的村规民约是怎么产生的？

A. 先辈人长久传下来的　　B. 村委会组织制定的

C. 村民自发组织制定的

2. 你们村子里的村规民约是哪种形式的？

A. 口传　　B. 文本

C. 碑刻

3. 你们村的村规民约在流传过程中是否有过中断？

A. 中断过　　B. 没有中断过

4. 你们村的村规民约大概存在了多长时间？

A. 具有上百年历史　　B. 具有几十年历史

C. 具有不到十年历史　　D. 不太清楚

5. 之前您有没有参与过村里村规民约的制定？

A. 有　　B. 没有

6. 你们村的村规民约是怎么制定的？

A. 由村里面的所有村民共同协商制定的

B. 由村里面的选出的代表共同协商制定的

C. 由村干部制定的

D. 由乡干部制定的

7. 村里面在制定村规民约的过程中有没有征求村民们的意见？

A. 有　　B. 没有

8. 您对村里的村规民约内容了解多少？

A. 了解全部内容　　B. 基本了解大致内容

C. 只了解其中的一部分　　D. 完全不了解

9. 您会根据你们村村规民约的相关规定来自觉规范自己的日常行为吗？

A. 会，完全遵守　　B. 会，但不完全遵守

C. 不会，完全不遵守　　D. 觉得不遵守无所谓

10. 您对你们村的村规民约中的条款所持的态度是？

A. 完全赞同　　B. 部分赞同

C. 完全不赞同

11. 你们村的村规民约能不能得到村里大多数人的赞同？

A. 能　　B. 不能

12. 村里面在制定了村规民约后有没有向村民宣传讲解村规民约的内容？

A. 有　　B. 没有

13. 对于违反村规民约的村民，村规民约会有相关的处罚规定吗？处罚程度怎么样？

A. 有，处罚很重　　B. 有，处罚很轻

C. 有，但处罚一般不会实行　　D. 没有相关处罚规定

14. 您有见到或听说村里面的人违反了村规民约的规定被处罚的吗？

A. 经常见到　　B. 偶尔见到

C. 从没见到　　D. 不关心

15. 您有见到或听说村里有人违反了村规民约却无人处罚他（她）的情况吗？

A. 经常见到　　B. 偶尔见到

C. 从没见到　　D. 不关心

16. 您觉得你们村的村规民约对村民们的日常行为有约束力吗？

A. 有，作用明显　　B. 有，作用不大

C. 没有作用

17. 村规民约有利于你们村哪些方面的建设和发展？【可多选】

A. 生态环境　　B. 民风和品德

C. 生产管理　　D. 村貌卫生

E. 村民关系发展　　F. 以上五项都有

18. 村民有违反村规民约的行为由谁来管理和纠正？

A. 村民代表大会负责　　B. 村委会负责

C. 成立专门的监督管理小组　　D. 无人管理和监督纠正

19. 近年来在你们村中，村民间的纠纷冲突和矛盾主要集中在

A. 关于村民选举权利方面的　　B. 村民土地承包方面的

C. 关于村民集体经济利益和村民福利分配方面的

D. 宅基地方面的

E. 其他______________

20. 您觉得你们村的村规民约是否完全符合国家宪法和法律的要求？

A. 完全符合　　B. 不完全符合

C. 完全不符合　　D. 不清楚

21. 您认为村规民约等同法律吗？具不具有法律效力？

A. 村规民约是法律的一种，具有法律效力

B. 村规民约仅仅是一种行为规范，不具有法律效力

22. 在实际的工作和生活中，当您发现村规民约中的某些内容与国家和政府的法律规定有冲突时，您一般会选择：

A. 按村规民约办事，不理会法律规定

B. 听取大多数村民意见后决定

C. 交给乡（镇）政府处理

D. 坚决按法律办事，并要求修改不合理的村规民约

23. 您认为你们村制定的村规民约在村“两委”工作或乡村治理中：

A. 有非常重要的作用，它涉及村民生活各个方面并经常使用

B. 在某些方面有作用，并经常用到

C. 基本没有作用，也很少用到

D. 完全没有作用，从来没有用到

24. 您觉得你们的村规民约里哪几条最有效？（请列出是哪几条）

25. 您觉得你们的村规民约里哪几条是最没有用处的？（请列出是哪几条）

26. 为促进你们村的整体发展，您觉得你们村的村规民约中哪些方面的内容需要补充？（请简要列出）

调查地点：贵州省盘州市羊场乡赶场坡村

调查时间：2016 年 10 月

六、贵州省盘州市淤泥乡鱼纳村村规民约调查研究

（一）问题与方法

乡规民约作为一种超越家族规范的公共规范，源生于乡土社会，是村民根据本村的生产、生活、习俗制定的，符合乡土社会的生活实际，柔和性地规范着人们的行为，合理地调整着乡土社会的生活秩序，是传统乡土社会村落整合的重要手段。当代，随着基层民主制度的实践，乡规民约又成为村民实行“自我管理、自我教育、自我约束”的行为规范，是村民自治的重要载体。现代乡规民约更多地融合了国家意志的要求，成为一种融乡土性与现代性于一体的重要的社会整合机制，成为农村社会治理中不可缺少的手段，并对村落和谐有序的发展发挥着自身特有的作用。

本案例以贵州省盘州市淤泥乡的彝族聚居村——鱼纳村的村规民约作为研究对象，通过对鱼纳村村规民约相关文献资料进行梳理，同时结合实地调查所获，对鱼纳村村规民约的性质以及在乡村治理中的作用加以分析。笔者于2017年4月前往贵州省盘州市淤泥乡鱼纳村开展实地调查，从鱼纳村村委会活动室收集到了鱼纳村村规民约的文本，通过实地走访和访谈村寨老人等了解彝族村传统村规民约的形式，通过对鱼纳村村民的走访和问卷了解乡规民约在该村治理中的主要作用及其效力。

（二）淤泥乡鱼纳村的地理、经济和民族文化

贵州省盘州市淤泥彝族乡位于盘州市北部，距市政府驻地60公里，东临保基乡，西连鸡场坪镇，南接羊场乡，北通普古乡。因政府驻地在龙滩口河流冲击的泥土淤积而成的河畔，且境内主要为彝族人口聚居，故取名为淤泥彝族乡，是该乡政府驻地地理特征的生动描述。全乡辖19个行政村，1个居委会，154个村民小组，2017年年末全乡户籍人口10247户30495人，主要居住着彝、白、汉、苗、布依等8个民族，少数民族占总人口的81%，彝族人口占61%，是盘州市境内彝族最集中的地区。火把节、水拌酒和山歌是淤泥彝族乡最具特色的民族文化，正因为丰富的山歌和独特的美酒，淤泥乡在2000年被省文化厅、六盘水市政府命名为“歌舞之乡”。①

淤泥乡鱼纳村位于淤泥乡政府西部，距乡政府驻地1公里，土地面积4.9平方公里，耕地面积930亩。全村共390户村民，6个村民小组，共1316人，主要民族为彝族、汉族、白族，其中彝族人共855人，约占总人口的65%，属于彝族聚居村。所辖自然村有四个：茨嘎村、鱼纳村、叫开村、鱼纳新村。经济发展主要依靠煤炭产业、种植业和运输业，境内有年产30万吨以上的有证煤矿2个，村寨居民大多种植魔芋，采用统一销售的模式为居民创造收入。鱼纳村是一个典型的贵州彝族聚集村寨，彝族风情浓厚，在淤泥乡乡政府的大力支持下，每年都会举行隆重的彝族火把节庆祝仪式。淤泥乡彝族文化浓郁，曾被贵州省文化厅和盘州市政府命名为“歌舞之乡”、贵州省“民族民间文化艺术之乡”，境内的麻郎垤村是贵州省30个最具魅力的民族村寨之一。该乡党委、

---

① 资料来源于盘州市人民政府信息公开目录：http：//www.panxian.gov.cn/doc/2018/04/04/63916.shtml.

政府充分利用现有的资源，以打造民族特色文化乡镇为目标，对小镇进行了详细规划，提出了“坚持以人为本、民族特色明显、功能设施齐全、人民群众满意、二十年不落后”的思路，开辟了“传统文化—民族风情—旅游开发”系统工程，于2012年4月开始轰轰烈烈的城镇化建设。

（三）鱼纳村村规民约文本概要

为进一步增强村民自我教育、自我管理意识，规范村民行为，促进农村社会和谐稳定，依据国家有关法律法规，结合本村实际，经广大村民充分讨论，特制定本村规民约，本村规民约由村民委员会组织实施。

第一条 拥护党的路线、方针、政策，认真学习和遵守国家法律、法规，服从党支部和村委会的领导，接受网格员的管理，认真执行各项规章制度，积极履行村民的各项义务。

第二条 本村村民应自觉实行计划生育，切实遵守下列要求，并监督村民和诚信小组成员执行计划生育各项有关规定。村民违反有关规定的，除严格按照有关法律法规进行处罚外，对其进行适当违约处理。

（一）男女青年不得早婚早育，早婚未采取相应避孕措施或早育未处理的；达到法定婚龄（男22周岁，女20周岁）结婚的，必须到相关部门办理结婚证；已婚育龄夫妇生育前必须到卫生计生部门免费登记领取生育服务证，未登记领取生育；政策外怀孕未采取补救措施的；政策外生育的等均按照《贵州省人口与计划生育条例》规定执行。

（二）按时参加妇检，自愿参加国家免费孕前优生健康检查，生育一孩后及时按相关要求办理相关证件或采取避孕节育措施，生育二孩后（顺产90天以内、剖腹产210天以内）主动及时采取长效避孕节育措施；孩子出生当天内必须及时向村网格员、村人口主任或驻村工作队汇报相关信息，违者按照相关政策规定处理。

（三）已婚育龄夫妇外出经商务工时，必须找好可靠的担保人，并签订《流动人口计划生育诚信协议书》，按时反馈流入地信息、妇检及婚育情况，违者对其担保人进行追究相关责任，并限期找回当事人；外出者是未婚男女青年的，从外出之日起，每季度反馈流入地信息和婚育情况，若不按时反馈的，按照相关政策法规处理；长期外出不参加妇检或生育二孩后（顺产90天以内、剖腹产210天以内）不主动及时采取长效避孕节育措施的，由村委会评为非诚信户，未履行相关手术的村委会不予或暂缓办理相关业务。已婚育龄夫妇流入本村经商务工时，必须提供户籍相关证件，房东必须在3日内向村支“两委”报告流入人口信息，违者对其所居住房屋房东不予办理相关事务。

（四）村居民不得收留、包庇、窝藏政策外怀孕、生育的人员，不得非法收养小孩，违者按《贵州省人口与计划生育条例》相关条款处罚；凡外来怀孕妇女到村民家中居住，应立即向网格员、驻村工作队和村委会报告，并协助查验有关计划生育证件，违者将不予办理相关事务。

（五）妇检对象应在规定时间内主动性参加妇检或寄回有效妇检证明，违者将不予办理相关事务。

（六）禁止非医学需要的胎儿性别鉴定和选择性别终止妊娠；政策内怀孕后14周以上孕情消失、新生婴儿死亡的，应及时向村委会和网格员及时报告，未及时报告的，谎报婴儿性别或婴儿去向不明的，持生育服务证已孕不经计生部门的同意擅自引产的，溺、弃女婴等违者均并收回生育指标不再安排生育。

（七）举报违反计划生育致策，经查属实的给予适当奖励，每例不少200元，并为举报者保密；对打击报复、侮辱、谩骂举报者，视其情节轻重每次收取处罚金200～500元，并报相关部门追究刑事责任。

（八）不准无故侮辱、谩骂纯女户，违者不予办理相关事务，并接受相关法律法规处理。

（九）违法生育未在规定期限内缴纳社会抚养费的，自欠缴费之日起，每月加收欠缴社会抚养费2%的滞纳金；仍不缴纳的，将依法申请人民法院强制执行。

（十）侮辱、威胁、殴打或者报复计划生育工作人员的按法律法规条款追究当事人责任。

（十一）凡违反计划生育村规民约者，在限期内不接受处罚的，将其评为非诚信户。

（十二）在此之前已经外出，且无法联系的农户，待其返回后再纳入村规民约管理。

（十三）对本诚信自管网格的村民违反上述规定者，是因诚信自管网格员管理、宣传不到位造成的，诚信自管网格员接受乡纪委工作不作为的调查处理。

（十四）以上公约，经村民代表大会通过施行，所有村民必须共同遵守。

未尽事宜，遵照《贵州省人口与计划生育条例》《贵州省计划生育管理办法》《国家流动人口计划生育工作条例》等相关规定执行。

第三条 全面实行社会治安综合治理，对触犯法律法规的，依法报送司法机关处理。尚未触犯刑律和治安处罚条例的对其进行适当经济处罚。

（一）实行村民治安巡逻制度，对村、组网格员未组织村民开展治安巡逻而造成村民财物被盗的、对巡逻人员未按时巡逻或巡逻不到位的造成村民财物被盗的，追究相关责任人责任。

（二）村民应自觉维护社会秩序和公共安全，严禁造谣惑众，不得扰乱公共秩序，不得参加任何邪教组织，违者对其处以200～500元的罚款。

（三）严禁赌博和聚众赌博、酗酒闹事、替罪犯藏匿赃物，违者对其处以500～2000元的处罚；严禁非法盗采或哄抢国家矿产资源，违者对其处以500～1000元的处罚。

（四）严禁损坏公共设施，不得损害他人庄稼，违者对其处以100～500元处罚；不得无理上访闹事，违者对其外以200～500元的处罚。

（五）村民不得容留身份不明人员，否则一旦发生盗抢案件，该村民负责经济损失的10%～20%，同时处以100～200元罚款。

（六）把生活困难的刑满释放人员落实帮教措施，加强法律法规学习，维护社会和谐稳定。

（七）不尽孝道，虐待父母的处罚100～300元。

（八）邻里不和谐，因琐事长期争吵的，各处罚100元。

（九）不按时送适龄儿童（6周岁）入学，子女（被监护人）中途辍学的，处罚300～500元，并限期改正。

（十）父母（监护人）要加强对子女（被监护人）的监督管教，严禁未成年子女骑摩托车上、下学，违者处200～300元罚款。

（十一）对本诚信自管网格的村民违反上述规定者，是因诚信自管网格员管理、宣传不到位造成的，处网格员50～200元罚款。

第四条 自觉遵守禁毒有关法律法规，凡存在下列情形之一的，对享受低保的有关人员取消其享受资格；对未享受低保的有关人员给予经济处罚。

（一）出现新增涉毒人员（含种毒、贩毒、吸毒、制毒）的处罚其家庭300～500元；种植毒品原植物50株以下的，每株处罚10～50元，并强制铲除。

（二）外出务工未办理相关学前教育手续的处罚其家庭 100～150 元。

（三）外出务工后在规定时限内不寄回是否涉毒证明的处罚其家庭 100～150 元。

（四）吸毒人员未落实社区戒毒（康复）工作措施的处罚其家庭 50～100 元。

（五）对本诚信自管网格的村民违反上述规定者，是因诚信自管网格员管理、宣传不到位造成的，处罚诚信自管网格员 50～100 元。

第五条 认真贯彻执行乡党委、政府的决定，配合村委会搞好“三农”工作和基础设施建设，凡存在下列情形之一的，对享受优惠政策的有关人员取消其享受资格；对未享受优惠政策的有关人员给予经济处罚。

（一）不按统一规定推广农业实用技术的处罚 50～100 元，限期整改。

（二）不按要求接受畜禽防疫注射的处罚 50～100 元，并及时补注射。

（三）不支持农村电网改造、人畜饮水、公益事业征地拆迁等公益事业建设的处罚 200～500 元，并停止向其供电供水，待其按要求改正后，再供电供水。

（四）不服从村委会安排，拒不参加供水设施、通村通组公路的管理和养护的，处罚 50～100 元。

（五）从疫区购买畜禽引发疫病的，处罚 300～500 元，造成村民重大经济损失的，依法追究法律责任。

（六）加强基础设施管理，严禁在公路上开沟引水，违者处罚 50～100 元，并责令其恢复。

（七）对本诚信自管网格的村民违反上述规定者，处罚诚信自管网格员 50～100 元，处罚联保户村民50～100元。

第六条 其他方面：如村民违反以下规定将进行经济处罚 500～1000 元；同时村委会根据情节轻重，停止其一切村民福利待遇及优惠政策，情节特别严重者，交司法机关依法从严惩处。

（一）村民必须服从乡和村委会的统一规划，严禁在耕地、空闲地乱搭乱建，严禁乱砍树、乱挖土；加强野外用火管理，严防山火发生，家庭用火做到人离火灭。

（二）村民在国家征地项目、公益事业占地时，应配合好村委会搞好房屋、附着物的拆迁，不准抵制。

（三）搞好村容村貌和集镇街道建设，公共场所不允许长期堆放建筑材料、杂草等杂物，不准乱排乱倒，不准乱搭乱建、乱拉乱挂，按时整改“整脏治乱”存在问题。保持村内清洁卫生，道路畅通，创造良好的生活环境。

（四）不得无理上访闹事，有问题按正常渠道反映处理。

（五）发生自然灾害和事故，如火灾、洪灾、车祸、地质灾害等，成年人必须积极参加救灾，听从指挥。

（六）村民不得辱骂、威胁村组干部。

（七）对本诚信自管网格的村民违反上述规定者，是因诚信自管网格员管理、宣传不到位造成的，处罚诚信自管小组长50～100元。

第七条 违反村规民约拒不交纳违约金的家庭，村委会一律不办理各种相关事宜。

第八条 有以下情形之一的家庭未履行相关手术的，一律不得享受优惠政策。

（一）违反计划生育法律法规、政策的家庭。

（二）涉毒（吸毒、贩毒、种毒、制毒）家庭。

（三）有违法犯罪行为家庭。

第九条 有以下情形之一的家庭，优先享受优惠政策和优先办理相关事宜。

（一）根据利益导向政策相关要求，按照“老人老办法，新人新办法”的原则，对于在2016年1月1日前办理农村《独生子女父母光荣证》和二女绝育户的家庭。

（二）自觉服从村民委员会管理的家庭。

第十条 自觉遵守勤俭节约有关规定，农村除红白喜事（婚、丧、嫁、娶）可办酒席外，严禁乱办其他酒席（如剃毛头、搬家、开财门、立碑、上坟、满月酒、庆菩萨、祝寿、下祭、升学酒等），违反此规定的，该户视为非诚信户，没收礼金、餐具，并对当事人处以500元罚款。

第十一条 处罚金归村集体所有，不得挪用，须按相关规定进行管理和使用。

第十二条 本村规民约若与国家颁布的法律、法规、政策相抵触的，按国家规定执行。

第十三条 本村规民约自村民委员会议（村民代表会议）通过之日起施行。

第十四条 本公约由村民委员会监督执行。

（四）鱼纳村村规民约在乡村治理中的功能分析

乡规民约作为一种主要针对村落“熟人”社会的社会规范方式，往往以村落社会全体村民共同利益代表的面目出现，发挥一种国家权力规范之外的社会规范功能①，“缓和冲突，把冲突保持在‘秩序’的范围以内”②，从而保证村落社会生产生活的和谐有序。而在少数民族地区，乡规民约是最具代表性、运行时间最长、治理作用与效果最显著的一种非正式规则。在边疆民族地区乡村秩序的维护上，乡规民约具有社会自我调控、对国家法律补充等功能，并且运行的成本低，治理的效果好，稳定性较强，鱼纳村也同样。村规民约在乡村治理中的具体功能主要体现在以下几个方面：

第一，村规民约体现村民自治的基本精神，具有自我管理和自我服务功能。村民自治是一种村落共同体的自治，即共同体成员、村民根据本村的社会政治、经济、文化、历史等条件，自主制定符合本村的管理规定，管理村级公共事务。例如，鱼纳村村规民约在文本开头部分写明了制定村规民约的意图：“为进一步增强村民自我教育、自我管理意识，规范村民行为，促进农村社会和谐稳定，依据国家有关法律法规，结合本村实际，经广大村民充分讨论，特制定本村规民约，本村规民约由村民委员会组织实施。”村民立约以自我教育、自我管理、自我监督和民主协商的形式参与乡村治理，体现了村民自治的基本精神，以较低成本约束规范村民行为，既有利于推进基层民主权利的实现，也有利于解决乡村社会出现的新问题，维护农村社会秩序，乡规民约是村民自治的重要载体，推动村民自治的实施。

第二，村规民约教化村民扬善抑恶，具有行为约束功能。村规民约作为内生于乡村社会的价值形式，多呈现为自发遵守的道德规范，更贴近于地方社会实际，有利于进一步塑造社会道德和价值体系。村规民约以契约的形式将村民

---

① 吕朝辉．边疆治理现代化进程中的乡规民约探析[J]．云南行政学院学报，2017，19(02)：52－58.

② 马克思，恩格斯．马克思恩格斯选集（第4卷）[M]．北京：人民出版社，1995：251.

们的共同意愿确定下来并公之于众，村民一旦违反村规民约，就可以依照规约给以惩戒或处罚。例如，鱼纳村村规民约第四条规定："自觉遵守禁毒有关法律法规，凡存在涉毒、外出务工未及时办理相关手续等诚信缺失的，对享受低保的有关人员取消其享受资格；对未享受低保的有关人员给予经济处罚。"第五条规定："认真贯彻执行乡党委政府的决定，配合村委会搞好'三农'工作和基础设施建设，凡存在下列情形之一的，对享受优惠政策的有关人员取消其享受资格；对未享受优惠政策的有关人员给予经济处罚。"这种对于村民个体行为的制约性便超过了一般道德规范，因此，比道德规范具有更强的外部约束力。

第三，从乡村法治建设角度看，村规民约具有对国家法律法规的补充功能。村规民约是民间习惯法在我国农村地区的重要表现形式，其根植于乡土社会，有传统作为依托，贴近地方社会实际，深入人心，让村民信服，在乡村治理中，是最有效和最节约成本的法律宣传和教育形式，在一定程度上降低了政府的治理成本。而社会主义新农村时期的村规民约涉及道德伦理、村风民俗以及很多民主管理和法律方面的的内容，且多数准则与国家法一致，对破坏社会秩序与损伤社会风化的行为明令禁止。例如，鱼纳村村规民约第三条规定："全面实行社会治安综合治理，对触犯法律法规的，依法报送司法机关处理。尚未触犯刑律和治安处罚条例的对其进行适当经济处罚。"村规民约在一定程度上既促进了村民对法律的践行，又填补了法律的空白，为乡村法制建设提供了具有制度性和强制性的民间规范，成为国家法的重要补充。

七、云南省嵩明县嵩阳镇大营村村规民约调查研究

乡规民约是乡村治理的一种重要的方式。村规民约由村民自己制定，符合村民的价值追求，同时蕴含了传统文化与道德观念，便于村民认可与接受，从而能够更好地遵守。党的十八届四中全会提出，"支持各类社会主体自我约束、自我管理，发挥市民公约、乡规民约等社会规范在社会治理中的积极作用"①。

① 弘扬法治精神　建设法治文化[N]．光明日报，2014－10－31.

肯定了乡规民约在基层社会治理中的积极作用。从北宋时期的《吕氏乡约》开始，到现代各式各样的乡规民约都在乡村治理中发挥了重要的作用。本文以大营村为例，研究该村村规民约在乡村治理中的绩效以及治理困境、未来发展之路。

（一）大营村概况

大营村隶属云南省嵩明县嵩阳镇，地处嵩阳镇东北，距县城11公里，交通方便，东邻嵩功高速公路，213国道穿村而过，全村土地面积8.3平方公里，海拔1920米，年平均气温14.1℃，年降水量为988毫米，十分适合种植水稻、玉米等农作物。有耕地面积2616亩，人均耕地0.63亩。有林地5034.47亩。大营村是一个回族、汉族、苗族聚居的自然村。大营村共划分为4个村民小组，全村总人口1007户4186人。其中汉族215人，苗族31人，回族3924人，回族占比94%。大营村是云南省一个比较典型的回族聚居为主，并有少量汉族、苗族杂居的村落。大营村村民围绕大营清真寺聚居，据记载，大营清真寺始建于咸丰元年（1851），后毁于战火。光绪十九年（1893）重建，1923年扩建，“文化大革命”时期再度被毁，1983年由当地回民集资重建。该村设党支部4个，党小组8个，党员总数125人，党员中男党员10人，女党员19人，团员76人。全村住户大部分居住的是砖（钢）混结构房屋和砖木结构房屋，少部分农户居住土木结构房屋。进村道路属于柏油、水泥路面，村内主干道为硬化路面。全村已经实现通电、通水、通路、通电话、通电视。

大营村2010年经济总收入34401.4万元，其中，种植业收入286万元，畜牧业收入135万元，林业收入1万元，第二、三产业收入33804.9万元，工资性收入78万元。农民人均纯收入3328.5元，农民收入以二、三产业为主。皮张交易是该村的主要产业，主要销售往省外，2010年主产业全村销售总收入23000万元。大营皮货综合贸易市场目前是西南最大、全国第二的皮张交易集散地。该村目前正在发展第三产业、特色产业，计划大力发展皮张交易产业。

（二）大营村村规民约

大营村村规民约是植根于大营村乡土社会，大营村是回族为主，少量汉族、苗族杂居的村落，回族因其宗教信仰、风俗习惯比较独特，该村村规民约是各民族之间相互协调、共同讨论、共同制定、共同遵守执行的一种适应于回、汉、苗族村民的行为规范。为了将村规民约宣传到位，大营村村干部将村规民约装订成册，发放到每家每户，让村民更好地约束自己的行为，更好地实现乡村治理。

1. 村规民约文本内容

根据在大营村调研收集到的村规民约文本，其内容分为以下两个部分：

第一部分是解释制定村规民约的目的、原则，以及如何制定。村规民约的制定有两个目的，一是为了坚持贯彻国家的法律政策，我们不难看出该村的村规民约受国家政策影响比较大，与国家意志有密切的关系。文本中写道："促进物质文明、政治文明、精神文明的协调发展。"体现了坚持党的领导、贯彻执行国家的路线方针与村民自治有机结合，更好地实现乡村治理。二是"保障村民的合法权益，维护农村社会稳定，创造和谐有序的生产、生活环境"。村民希望通过村规民约的实施能够更好地建设自己的家园，维护村庄生产生活秩序，左邻右舍之间其乐融融，生活环境更加舒适，人们的生活更加幸福。

该村的村规民约"按照自我管理、自我教育、自我服务、自我约定的原则"，村民是村规民约的制定者，同时也是村规民约的遵守者。该村的村规民约经过本村村民会议讨论通过，大营村《村民自治章程》规定："村民会议由本村 18 岁以上的村民或本村三分之二以上的户主代表组成，是全村的最高决策机构。"该村《村民自治章程》中对村民也作出了相关规定："凡是户籍在本村，并履行村民义务的，是本村村民。"清晰地划分了村规民约的适用范围，大营村的村规民约是通过大营村村民会议讨论通过而制定的。

第二部分是村规民约的正文，形式上比较规范，范围比较广泛，内容涵盖农村生产生活的方方面面，属于综合性的乡规民约。该村的村规民约分为社会治安、村风民俗、邻里关系、婚姻家庭、计划生育、文化教育、土地林木管理、道路及水利设施的管理、村民管理及市场管理、执行规定 10 个方面。

2. 大营村规民约的特点

改革开放以来，农村社会变迁很大，村规民约也随之变化。在保留原有传统村规民约特色的基础上，又在新的形势下对传统乡规民约进行了改进，融合了现代理念和制约因素，新时期农村地区的村规民约是一种融乡土性与现代性于一体的整合机制。

（1）与国家法律紧密相连。

自从《村民委员会组织法》实施后，农村地区的村规民约的制定程序与内容也更加规范。大营村村规内容上与国家法律紧密联系，也体现了当代我国民主法治建设不断推进。该村村规民约在文本形式上仿照法律文本格式，比较规范，符合法律、政策性文件的要求。内容也大量吸收了国家法律、政策法规的规定，各项法律规定也成为村规民约的制定依据。例如：在计划生育方面，"严格执行《人口与计划生育法》《云南省人口与计划生育条例》，夫妻双方都有实行计划生育的义务"。

如果村里有人违反村规民约，一般的冲突和矛盾都是由村民或村委会出面商议解决，情节严重的交给相关部门处理。例如：社会治安方面，"严禁非法限制他人人身自由、非法侵犯他人住宅……情节严重的交司法机处理"。婚姻家庭方面，"父母不准遗弃、虐待病残儿、女婴、继子女和收养的子女……，情节严重的移交司法机关依法追究法律责任"，体现了村规民约和国家法相衔接、紧密相连，是该村村规民约的一大进步。在我国农村地区，特别是相对闭塞、发展落后的地方，依然存在着法律虚无的情况，农民处事凭自己利益，有时也不知道已经触及法律，自己的权益受到侵害，也不知道用法律来维权，很多刑事案件都是私了解决。村里的大小事情全凭村干部做主，有些村干部也没有任何法律意识，忽视农民的权力，以言代法，以权代法，相信自己的事情自己能够解决，面对村干部的欺压，会引发村干部和村民之间的矛盾冲突。

在农村社会建设的新形势下，村规民约向法治化的转换与发展则是创新农村社会治理、提升乡村治理能力的重要路径。村民知法懂法，维护自己合法权益，缓解矛盾冲突，使村落安定和谐，同时有利于我国的法治建设。

（2）乡土性。

虽然随着改革开放的深入，经济迅速发展，农村社会也接受了很多现代化理念，政府也对少数民族农村地区进行了很多现代化改造，但是农村社会仍然保留着很强的乡土性。随着法治进程的建设，村规民约并没有随着国家法的渗透而消失。"中国法制的运行历来都存在国家统一法制和民间法制两条并行而居的道路。"① 大营村的村规民约内生于大营村乡土社会，并在农村社会的土壤上吸取养分，必然具有乡土性特征。

① 王学晖．双向建构：国家法与民间法的对话与思考［J］．现代法学，1999（1）：56－58.

从村规内容来看，都是关乎村民切身利益的事。“土字的基本意义是泥土，乡下人离不了泥土，……种地是最普遍的谋生方法。”① 土地是农村人的根，失去土地的农民就等于失去了生存的根本。“依法使用宅基地……不得损害整体规划和四邻利益”“土地调整按国家政策执行……”；保护村民的私有财产，保护辛勤劳作种植的农产品，“偷盗包谷，每包赔偿 2 元”；“偷盗稻谷、麦子、蚕豆等农作物按面积计算，每平方米赔偿 10 元”；“偷盗蔬菜每公斤赔偿 3 元”；保护村民赖以生存的环境，“禁止毁林、毁草开荒……”这些村规民约都体现了切切实实维护农村人的利益，具有较强的乡土气息和草根性。

从村规民约的语言表达方式来看，乡规民约适用的人群是大营村村民，为了村民更好地理解并遵守村规民约的规定，其语言通俗易懂，有利于实施。大营村村规民约中有如“不争水、争电、争农具”“发扬风格，小事不斤斤计较”这些质朴的语言表述，拉近与村民之间的距离，使得村规民约得到更好地贯彻实施。

（3）民族性。

大营村回族人口占绝大多数，村民都是围绕着大营清真寺聚居，村规民约中自然而然带有回族文化的特色，这些具有民族特色的村规民约也被汉族和苗族所接受，成为共同遵守的行为规范。

《古兰经》可以称为是回族伊斯兰习惯法，也可说是一种宗教文本式民约。大营村村规民约也相应地在生存环境保护上作出规定：“禁止将死鸡、鸭、狗等垃圾倒入塘子、河堤和三面光沟内。”因为大营村村民并不是都是回族，还有汉族和苗族，村规民约上也没有限制其他两个民族的饮食习惯，但是为了保护环境，同时尊重回族村民的信仰习惯，因而禁止将死鸡、鸭、狗倒入水塘，污染水源。对于穆斯林来说，酒和赌博都是禁止的，酒会麻醉神经，使人丧失理智，危害人的身体，同时喝酒会使人不能控制自己的言语，引起人际关系之间的冲突，更有可能丧失自己信仰。在当今社会，因为酗酒导致的交通事故、打架斗殴、家庭暴力等案件数不胜数。《古兰经》中禁止一切食用后使人丧失理智的食品，如酒、海洛因、鸦片等。大营村村规民约中规定，“不酗酒闹事”“严禁赌博和变相赌博，一经发现，没收赌资……”“严禁吸食、贩卖、运输、

---

① 费孝通．乡土中国　生育制度[M]．北京：北京大学出版社，1998.

种植毒品”，村规民约结合了伊斯兰的部分习惯法，具有回族特色，同时因为合理性又被村里其他民族接受和认可，成为所有村民的行为准则。

（三）大营村村规民约的治理绩效

大营村的村规民约覆盖农村生产、生活的方方面面，蕴含着传统道德文化的内容，同时也体现了现代法律、法规精神，补充和完善了国家法，尊重各民族的宗教信仰与风俗习惯，促进了民族之间的团结与经济的发展，对于构建和谐乡村具有重要的现实意义和推进作用。

1. 补充和完善国家法

随着我国民主法治建设的推进，国家法不断向基层渗漏，但是村规民约仍有一席之地。国家法主要考虑调控整个宏观社会，稳定宏观秩序。国家法适用范围的广泛性决定了国家法内容具有高度的概括性、原则性、抽象性，它的内容不可能包括具体的某个村落的方方面面，不可能囊括社会生活的所有特殊性和细枝末节。国家法的有限性，为村规民约提供了生存空间。村规民约是根据特定的地域、特定的群体制定的，关注的是微观秩序，可以补充和完善国家法。国家法调整的一般是比较严重的违法行为和刑事案件，对村里的小偷小摸、邻里之间一般的纠纷不可能涉及。村规民约刚好可以弥补这片空白。相比较专业化的国家法，村规民约运用通俗易懂的语言，更有利于村民理解并自觉遵守，同时提供更加便捷的解决纠纷的方式。如村规规定：“邻里间发生纠纷，不能自行和解的，要申请调解委员会解决。”“不能仗势欺人，倚强凌弱。对不听劝阻制造纠纷的人，情节轻微的予以教育，造成他人伤害的……” “偷盗家禽（鸡、鸭、鹅）的，偷盗一只按原价双倍赔偿”，为了乡村更加清洁，禁止在道路、公共场所堆放粪草、乱倒垃圾，保护生态环境，禁止破坏水土和植被的行为。在村民的生产、生活各方面村规民约都做出了相关规定，弥补了国家法的不足。

同时村规民约的文本形式也是仿照国家法的格式制定，规定案件情节严重的交司法机关处理，国家法对村规民约的指导，村规民约对国家法的合理补充，国家法和村规民约相衔接互动，共同治理农村社会。大营村村规民约作为一种乡村自治形式，贴近大营村生活的实际，在新的历史条件下为国家权力意志渗入农村基层提供了有利的渠道。大营村的村规民约既反映了回族的宗教价值观念，吸纳了回族的传统道德观念，又体现了现代法律、法规精神，起到了良好的治理作用。

2. 维护民族团结与稳定

大营村回族人口占绝大多数，因回族宗教信仰、文化的独特性，历史上出现过不少因宗教、风俗不同引发的民族冲突事件。农村各民族的村民之间关系是否和谐融洽关系到农村社会的稳定与发展。

该村是回族与汉、苗杂居的村落，附近的村落也是多民族村落。这种民族之间杂居的格局，提供了各民族在经济、文化、社会生活各领域的交往机会，能增进民族之间相互了解、各民族文化的融合。民族文化是民族的灵魂，深刻影响着民族的心理、性格和日常生活。民族混居的程度越高，民族间在文化上相互影响和潜移默化的可能性也就越大。回、汉、苗族长期的生活相处中，增进了民族在宗教信仰、风俗习惯的相互学习、尊重和融合。汉族和苗族村民都很尊重穆斯林的信仰及饮食习惯，在回族村民的面前避讳说“猪”以及和“猪”相关的东西，进入回族的清真食品店时不携带猪肉和酒水等回民忌讳的食品。从大营村的村规民约文本来看，也体现了村民之间相互尊重、相互理解、相互帮助。在大营村也有汉、苗族村民与回族一起从事皮张生意，或者屠宰牛羊的职业，大营皮货综合贸易市场经过多年发展，皮货交易量在西南名列第一、全国排第二，取得这样优异的成就，是与各民族相互帮助分不开的。

笔者在走访过程中了解到，多年以来大营村各民族之间并没有因为宗教、风俗习惯的差异引发大的冲突和矛盾。村规民约也规定了回、汉、苗民族之间合理分配资源，对于村里的公共财产，各民族之间都要加以保护。大营村也有回汉通婚的现象。正如戈登所言：“通婚是（民族间）社会组织方面融合的不可避免的伴生物。”① 过去回族是不接受族外婚的，即使个别回族和其他族青年结合，也不能被其家庭接纳，甚至要面临被驱逐出家族的命运。民族之间通婚，是思想观念的一个重大的转变。通婚后增加了双方家庭之间的互相往来和民族之间的理解与包容，使村内族际关系更加融洽。

3. 吸纳伊斯兰宗教伦理，规范促进大营皮货综合贸易市场有序管理

从古至今，回族人民喜爱经商，积累了许多宝贵的经商经验，具有良好的经商习惯和历史传统。大营村村民主要从事皮张生意，大营村的皮货综合贸易市场目前是西南最大、全国第二的皮张交易集散地。大营皮货综合贸易市场是

---

① 真慈．城市回汉通婚问题的点滴思考[J]．开拓，2000：80.

在党的十一届三中全会改革开放搞活经济的政策指导下，随着农村商品经济发展于1984年自发形成的，是一个以皮张交易、农副产品交易以及商业、饮食、金融、卫生、交通、邮电、通信、劳务、运输等综合服务功能齐全的大型皮张综合贸易市场。

经商是回族人的历史传统，伊斯兰教的经典《古兰经》《圣训》中许多章节也对商业道德做出了很多规范。针对村民主要从事皮张生意的现实情况，该村村规民约第九部分制定了村民管理及市场管理，吸收了回族优良的经商传统、商业道德，更好地管理皮货综合贸易市场。村规第九部分第七十一条做出了相关的规定，如“严禁强买强卖，强占摊点，欺行霸市，做到公平交易……”《古兰经》不仅规定商人要诚信经营，对商品的来源也严加管理，对于赃物都禁止购销。销售赃物有损声誉，为虎作伥，间接帮助和纵容了偷盗者，明知道是赃物，还购买的依旧是可耻的。大营村的村规也做出了“严禁各种黑车交易、买卖其他赃物”相关规定。

由于有村规民约、宗教伦理规则等力量的约束，大营村村民能够严格遵循商业道德规范，依法经营、文明经商、诚信公平。大营综合贸易市场作为省市知名的文明市场取得了优异的成绩，2006年曾被评为全国大型农畜产品交易“双百”市场。2016年，嵩明启动对大营皮货综合贸易市场的升级改造工作，力图建立一个交易公平、行为文明、经营诚信、管理科学、设施现代的一个新型大型农特产品交易中心。①

（四）大营村村规民约的治理困境

大营村的村规民约在促进基层民主法治的发展、民族团结稳定、农村社会经济的发展方面取得了一定绩效，但大营村的村规民约仍然面临着种种困境。村规民约的部分内容违法、公权力的过分干预、村民的政治参与意识匮乏，而且在村规民约的实际运行过程中，它的效力有时不尽如人意。

1. 部分内容与法律冲突

《村民委员会组织法》规定村规民约的内容要符合国家法的精神，只能在国家法所允许的范围内进行调整，对国家法不予调整的部分在国家法允许的范

① 杨涛源，章露．嵩明再添一个大牲畜交易市场[N]．云南经济日报，2016－10－28日，第三版．

围内进行适当的补充。大营村的村规民约文本的制定也体现出向国家法靠拢，体现了现代法规、法律意识，但是由于历史传统、地理环境、村民的法律认知水平等原因，村规民约在制定与运行中，绝大部分能与国家法相互协调，但也不可避免地在某些方面存在冲突。仔细阅读该村的村规民约文本，不难发现文本中有些内容与国家法冲突，具有违法性。

对于违反大营村村规民约，惩罚性措施最多的是罚款，阅读大营村村规民约，俨然一张罚款单，几乎没有批评教育、赔礼道歉等处罚方式，规定的都是由村收取价格不等的违约金。如全体村民保护森林人人有责，禁止砍伐一切林木，违者收取 100 ~ 500 元的违约金。虽然通过罚款，对村民具有威慑力，在一定程度上约束规范了村民的行为，维护了农村社会的秩序，但是其实与国家法冲突。罚款是一种行政处罚措施，该措施的实施主体有三类：行政机关、法律法规授权的组织、受委托组织。① 其中对第三类实施主体还有两项要求：一是委托实施行政处罚必须有法律、法规、规章的明确依据，二是委托的对象必须是管理公共事务的事业组织。而村民委员会作为群众性自治组织，不是行政机关也没有相关授权，不具有罚款的权力。对于违反村规民约的行为应该以说服教育为主，如果村规民约涉及罚款，罚款的金额必须在合理的限度内。大营村越权执法的现象也比较严重，许多本应该需要国家机关执行的内容，在大营村村规民约规定中体现了村委会包揽国家机关执行权力，很多处罚改由村委会执行，这种越权执行在其村规民约中很常见，如在计划生育部分，规定“早婚早育、达到婚龄未领取结婚证生育一孩的，村收取 3000 元至 5000 元违约金”，村委会代替计生部门行使计划生育权是不符合法律要求，属于越权执法。

2. 国家公权力的过分干预

在村民自治过程中，国家、政府的意志越来越多地逐渐渗透到村务运作中，从大营村村规民约的运行机制来看，村规的制定主体、程序、内容、实施等方面也都有国家公权力的身影，现代的城市居民自治、乡村自治以及他们制定的自治性村规民约更多是国家公权力意志的反映，是在强大行政权力的干预下而制定的，许多不是村民意志和社会权力意志的反映。许多地方的“乡规民约”已经只是国家制定法和地方政府主导的“乡规”，而不是体现乡民意志和利益

---

① 任进．行政组织法基本范畴与新课题［J］．北方法学，2012（3）：58 – 64.

的“民约”了。①

《中华人民共和国村民委员会组织法》规定：“村民会议可以制定和修改村民自治章程、村规民约，并报乡、民族乡、镇的人民政府备案。”可见村民会议是村规民约唯一合法的制定主体，村民会议按照大营村村民自治章程中规定的由本村 18 岁以上的村民或本村 2/3 以上的户主代表组成，但是面临要在大营村 1007 户人家落实这条规定实属不易，许多村民外出打工、做生意、民主参与意识不强等，该村的村民会议依旧面临着召集难、讨论难、统一意见难的处境，在实际的村规民约的制定过程中，村规民约都是村里的村干部提议，然后交给村委会讨论制定，同时村委会也是村规民约的执行机构，负责处理纠纷和奖励惩罚。这种惩罚也是越权执法。

国家公权力的过多介入，侵蚀了村民自治本身具有的独立性，挤压了乡村自治的空间，导致乡村治理绩效并不理想。村规民约来源乡村，作用于乡村，村民意愿是村规民约的合法性、权威性的来源之一，村民既是村规的制定者，也是村规的遵守者。村干部越俎代庖，那么村规不再是村民自主制定，也就失去了村规的原本特性，村规民约制定的主体不符合法律要求，制定的程序中村民参与性不足，民意表达不充分，影响对村规的认同，部分村规民约的实施过程也存在越权执法的现象。以上现象等使村民失去了心悦诚服地自律遵循村规那样一种传统景象，让村民民约难以发挥本身应有的效用。

3. 农民政治参与意识的匮乏

由于中国的农村社会长期以来都是封闭的、自给自足的，传统农民生活在狭小的圈子里，缺乏与外界的接触与联系。但改革开放以来，市场经济的快速发展，农民绝不是仅仅生活在狭小的村庄之中，视野打开了；社会的发展加速了信息的传播，村民可以通过电视新闻、手机、互联网了解时事政治，也逐渐意识到自己的独立性，关注自己的切身利益，争取自己的权利；随着村民自治的建设，政府也在政策上给予支持，村民的公民意识开始有所发展，表现出积极的变化。

但是边远少数民族地区，大部分的村民素质还较低，公民意识的发育仍然严重滞后，没有意识到“主人翁”地位，在政治参与过程中，受到权威力量的

---

① 吕廷君．论乡规民约的效力基础[J]．民间法，2008（4）．

制约，显得比较消极、被动。很多村民认为制定村规就是村干部和村委会的事情，自己只要服从、遵守就够了，村民通常都是消极、被动接受权威，在一定意义上村民并没有真正独立，缺乏自治精神。

同时村民仍然存在重义务、轻权利的意识。在大营村村规民约文本中，大多数都是义务性规范，授权性规范特别少，都是禁止村民做某些事，对于村民享有哪些权利的规范比较少。村民的法律意识薄弱，法律知识很匮乏，对于很多村民而言，法律是虚的、空的，对现行的法律基本不熟悉，也不懂得用法律维护自己的合法权益。许多村民对基层政治参与缺乏热情，村民会议难以召集，人数不齐，多数村民对村规民约较为漠然。

（五）大营村村规民约的完善

村规民约在运行中遇到种种现实困境，进一步完善村规民约并培育村规民约运行的环境，才能发挥村规民约的治理绩效。

1. 促进村规民约的规范化

大营村的村规民约存在制定程序未充分体现基层民主协商、村规部分内容违法，缺乏有效的评估、监督机制，针对这些问题和不足，要加以完善和发展。

第一，规范村规民约的制定主体。大营村的村规民约经过本村村民会议讨论通过。嵩明县嵩阳镇大营村《村民自治章程》规定："村民会议由本村 18 岁以上的村民或本村 2/3 以上的户主代表组成，是全村的最高决策机构。"村规民约应由全体村民制定，但是考虑到村民必须具备一定的理解和行为能力，所以对村民的年龄也做出具体的限制。但是村民的文化素质不高，民主、法治意识淡薄，缺乏政治参与的热情，村规民约应根据本村的实际情况，一些技术性比较强、涉及法律规定等难以解决的部分，可以交由村民代表会议制定，并请专家加以指导。对于一些比较容易理解的部分，切实关乎村民切身利益的，如宅基地的使用权制度、财务公开制度等部分，必须交由村民讨论制定，保证村规民约能够充分反映民意，激发村民参与村治的热情。

第二，规范村规民约的制定程序。一个民主、科学、规范化的制定程序，更能体现全村的共同意志、价值观念，充分反映出民主、自治精神。首先，制定村规民约之前，需要做大量的调查，可以通过召集村民会议、走街串户、访谈、问卷等方式，深入了解民情、充分反映民意，村民会议委托有关组织和相关人员在民意调查的基础上草拟村规民约。其次，村规民约的内容必须结合本村实际情况，保持乡土和民族特色，采用通俗易懂的语言，同时不得与宪法、法律国家政策相违背。草拟好的村规民约在村民会议上反复征求村民的意见，不合理的部分加以修改。再次，通过程序须进行举手表决，全体到会村民过半数才能通过，再报乡（民族乡）、镇的人民政府备案。最后，经村民会议正式公布，通过张榜公布、打印成册发放到每家每户，加大宣传力度，力求把村规民约落到实处。

第三，规范村规民约的内容。村规民约内容必须结合本村实际情况，制定的内容符合法律、政策的要求，对于部分违法内容必须加以修改，但是村规民约也不能一味迎合国家法，应该保持一定的传统特色和民族特色，否则缺乏制度的延续性、区域性和民族性。村规民约内容既包括义务性规范，也应该包括权利性规范。大营村的村规民约义务性规范过多，权利性规范较少，应适当增加权力性规定。承担义务的同时，能够享受到权利，充分保证村民能够当家做主，从中感受到自信自尊自豪，体现村民自治的制度自信。

2. 推进乡村多元主体协同治理

中国的社会治理必然具有本土特色，是一种党委和政府主导、社会协同、公民参与的协作治理模式。治理的过程是一个还政于民的过程，是国家与社会或者政府与公民之间的良好合作的过程。在乡村治理中同样存在着多元的治理主体，如何把村规民约发挥到最大的效力，离不开这些治理主体的协同。这些多元治理主体主要包括乡（镇）政府，“村两委”和村民代表大会，乡村精英、乡村民间组织和村民等。

基层政府需要转变职能，合理划定管辖范围，政府及其工作人员要改进工作方法，充分尊重村民自治，在规范村民行为等方面，应该发挥宣传和引导作用，实现有效治理。“村两委”作为重要的村级组织，要提高“村两委”班子的整体素质，选拔知识水平高、工作业务能力强的优秀人才，村干部以身作则，起模范带头作用。在农村社会中，乡村精英拥有比其他村民更多的资源，具有比较强的政治参与意识，在农村各项建设中，也有很大的发言权，对农村社会的发展具有较大影响。大营村绝大部分村民都是穆斯林，信仰伊斯兰教，阿訇的地位很高，大营村的村民也十分尊敬和信任阿訇。作为穆斯林群众的精神领袖，阿訇在生活中也应该做出行为表率，阿訇的宣传和教化在穆斯林群众中发挥至关重要的作用，同时村里若引发矛盾与冲突，阿訇也应该积极协助政府、村委干部妥善处理违反村规的事件。村规民约能否得到真正的执行取决于村民是否有效的参与。培养村民的公民意识，建立并完善村民的利益表达渠道，将村民的实际利益诉求整合转化为乡规民约的内容，调动村民参与村庄公共事务的积极性。乡村各治理主体之间的良性互动、协同治理，才能使村规民约有良好的制度环境，实现乡村的善治目标。

3. 建立对村规民约的监督及治理绩效评估机制

村规民约是村民自我制定、自我遵守的规范，通过监督，有助于村规民约的执行效果。依法召集村民会议，征集民意，对内容严把关，既符合法律法规要求，又能贴近村里的实际情况，监督村规的贯彻执行，不让村规民约束之高阁，成为摆设，并能得到积极实施。

积极对村规民约进行监督，必须明确监督主体。《村民委员会组织法》规定，村民自治章程、村规民约以及村民会议或者村民代表会议的决定违法的，由乡、民族乡、镇的人民政府责令改正，这明确了乡（镇）人民政府的监督责任。在村规民约的制定过程中，政府应给予相应的指导，乡（镇）人大代表应该定期对村规民约的实施情况进行检查，不能让村规民约仅仅是一纸空文。乡（镇）司法人员应该对村规民约的制定过程、文本内容、执行方式都进行审查，文本内容是否与国家法律法规、政策相违背，是否侵犯村民的人身权利、民主权利、财产权利等，村规民约实施过程中是否有越权执法的现象。同时加强社会监督，村民也应积极参与监督村规民约的制定与实施过程，各种村级民间组织都可参与监督，村规民约才能更好地发挥治理作用。

乡规民约治理的绩效如何需要进行评估。对村规民约运行的实际效果进行科学评估是判断村规民约质量高低的必要环节和手段。要建立村规民约的评估制度，评估之后又针对性地矫正和完善，使村规民约更加符合村民生产生活的实际需求，切实发挥村规在乡村治理中的作用。

附录 1：嵩明县嵩阳镇大营村村规民约

嵩明县嵩阳镇大营村村规民约

（2005 年 7 月 8 日村民会议讨论通过，2005 年 8 月 1 日起施行）

为切实保障村民的合法权益，维护农村社会稳定，创造和谐有序的生产、生活环境，促进物质文明、政治文明、精神文明的协调发展，按照自我管理、自我教育、自我服务、自我约束的原则，经本村村民会议讨论通过，特作如下约定。

一、社会治安

第一条 每个村民都要学法、知法、守法，自觉维护法律的权威和尊严，同一切违法犯罪行为做斗争。弘扬正气，大力表彰见义勇为的先进分子。见义勇为事迹得到全村大部分群众认可的，经“村两委”会议讨论通过，由村奖励 200 ~ 1000 元的奖金。

第二条 村民之间应团结友爱，和睦相处，不打架斗殴，不酗酒滋事，严禁侮辱、诽谤他人，严禁造谣惑众，拨弄是非。出现上述现象者，村委会收取 100 ~ 200 元的违约金。

第三条 自觉维护社会秩序和公共安全，不干扰国家机关正常办公秩序，不阻碍公务人员执行公务。

第四条 严禁偷盗、敲诈、哄抢国家、集体、个人财物，严禁替罪犯藏匿赃物。

第五条 严禁赌博和变相赌博，一经发现，没收赌资、赌具，并进行严肃的批评教育，对提供场所者和参与赌博者分别收取 100 ~ 500 元的违约金，触犯刑律的，移交司法机关处理。

第六条 严禁非法生产、运输、储存和买卖爆炸物品；生产、销售烟花、爆竹，须经国家有关机关批准；捡拾枪支弹药、爆炸危险物品后，要及时上交国家有关机关或村治保会。

第七条　爱护公共财产，不得损害水利、交通、通信、供电、生产等公共设施，违者必须自行修复，并承担经济损失。

第八条　严禁吸食、贩卖、运输、种植毒品；不制作、出售、传播淫秽物品；不调戏妇女，自觉遵守社会公德。

第九条　严禁非法限制他人人身自由、非法侵犯他人住宅，不准隐匿、毁弃、私拆他人邮件。情节严重的交司法机关处理。

第十条　严禁损坏庄稼、瓜果及其他农作物，严禁放牧啃青，偷盗烤烟每叶赔偿1元，偷盗苞谷每包赔偿2元；偷盗稻谷、麦子、蚕豆等农作物的按面积计算，每平方米赔偿10元；偷盗蔬菜每公斤赔偿3元，毁坏他人农作物的，按偷盗赔偿处理。牲畜践踏农作物的，每平方米赔偿10元；偷盗家禽（鸡、鸭、鹅）的，偷盗一只按原价双倍赔偿。

第十一条　抓好社会治安，是每个村民的责任，村民不得买卖赃物、国家保护的野生动物及其制品，如有刑事犯罪，由司法机关处理。对于检举揭发犯罪行为的，村委会给予一定奖励，检举一次给予50~100元奖金，当场抓获犯罪嫌疑人，扭送公安机关的，给予50~300元的奖金。

第十二条　出现火险、火灾，第一个及时报案者，奖励20元，一旦出现火灾，在劳动力年限内身体健康的村民，人人都要参加救灾，凡参加的由村民小组记一个义务工，劳动力年龄界限为18~55周岁。

第十三条　凡属外村人员到我村行骗、滋事、打架斗殴、无理取闹的，村民小组必须组织护村队进行制止，维护村、组治安稳定，并协助司法机关对滋事者进行严厉打击。本村村民不得在外行骗、滋事、无理取闹坏本村声誉。违者除依法处理外，村收取50~300元的违约金。

第十四条　严格用水、用电管理，未经批准，不准私自安装用水用电设施，要切实爱护水电设施，节约用水用电，严禁偷水偷电。违反者按实际损失给予赔偿并处以双倍违约金。

第十五条　认真遵守公安机关户籍管理规定，出生、死亡要及时申报或注销；外来人员需要在本村短期居住的，房屋出租户应向村治保会汇报，并办理临时居住手续。

二、村风民俗

第十六条 提倡社会主义精神文明，移风易俗，反对封建迷信及其他不文明行为，树立良好的社会风尚。

第十七条 喜事新办，不铺张浪费；丧事从俭，不搞陈规旧俗。

第十八条 不听、不看、不传淫秽和反动的书刊、音像。

第十九条 建立正常的人际关系，不搞宗派和宗族活动，严禁非法聚会。

第二十条 自觉爱护环境卫生，禁止在公路、乡村道路、公共场所堆放粪草、农作物秸秆、砂、石，乱倒垃圾等影响交通和环境卫生的行为；禁止将死鸡、鸭、狗等垃圾倒入塘子、河堤和三面光沟内。违者，村组可强制其搬走并清理干净，对拒绝执行者，村组可组织人员对其堆放物品强制搬走，当作垃圾处理，同时，每100公斤收取5～20元的清理运输工时费，收取10～50元违约金。

第二十一条 服从村镇建房规划，不扩占、不超高，搬迁拆迁不提过分要求；拆旧翻新，须经村委会及上级有关机关批准后方可动工。村内自来水、通信、电力设施、有线电视，未经专管人员许可，严禁私自架接、搬动、打围圈，违者，造成的全部损失由当事人负责，并由村收取50～100元的违约金。

三、邻里关系

第二十二条 村民之间要相互尊重，相互理解，相互帮助，建立良好的邻里关系。

第二十三条 在经营、生活、借贷、社会交往过程中，应遵循平等、自愿、互利的原则，讲道德、讲诚信。在生产过程中，自觉服从村委会和村小组安排，不争水、争电、争农具，不随意更换、移动地界标志；发扬风格，小事不斤斤计较。

第二十四条 依法使用宅基地，老宅基地要尊重历史状况，新宅基地按村、镇规划执行，不得损害整体规划和四邻利益。

第二十五条 村民饲养的动物造成他人损害的，动物饲养人或管理人负经济赔偿责任（因受害人自身过错或第三人过错导致的除外）；无行为能力或限制行为能力的人给他人造成损害的，由监护人按有关监护制度规定承担经济赔偿责任。

第二十六条 邻里间发生纠纷，不能自行和解的，要申请调解委员会解决。不能仗势欺人，以强凌弱。对不听劝阻制造纠纷的当事人，情节轻微的予以教育，造成他人人身伤害或财产损坏的，必须承担医疗费用，赔偿损坏的财产并收取50～80元的违约金。

四、婚姻家庭

第二十七条 全体村民要遵循婚姻自由、婚姻大事由本人做主、男女平等、一夫一妻、尊老爱幼的原则，遵守家庭美德，建立团结和睦的婚姻家庭关系。

第二十八条 凡是达到结婚年龄的村民（男满22周岁，女满20周岁）经双方同意，符合条件的到婚姻登记机关办理结婚登记手续。领到结婚证，婚姻受法律保护。严格执行一夫一妻制，禁止非法同居。

第二十九条 夫妻地位平等，反对男尊女卑，反对家庭暴力，和睦相处，共同承担生产、家务劳动，共同管理家庭财产。

第三十条 子女有赡养老人的义务，不准遗弃、虐待老年人。对丧失劳动能力无固定收入的老年人，其子女必须保证每年提供每位老人（大米、肉菜、零花钱、衣服等）基本生活所需，生病就医、生活服务、费用由子女承担。若有做不到者，由村组采取措施督促其落实，并收取20～200元的违约金。

第三十一条 父母（含继父母、养父母）承担未成年或无生活能力子女的抚养教育，不准遗弃、虐待病残儿、女婴、继子女和收养的子女。违者村组对当事人进行批评教育，并责令改正，情节严重的移交司法机关依法追究法律责任。

第三十二条 对合法的遗产，男女有平等的继承权。

五、计划生育

第三十三条 严格执行《人口与计划生育法》《云南省人口与计划生育条例》，夫妻双方都有实行计划生育的义务，依法办理结婚手续的夫妻必须在1个月之内由夫妻双方写出书面申请到村委会申请办理《生育证》，没有申请办理《生育证》生育孩子的，自收到责令补办通知7个工作日内，拒不补办的，视为无证生育，村收取400~2000元的违约金。

第三十四条 凡是符合生育两个孩子条件的，必须在一孩满五周岁后，由夫妻双方写出书面申请，到村委会申请办理二孩《生育证》，领到二孩《生育证》后方可怀孕生育。没有办理二孩《生育证》就生育二孩的，视为无证生育，村收取400~2000元的违约金。

第三十五条 对间隔距离不够生育二孩的，除按相关政策处理外，村收取1000~4000元的违约金。

第三十六条 严禁计划外生育，凡是没有安排生育指标和生育两个孩子又怀孕的，要自觉到县计生服务站做人流或引产手术，如不自觉做手术的，村组申请上级计划生育部门依法处理，一切费用和后果由本人承担。村收取50~200元的违约金。

第三十七条 非法同居生育的孩子、有配偶者与他人生育的子女，视为非婚生子女，不得参加村组集体经济利益分配，村对当事人收取5000~10000元的违约金。由村协助征收社会抚养费。

第三十八条 早婚早育、达到婚龄未领取结婚证生育一孩的，村收取3000~5000元违约金。达到结婚条件须补办结婚证，确立合法的夫妻关系。

第三十九条 违反计划生育有关规定的，由村协助征收社会抚养费。

认真贯彻计划生育“三为主”政策：

（一）生育后放环的，村委会一次性补助50元；生育一孩后做人流的，村委会一次性补助200元。育龄妇女生育二孩后做结扎手术的，由村委会发给营养补助费800元，村民小组发给营养补助费400元。二胎后做引产、人工流产手术的，不给予补助。

（二）凡是办理独生子女证的农业人口家庭，除按《云南省农业人口独生子女家庭奖励规定》执行村、组分别一次性给予 100 元奖励。

六、文化教育

第四十条 村民应当按时参加村民小组、村委会组织的各种文化、法律、政策学习及培训会议。村民小组应当对村民参加会议的情况记录考勤，每参加一次会议，由组上给每人记一个义务工。不参加、少参加的，要在村组集体经济利益分配时每户或每人扣减 10 元的分红。

第四十一条 每个家庭有义务保证其子女完成九年制义务教育，凡 16 岁以下少年儿童未完成九年义务教育就辍学务农经商的，村委会及村小组有权配合学校对其及其父母进行批评教育，督促子女完成学业。

第四十二条 兴办学校等公益事业，所需劳务和资金实行“一事一议”。对捐资贡献者，“村两委”给予表彰奖励。

七、土地林木管理

第四十三条 全体村民保护森林人人有责，禁止砍伐一切林木，违者收取 100 ~ 500 元的违约金。在工程造林、水源林、风景林内禁止积肥、挖药等破坏水土和植被的行为，违者收取 20 ~ 100 元的违约金，其他行为根据情节收取 100 ~ 500 元的违约金，情节严重的交林业执法机关处理。

第四十四条 一切林木，未经村委会同意、林业部门批准，集体或个人不得进行采伐和出卖，违者每棵树收取 50 ~ 300 元的违约金，造成重大影响的移交林业及有关部门查处。

第四十五条 禁止毁林、毁草开荒。违者每平方米收取 10 ~ 20 元的违约金，在开荒过程中有砍伐树木的，每株收取 20 ~ 50 元的违约金，并责令其补种成活树木恢复原状，情节严重的交林业执法部门处理。

第四十六条 护林防火、人人有责。村民在家及野外用火，引发的火灾损失由当事人及监护人负责赔偿，情节严重者交司法机关处理。其他按《森林法》有关规定处理。

第四十七条 土地属国家或集体所有：（1）未经有权机关批准，不得在土地上挖沙，取土、葬坟、采石、挖鱼塘及建房，违者责令其复耕，并由村收取100～500元的违约金。情节严重的申请土地执法部门处理。由此造成的一切责任由当事人承担。（2）村民间转包责任田地，须双方协商一致并报村、组同意后方可实施。若未经村、组同意达成的协议视为无效，所造成的一切责任由当事人负责。并由村收取500～3000元的违约金。

第四十八条 村民承包经营的土地，所有权属村集体所有，村民不得非法买卖，违者收回非法所得。收回相应的土地经营权，并收取非法买卖土地所得款2倍以上的违约金。

第四十九条 村民承包经营的土地应当服从村组统一规划种植，因特殊原因不种植规定作物的，由承包土地者自行与其他农户临时调换土地种植，但不得改变土地的使用性质。

第五十条 未经村民小组及村委会批准同意开垦的荒地，由村委会及村民小组无偿收回，所有权属于集体所有。村民向村民小组承包经营种植的，每年必须按时向村民小组缴纳承包款，若故意拖欠不缴纳或少缴纳承包款的，村民小组有权收回其土地承包经营权进行另外发包，村民不得无理取闹。

第五十一条 村民建房须本人提出申请，经村小组同意交村委会上报有关部门审批，领到建房用地使用证后，方可按规划建盖，并缴纳相关费用，严禁少批多建和不批就建，如有违者责令其自行拆除，恢复土地原状，并收取一定的违约金，否则，申请土地执法部门处理。

第五十二条 村民建盖住房时，无论占用何种类型的土地，建房位置必须执行以下规定：距离乡村主道路5米，距离一般乡村道路4米，距三面光沟渠1米，距10千伏电力线路10米，距220伏电力线路3米；对河堤、道路有影响的，与邻居有纠纷的，公共场所等禁止建盖。违者将收回其建设用地使用证，不批给建房用地，造成不良后果的，由当事人负责。

第五十三条 土地调整按国家政策执行，如遇国家建设征用地面积过大，需调整土地的，经村民会议讨论决定后，报上级有权机关批准后方可实施。

八、道路及水利设施的管理

第五十四条 私人建房要占用水泥道路堆放沙料、公分石的，须经村组同意。房屋盖好后，必须清除干净，如违反者，每堆放一平方米收违约金 20 元，并限期搬走。农户不得在水泥路面上烧火堆，一经发现，每平方米收取 50 元的违约金。

第五十五条 履带式机械禁止在水泥路面上通行，若违反本规定者，一个齿痕收违约金 2 元。

第五十六条 严禁堵截、丢杂草物、秸秆，破坏三面光沟渠，回填水池，违者视情节轻重，收取 20 ~ 500 元的违约金。

第五十七条 沟道的水闸，由村委会安排放水人员开启或关闭，任何人不得私自动闸，违者发现一次收 20 元的违约金，若造成损失毁坏水闸者，收 100 元以上的违约金，并限期修复，情节严重的，移交司法机关处理。

第五十八条 沟渠河内严禁炸鱼、毒鱼，如有违反者，出现一次收取 100 元的违约金，若有损坏照价赔偿。

第五十九条 每年春耕栽插，拖拉机经过三面光沟渠时，一定要做好保护措施，如损坏沟渠，由当事人负责修复。损坏桥涵的，视情节收取 100 ~ 1000 元的违约金。

第六十条 田地间沟道、路面要保证畅通无阻，不准填沟耕种，若有违反者，发现一次收 50 ~ 200 元的违约金，并责令其恢复原状。

九、村民管理及市场管理

第六十一条 凡是户籍在本村，并履行村民义务的，都是本村的村民；符合收养条件收养的，按《收养法》规定，手续齐全者，可在本村落户，并承认是本村的村民；严格执行《婚姻法》，实行落户自愿的原则。女方招婿的，其父母、兄弟、姐妹之间必须有明确的家庭财产划分协议，保证男女平等，村、组应给予办理落户手续。

第六十二条 本村村民已将户口迁出本村，后因离婚等原因要求到本村居住的，村组给以落户，必须服从村组管理，是否享受村组集体经济利益分配依法由村民会议讨论决定。退休人员不承担本村义务，不享受村集体经济利益分配权。

第六十三条 村民因征地农转非的，本人及其子女可以享受村、组集体经济利益分配权。

第六十四条 出生和死亡人口的计算，时间以每年的十二月三十一日夜间十二时为界，出生的计算为当年人口，死亡的消除户口。年终分红的人口也照此计算。

第六十五条 应征入伍当兵的计算为本村村民。被判刑的人从判刑之日起，暂时不计为本村村民，刑满释放后，承认为本村村民。

第六十六条 本村村民被大中专院校录取后，户口虽已迁出的，读书期间视同本村村民对待，若毕业后一年内有工作，户口不需迁回本村的，不视为本村村民；毕业后一年内因找不到工作的，户口可迁回本村，并承认其为本村村民，并享受村组村民待遇。

第六十七条 本村村民的女子外嫁或男子到外地招亲，已办理户口迁出手续的，次年起不再享受集体利益分配权。（一年内不来办理户口迁移的，不得带其配偶到本村落户，其本人及合法生育的子女户口可落在本村，其合法生育的子女是否享受村组集体收益分配，依法经村民会议讨论决定。）

第六十八条 结婚户口的迁入，必须以派出所的迁入证明为准，方能承认其户口。

第六十九条 离婚的村民，当事人未办理户口迁移的，不得注销其户口，不得取消其村民待遇。再婚配偶的子女要求到我村落户的，按离婚协议和法院判决的抚养、赡养关系确定，对符合条件的给予落户，并享受本村村民待遇。

第七十条 间隔不到及未领到生育证生育二孩的，在按照计划生育法律法规进行处理，并交清违约金后，方可享受本村集体经济收益分配。

第七十一条 根据中华人民共和国《税法》《工商行政管理法》和《畜禽检疫法》的规定，县政府、职能部门授权皮张市场是民办民管的合法市场，所有权、管理权属村委会所有。

（一）凡是本村、外来参市人员必须爱护市场公共设施，划行规市，不准乱占乱建临时性和永久性设施。如有损坏照价赔偿，乱占、乱建强行搬走拆除，一切费用由当事人承担。

（二）自觉服从市管人员管理安排，严禁在货棚上悬挂物品，在货棚内腌皮，街道上乱堆乱放，随意摆放各种车辆，影响市容交通。

（三）村民要依法经营、文明经商，严禁各种黑车交易，买卖其他赃物、危禁物品、国家保护的野生动物及其制品经发现，物品没收，交司法机关依法处理。

（四）严禁强买强卖、强占摊点，欺行霸市，做到公平交易，切实保护外商，外来人员的合法权益，加强民族团结。

（五）凡在市场经营交易的单位或个人，必须依法交清税款、工商管理等规费。

（六）凡租用市场房屋、设施的用户，按合同规定，年头交清租金方可使用，如在十天内不交清，村委会强行搬出。

（七）自觉维护市场秩序，共同做好防偷、防盗、防疫工作，交费时做到钱票相符。

十、执行规定

第七十二条 本村规民约由村民委员会组织实施，并由村民会议授权村调解委员会负责调处因违反村规民约而发生的纠纷。

第七十三条 村人民调解委员会调解因违反村规民约出现的纠纷，按照平等自愿、依法调解和尊重当事人诉讼权利的原则进行。村民对村调解委员会主持下达成的调解协议应当自觉履行。

第七十四条 村民因违反村规民约而交纳的违约金由村委会收取，全部用于村内公益事业。

第七十五条 自觉遵守村规民约是每个村民应尽的义务，每届村委会应组织一次村规民约执行情况评比活动，对执行好的家庭、村民给予精神或物质奖励。

第七十六条 本村规民约经村民会议讨论通过，于2005年8月1日开始实施执行，未尽事项由村民会议讨论决定。

第七十七条 本村规民约由村委会负责解释。

嵩明县嵩阳镇大营村民委员会

2005年7月8日

附录2：访谈提纲

访谈提纲

您好，我是云南大学公共管理学院乡规民约课题组成员刘宁。为了解乡规民约对乡村治理和农村生活的影响特进行此次调查。现在想向您了解一些相关情况，作为我们研究的参考。如果您申明不能公开的观点，我们也将会严格保密。感谢您的支持与配合！

（一）访谈目的

1. 了解嵩明大营村的村规民约相关内容。

2. 了解该村村规民约对乡村治理和农村生活产生哪些作用、影响。

（二）访谈对象

1. 大营村村干部

2. 大营村村民

（三）访谈方式

面对面访谈

（四）访谈时间

2016. 10. 2—10. 4

（五）访谈地点

大营村村委会办公室

大营村村民家里

（六）访谈提纲

1. 访谈大营村村干部的提纲

（1）请您介绍下大营村的基本情况，包括面积、人口、民族构成、下辖的村民小组、经济发展状况等。

（2）大营村的村规民约是如何制定的？村民有没有参与其中？参与的程度如何？

（3）为了宣传村规民约，村委会做出了哪些努力？

（4）大营村村民对村规民约持什么态度？

（5）您认为村规民约制定与实施后，对村民的生产生活产生了哪些影响？

（6）村规民约在实施过程中，遇到了哪些困难？这些困难，又是如何解决的？

（7）您认为目前的村规民约的制定、实施过程中，存在哪些局限与不足需要进一步修改与完善？

2. 访谈大营村村民的提纲

（1）你们村有村规民约吗？

（2）您是通过什么渠道了解自己村的村规民约的？

（3）你们村的村规民约是如何制定的？您有参与村规民约的制定吗？

（4）您觉得村民有必要参与村规民约的制定吗？理由是什么？

（5）您是否满意现有的村规民约？

（6）您觉得现有的村规民约的实施情况如何？对您的生活有什么影响？

（7）你们村的村规民约是否和清真寺教规之间存在冲突？

（8）您认为村规民约等同于法律吗？具不具有法律效力？

（9）你们村的村规民约对你们村有哪些方面的好作用？

（10）您认为你们村的村规民约哪些内容需要改进？

八、云南省红河州金平县金水河镇乌丫坪村村规民约调查研究

在中国的历史发展中，乡规民约一直是乡村社会秩序构建和维持不可或缺的要素之一。在《周礼》中就有乡里敬老、睦邻的约定性习俗。北宋时期的

《吕氏乡约》倡导并践行：德业相劝、过失相规、礼俗相交、患难相恤。而新时期的村规民约是依照中国法律法规，适应村民自治要求，由一村的村民在生产、生活中，根据法律和习俗，共同约定的自我约束的一种规范。作为村民自治的制度化、规范化形式，村规民约是大家共同利益的集中体现，也是村民之间的契约。它作为一种介于法律与道德之间的“准法”，具有教育、引导和约束、惩戒的作用，在村民自治和乡村治理中发挥着特殊的作用。

本部分以云南省红河州金平县金水河镇乌丫坪村村规民约作为调查研究对象，以政治学、社会学、民族学的基础理论为指导，综合采用历史分析方法、文献分析方法和田野调查研究的方法，通过对乌丫坪村村规民约相关文献资料进行梳理，同时结合实地调研结果，试图对乌丫坪村村规民约的性质特点以及它在村民自治中的作用加以总结和分析。笔者曾于 2018 年 5 月前往云南省红河州金平县干塘村、勐拉镇那兰村、金水河村、老刘村、龙骨村、乌丫坪村等多个民族村落开展实地调研，并收集了诸多村落的村规民约。本部分选取乌丫坪村的村规民约作为研究对象，试图分析乌丫坪村村规民约的性质、特征以及在村民自治中发挥的作用，并探讨如何更好地发挥村规民约在该村乡村治理中的作用。

（一）田野调查点基本情况

金平县地处云南省红河州南部，土地面积 3677 平方公里，辖 13 个乡镇、93 个村委会 4 个社区、1150 个村民小组及 1 个农场，总人口 37.56 万人，是一个集“边疆、山区、多民族、原战区、贫困”五位一体的深度贫困县。金平是红河州对外开放的重要窗口之一，与越南 2 省 5 县接壤，居全国与越南接壤的边境县第一位，占红河州边境线的 59.2%。拥有金水河国家级一类口岸和热水塘、地西北两个边民互市点。金平是一个多民族构成的少数民族自治县，世居苗、瑶、傣、哈尼、彝、汉、壮、拉祜、布朗等 9 种民族，其中拉祜族（苦聪人）、布朗族（莽人）属于从原始社会直接过渡到现代社会的“直过民族”，少数民族人口占 87.6%。从 20 世纪 50 年代援越抗法支持奠边府战役、20 世纪 60 年代援越抗美到 20 世纪 70 年代末 80 年代初的自卫反击战，金平 40 余年里长期支前，直到20世纪90年代初才进入正常的恢复重建。①

金水河镇位于红河哈尼族彝族自治州金平苗族瑶族傣族自治县南部，地处国家级口岸——金水河口岸，东邻十里村乡，南连越南社会主义共和国，西接勐拉乡，北与金河镇相连。全镇共辖南科村、普角村、老刘村、乌丫坪村、金水河村、龙骨村等6个村委会68个自然村71个村民小组。世居民族为苗族、瑶族、傣族、哈尼族、彝族、拉祜族、汉族及尚未确定族属的莽人，少数民族人口占总人口的99.1%，主要民族为哈尼族、苗族。在长期的生产劳动中创造了丰富多彩的民族文化，主要有伉缅节、泼水节、扁米节、花山节、火把节等独具地域特色的民族节日。②

乌丫坪村是云南省红河州金平县金水河镇的一个行政村，地处金水河镇西边，距金水河镇政府所在地35公里，距金平县城72公里。东、南与越南莱州省清河县接壤，西与南科村相连，北与老刘村相接。辖乌丫坪村、坡脚、老寨、下独眼、上独眼、下田房、上田房和雷公打牛等8个村民小组，是哈尼族和苗族聚居地。农民收入主要以木薯、橡胶为主。村内干群关系融洽，社会治安稳定，人民安居乐业。③

（二）乌丫坪村村规民约的主要内容

村规民约的主要内容是由村民自治的范围所决定的。由于村民自治涉及农村基层生活的各个方面，所以村规民约涉及村民自治的所有领域，包括农村村民自治、农村社会治安、保护森林、农田水利、农村环境保护、农村公益事业、农民权益保护、农村纠纷解决以及违反禁令的处置等。该村规民约可以较为全面的调整乡村社会关系，维护村民的生产及生活，保护自然环境，加强社会治安管理，维护村民的合法权益、保障社会主义精神文明和物质文明建设顺利进行，推动和促进农村各项事业的健康发展。从现在收集的资料来看，乌丫坪村村规民约分为总则、保护森林、农田水利、维护社会治安、公共建设、公益活动、附则7个部分，共六十一条，主要包括以下几方面的内容：

---

① 参见红河州金平苗族瑶族傣族自治县人民政府门户网站：http：//www.jp.hh.gov.cn/.

② 参见云南数字乡村 新农村建设信息网：http：//www.ynszxc.gov.cn/S1/S664/S799/S801/.

③ 参见云南数字乡村 新农村建设信息网：http：//www.ynszxc.gov.cn/S1/S664/S799/S801/.

一是维护生活秩序和治安秩序。农村治安与农民权利的保障、农村社会秩序的稳定、农村社会经济的进步与发展息息相关，农村生活秩序和社会治安秩序若仅仅依靠公安机关的维持是远远不够的，所以村民委员会为了维护生活秩序和社会治安秩序，通过制定村规民约（乡规民约）的方式来约束村民的行为，并对其加以引导教育。如不准盗窃家禽、禽蛋、牲畜、粮食、香蕉、西贡蕉、香草、农作物用品等，不准打架斗殴，不准寻衅滋事，不准赌博，不准干扰村干部和国家工作人员依法执行公务；同时加强家禽、家畜管理，不准在市场上买卖病牲畜，家禽和肉食进村寨，不准在田边、地角对农作物投毒，不准私自安装用电、用水设施，不准偷水偷电，不准毁坏他人财物，不准放火烧山，不吸毒、贩毒、卖淫、嫖娼，要保持文明和谐社会的清洁环境等。特别是不准偷盗方面，乌丫坪村村规民约有关条文禁令最多。

二是保护森林、农田水利，为农村社会可持续发展创造条件。保护森林资源、农田水利等自然资源对人类的生存和发展具有重要意义，也是乡村存在的物质基础，对农业产业结构起着基础性的作用。关于保护森林，乌丫坪村村规民约第四条规定："保护森林是每个村民义不容辞的责任，未经村小组或村委会批准，任何单位和个人都不得乱砍滥伐森林。"第六条规定："非法占用集体或者个人承包的荒山、林地、自留山、责任山、竹林和认老根子的，除无条件退还外，处以100元以上200以下的罚款。"除此之外，第四条和第七条也做了相关规定。关于保护农田水利，乌丫坪村村规民约第八条规定："两村或两户（或多户）共用一条水沟，必须严格按照集体搭配的面积统一分配用水，凡未经主人同意拉用他人之水，或故意破坏水沟，造成他人产量损失的，赔偿产量的损失，每次罚款50元以上100元以下，所罚的款按比例分配，损失者60%，村小组40%。"自然资源的可持续利用关系到乡村社会的和谐发展，要充分发挥村规民约在农村自然资源保护中的积极作用，为农村社会可持续发展创造条件。

三是弘扬家庭美德，维护公序良俗。乌丫坪村村规民约提倡学科学、用科学，破除迷信，反对邪教；提倡尊老爱幼，赡养老人和抚养子女的风尚，开展"五好家庭"活动。关于婚姻家庭及计划生育方面，乌丫坪村村规民约第三十一条规定："乱搞男女关系，双方各罚款500元，利用各种手段影响他人家庭团结的罚款200元。""对未婚先孕或未婚生育者，除按文件规定执行外，男女双方各罚款200元。”第四十四条规定：“各村小组出现超怀现象，经村委会计生工作人员做思想工作不去做引产，由上级部门来执行的，处以当事人500～1000元罚款，如是低保户超怀的取消夫妻双方当年的低保享受名额。”关于子女教育及“控辍保学”问题，乌丫坪村村规民约第二十五条规定：“有适龄儿童的家庭监护人必须送其入学，监护人有条件而不送适龄子女到校学习的，经班主任、校长家访无效后，村委会对监护人给予批评教育。仍不复学的，根据《金平县中小学学生控辍保学管理规定（暂行）》第十六条之规定，视情节轻重对监护人处以1000～5000元的罚款，并扣留监护人家庭的当年低保金和‘沿边定补’金。”第四十五条规定：“按照《教育法》关于控辍保学的有关规定，以及为了整顿本村民风民俗，凡未满16岁，或者未完成9年义务教育就辍学回家结婚的，生完孩子后落户时，每一个小孩的落户罚款5000元。”通过把家庭美德、计划生育、义务教育等方面的行为规范和要求写进村规民约，以整顿民风民俗，提高村民综合素质，培养村民良好的道德品质和文明风尚。

四是维护村内生产经营秩序，保护村落利益。为更好地维护乌丫坪村生产经营秩序，保护村落以及村民的利益，乌丫坪村村规民约对外村委会的村民在本村委会辖区内扩种或重新开发种植草果的情况作了相关规定。例如，第十九条规定：“外村委会的村民不得在本村委会辖区内扩种或重新开发种植草果。外村人在本村辖区内种有草果的，每年应向村委会缴纳土地及管理费。如不按本约规定交纳管理费，责令没收其草果地，统一由村委会集体经济管理委员会管理。”此外，村规民约第三十七条规定：“外来企事业人员到本辖区内进行地勘、探矿等工作，未持有效证件的不得在本辖区进行地勘、探矿。持有效证件的经村委会及村小组许可方可进行相关工作。”

五是加强公共建设和公共事务管理。农村的公共事务具有广泛性、具体性、复杂性，需要全体村民参与。因此，通过村规民约能够最大限度调动村民的积极性，满足村民的便利、安全等公共需求。关于公共建设方面，乌丫坪村村规民约第五十一条规定：“在公益林修国家需要的道路无任何补偿。”第五十二条规定：“在村里，集体及国家需要建活动用房河场地，占着农户菜地及其他用地，除有证的宅基地外，没有补偿。”第五十三条规定：“修村委会主干大路，公路上下田地有土地承包合同及林权证的外，没有补偿。”关于公益活动，乌丫坪村村规民约规定：每个村民都必须参加公益义务劳动，并积极完成集体或上级分配的任务；村干部和村民都必须积极参加上级通知的各种会议；等等。

六是保护村内公共环境卫生，提高村民生活质量。农村环境卫生关系到保护农村生产力、振兴农村经济、维护农村社会发展和稳定的大局，对提高全民族素质具有重大意义。乌丫坪村村规民约规定：家用废水、厕所污水、大小牲畜及家禽圈中的粪水不得随意排放；自家门前每天打扫一次，村内卫生每星期打扫一次；在公路沿线收购西贡蕉、香蕉及其他产品，每收一次清理一次；等等。通过制定和实施村规民约，能够加强村内卫生环境整治，促进文明村镇建设，引导和帮助农民建立良好的环境意识和卫生习惯，在乡村倡导科学、文明、健康的生活方式。

（三）乌丫坪村村规民约的特点

村规民约是由村民会议制定的、村民进行自我管理、自我教育的一种行为规范，属于民间法范畴，它密切联系农村的社会生活，主要反映民间日常生活的要求。作为群众性自我约束、自我管理的一种行为规范准则，通过梳理，乌丫坪村村规民约有如下几个特点：

一是具有区域性和实用性。村规民约是在一定地域范围内有效的区域性规范，其内容与本地区的事务有关，符合本地区村民的实际需求，体现本地区的地方特点。换句话说，它是一村的村民的行为规范，不是这个村的人，或者超出这个村的管辖范围，村规民约就失去了约束力。例如，乌丫坪村村规民约第二条规定："村规民约是群众性自我约束、自我管理的行为规范准则，适用范围限于本村辖区内。"另外，乌丫坪村村规民约是结合本村实际情况，建立在具体直观表象和村民日常生活中的亲身感受、社会实践的经验基础之上的，整个规范体系都与具体的事物以及村民日常生活息息相关，且所规定的内容都强调实用性，很少有说理性文字，内容通俗易懂。显然，该村村规民约主要是针对乌丫坪村的生产生活而制定的，主要目的是维护地方稳定和经济发展。

二是内容全面广泛，体例结构较规范。乌丫坪村村规民约由村委会制定，其内容从禁偷盗，保护私有财产到禁赌博，打击歪风邪气，弘扬家庭美德，维护公序良俗，还有保护森林、农田水利、公共财产、公共环境卫生等方方面面，除内容更加详细之外，对违反者的处罚措施也很清晰，具有很强的可操作性。同时，村规民约体例与结构也较为规范，采用书面形式，基本上按顺序排列，而且按照调整社会关系的性质，将规范划分为总则、保护森林、农田水利、维护社会治安、公共建设、公益活动、附则等方面，都采用比较规范的章节式结构。

三是对违反禁令的处置和所得罚款有明确的规定。乌丫坪村村规民约对违反禁令的处罚方式主要以经济处罚为主。在整个村规民约中，尤其以罚款条文最多，每条规定后都有相应的处置方式，具体又细致，如罚款多少钱都有明确规定，且对所得罚款也有明确的管理规定，例如，第十条规定："对盗窃家禽、禽蛋、牲畜、粮食、农作物用品等。除退还物品外，按所盗物的当时市场价格处予加一倍罚款（物品退还被盗主人），所罚的款按比例分配，主人20%、揭发人40%、集体40%。"当然，从某种程度上来讲，乌丫坪村村规民约重"罚"轻"教"现象比较严重，村规民约的内容应当是以通俗易懂、简洁明了的告诫教育条文为主，这种通过对不遵守规约的行为进行教育引导和处罚惩戒并存的方式，告诫违约者和其他人要遵守规约，从而实现"弘扬正能量，规避负能量"，达到维持乡村社会良好公共秩序的目的。

四是村规民约与国家法紧密相连，是调整村民行为的具体规范。由于法律规范主要是调整一般性的社会生活，它不可能触及农村生活的细枝末节，村寨日常生活是异常琐碎的，对诸如农事一类的民间琐事，国家法一般是不予调解的，而通过制定村规民约就能弥补法律调整的不足，使得农村的各项工作及村务管理"有法可依"。从村规民约内容上来看，它不仅包括法律义务，同时还涉及思想教育、社会公德教育、精神文明建设等诸多方面，且国家法律观念和制度政策不断融入村规民约，如有关禁毒和计划生育、义务教育等问题以及"低保金"和"沿边定补金"都出现在村规民约中。关于与国家法的关系，乌丫坪村村规民约第二条规定："扰乱社会秩序，妨害公共安全、侵犯公民人身权利和公私财物，构成犯罪的，司法机关依法追究刑事责任，触犯治安管理处罚条例的由公安机关处理，情节轻微的按本约处理。"第三条规定："本约以事实为依据，根据有关法律、法规和政策，坚持教育与处罚相结合的原则，由村民自觉遵守、互相监督和共同管理。"

（四）乌丫坪村村规民约在乡村治理中的作用

乡规民约是村庄共同体成员基于维护乡村社会秩序的需要，通过相互同意的方式而制订的一种具有一定权威性的民间行为规范，它既有"法治"成分，又有"德治"成分，在我国传统文化中占有重要的历史地位，曾被作为伦理教化的工具。而现代村规民约以村民自治制度为合法性支撑，起着重要的“法”的调控功能，是我国基层民主和乡村自治的一种重要方式，它在促进新农村建设、构建和谐社会的实践中发挥着重要的作用。

首先，村规民约作为一种具有权威性的民间行为规范，能有效维持农村社会秩序。维护村落的日常生产生活秩序是制定村规民约的主要目的，村规民约用相对严谨的语言规定了村民应当为、可以为和不可为的行为界线，以此来规范村民的道德行为，使村民的行为不越轨、不逾矩。乌丫坪村村规民约从内容上涉及农村社会治安、保护森林、农田水利、农村环境保护、农村公益事业、农民权益保护、农村纠纷解决以及违反禁令的处置等，规约当地群众不准盗窃、吸毒和赌博，不酗酒闹事，不参加任何邪教组织，不准干扰村干部和国家工作人员依法执行公务，不准在市场上买卖病牲畜，以及病家禽和肉食进村寨，不准在田边、地角对农作物投毒，不准私自安装用电、用水设施，不准偷水偷电，不准毁坏他人财物，不准放火烧山，不吸毒、贩毒、卖淫、嫖娼等。这些条款对日常生产生活、社会公共行为、个人行为都有较强的规范约束作用，村民一旦违背村规民约条款，将由此受到村规民约的惩戒监督，该约束一方面可以规范村民的道德行为，另一方面也可化解矛盾纠纷，以达到维护村庄和谐稳定的目的。因此，村规民约作为一种契约性规范，是农村社会关系的稳定器、调节器，是社会有序化的重要工具。

其次，村规民约作为我国村民自治制度下的重要民主制度，能促进乡村自管能力的培养与维系。村规民约作为介于法律、习惯、道德、宗法之间的“准法规范”，是来自于共居一村的村民创造，是村民自我管理、自我教育、自我服务的行为规范，它既是村民自治的表现，也是国家法律法规在基层的具体体现，更是一项重要的民主制度。村民通过制定出带有现代民主和法理型社会的契约性特征的村规民约，进一步扩大基层民主，完善民主管理制度，并广泛动员和组织人民群众开展基层民主实践，以促进农村基层政治的发展和村治运作的民主化。

最后，村规民约作为我国民间法的重要形式，具有国家立法补充功能。在现代社会，国家法律对社会生活的覆盖面已经非常广泛，然而，村寨日常生活是异常琐碎的，国家法对于农村细枝末节的琐事一般不予调整，且难以对乡村社会形成有效约束，在此，民间法有着其存在的空间甚至起着举足轻重的作用。

村规民约作为民间法在我国农村地区的表现形式是结合当地实际制定的符合人们生产经营和日常生活需求的行为规范，长期以来，在教化乡民，协调化解民间纠纷，维护基层社会秩序，弥补国家法律不足方面发挥着重要作用，且降低了社会治理成本。同时，现代村规民约借鉴和吸收了许多国家法律和政策的规定，并与国家政策、法律在某种程度上达到一致。村规民约是宣传国家法律法规的重要手段，通过村规民约加强农村法制教育，传播法律知识，弘扬法治精神，也可增强村民的法律意识，从而形成法律面前人人平等、人人自觉守法用法的社会氛围。

附录：乌丫坪村村规民约

乌丫坪村村规民约

第一章　总　则

第一条　为维护本村民委员会村民的生产及生活、自然环境，加强社会治安管理，保护公民的合法权利、保障社会主义精神文明和物质文明建设顺利进行，推动和促进我村各项事业的健康发展，结合我村村情，特制定村规民约。（以下简称“本约”）。

第二条　村规民约是群众性自我约束、自我管理的行为规范准则，适用范围限于本村辖区内。扰乱社会秩序，妨害公共安全、侵犯公民人身权利和公私财物，构成犯罪的，司法机关依法追究刑事责任，触犯治安管理处罚条例的由公安机关处理，情节轻微的按本约处理。

第三条　本约以事实为依据，根据有关法律、法规和政策，坚持教育与处罚相结合的原则，由村民自觉遵守、互相监督和共同管理。

第二章　保护森林

第四条　保护森林是每个村民义不容辞的责任，未经村小组或村委会批准，任何单位和个人都不得乱砍滥伐森林，违者砍一立方米木头罚款500元（除国有外），偷杉树苗每株罚2～5元，偷杉木大树每棵罚20～50元。

第五条　水渠头500米内的林木一律不得砍用，违者砍一寸树罚款5元（以树脚周长计算），罚金60%交水渠主人，40%交集体。

第六条　非法占用集体或者个人承包的荒山、林地、自留山、责任山、竹林和认老根子的，除无条件退还外，处以100元以上200以下的罚款。

第七条　国有林、集体林和个人自留山内不得开荒耕种田地，经责令退耕还林外，砍一亩地罚款500元，并责令栽种树木，保证成活。

第三章　农田水利

第八条　两村或两户（或多户）共用一条水沟，必须严格按照集体搭配的面积统一分配用水，凡未经主人同意拉用他人之水，或故意破坏水沟，造成他人产量损失的，赔偿产量的损失，每次罚款50元以上100元以下，所罚的款按比例分配，损失者60%、村小组40%。

第四章　维护社会治安

第九条　维护社会治安人人有责，每个村民都要同扰乱社会治安行为做坚决斗争，以创造一个安定、团结的社会治安环境。

第十条　加强畜禽管理，严格按照《动物防疫法》的相关规定对畜禽进行各种疫苗注射，如果不注射疫苗，发生重大动物疫情的，将按照相关的法律法规处理，情节严重的，移交司法机关处理。禁止食用病死及不明原因死亡的畜禽，并将死亡的畜禽作无害化处理。对盗窃家禽、禽蛋、牲畜、粮食、农作物用品等。除退还物品外，按所盗物的当时市场价格处予加一倍罚款（物品退还被盗主人），所罚的款按比例分配，主人 20%、揭发人 40%、集体 40%。

第十一条　村民之间由小事发生打架，给对方造成重伤或轻伤的责任者负责他人的医疗及误工费，视情节轻重罚款 50～200 元，罚款村小组提留 60%，40% 交村委会。

第十二条　以酒代醉闹事，不听劝告的，打伤他人的，医疗及误工费由闹事者负责，并处 160～200 元的罚款。罚款金交村小组 60%、40% 交村委会。

第十三条　干扰村干部和国家工作人员依法执行公务的处以 180～200 元罚款。罚款交村委会 70%、村小组 30%，村小组没有配合调解的 100% 提村委会。

第十四条　发生纠纷不经过协商、调解、破坏纠纷现状的，除赔偿损失外，处以 100～200 元的罚款，交集体所有。

第十五条　提供赌博场所及其他各种赌博工具进行赌博的，没收全部赌具和收缴全部现金。责令罚款 100～200 元，态度恶劣的加倍罚款。

第十六条　不按每年农历九月十五日以后采收草果的，处 200～400 元的罚款，罚金 30% 交村小组，30% 奖给举报者，40% 交村委会。

违反本约破坏他人草果秧及老棚分秧被盗，每棵秧赔偿 5 元，老棚秧 10 元，并处 100～200 元罚款，赔偿金归个人所有，处罚金 30% 给主人，30% 给举报人，20% 给村小组，20% 给村委会。

第十七条　从 2016 年起，要从各个村小组的公益林补偿金中提取 5% 作为防火经费。

第十八条　伤害橡胶树及偷胶苗的按原价赔偿外，处罚 200～400 元的款，赔偿金归个人所有，处罚金 40% 给主人，30% 给举报人，30% 给调解单位。

第十九条　外村委会的村民不得在本村委会辖区内扩种或重新开发种植草果。外村人在本村辖区内种有草果的，每年应向村委会缴纳土地及管理费。具体数额视面积的多少以每亩 5 元费用由村委会统一收取。如不按本约规定交纳管理费，责令没收其草果地，统一由村委会集体经济管理委员会管理。

第二十条　草果地要买卖的须到村委会集体经济管理委员会办理相关手续，若不按本约规定办理相关手续，双方私自买卖的，本村小组和村委会有权没收归集体，并处罚双方各 300 元。

第二十一条 偷盗他人香蕉、西贡蕉的，掉果的每棵罚款100元，蕉苗每棵罚10元。恶意损害的加倍处罚。

第二十二条 损害和偷盗他人香草的，赔偿个人全部经济损失，并处罚款300～500元，罚金20%交个人，20%交举报人，30%交村小组，30%交村委会。

第二十三条 提倡学科学、用科学，破除迷信。积极开展科学种田，科学养殖，违反本约非法参与各种邪教，并影响正常生产、生活的，罚款100～200元交集体所有。

第二十四条 提倡尊老爱幼，赡养老人和抚养子女的风尚，开展"五好家庭"活动。如出现虐待、不赡养老人和抚育子女的，处罚100～200元的罚款，责令其尽赡养老人和抚养子女的义务，罚款归集体所有，并扣留低保金和"沿边定补"金。

第二十五条 有适龄儿童的家庭监护人必须送其入学，监护人有条件而不送适龄子女到校学习的，经班主任、校长家访无效后，村委会对监护人给予批评教育。仍不复学的，根据《金平县中小学学生控辍保学管理规定（暂行）》第十六条之规定，视情节轻重对监护人处以1000～5000元的罚款，并扣留监护人家庭的当年低保金和"沿边定补"金。

第二十六条 提倡家家户户养猫，严禁在村内毒鼠，若发现在街上买卖毒鼠药和管理不当，造成损失的，除如数赔偿之外，并处罚200元以下的罚款。

第二十七条 因当事人对家禽、家畜管理不善相互斗架致死伤的损失，当事人双方各承担一半。一方管理，一方不管理致死伤的，全部由不管理方赔偿损失。

第二十八条 不准在市场上买卖病牲畜，以及病家禽和肉食进村寨。违反本约造成他人损失的，除赔偿他人损失外，罚款100～200元。

第二十九条 由于管理不善，牛、马、猪、羊、鸡、鸭、鹅损害农作物的，由管理者照价赔偿给受损农户。告知对方后不管，还经常进入糟蹋农作物的由饲养方负全部责任。

第三十条 不准在田边、地角对农作物投毒，若有投毒致他人牲畜、家禽死亡的除照价赔偿，并罚款100～200元。罚款金交主人20%，揭发人30%，集体50%。

第三十一条 乱搞男女关系，双方各罚款500元，利用各种手段影响他人家庭团结的罚款200元。罚处金60%交村小组，40%交村委会。

对未婚先孕或未婚生育者，除按文件规定执行外，男女双方各罚款200元。处罚金由村小组提留60%，交村委会40%。

第三十二条 因各种民间民事纠纷当事人一方组织他人强拿对方的牲畜或者其他财物的，除退赔原物或折价赔偿损失外，处以原物总价3倍以上的罚款。

违反前面规定触犯刑律的，除赔偿损失外，由司法机关依法追究刑事责任。

第三十三条 每个公民都有举报揭发违法犯罪行为的义务，知情不报，经查证属实者，处以200元以下罚款，交集体所有。（除特殊情况外）

第三十四条 按政府有关文件规定，所有养狗户的狗必须打狂犬疫苗，不打疫苗的犬只一律打死，打疫苗后要拴养不得放养，假如狗只误咬人畜，一切后果由狗主人负责。不按规定执行且态度恶劣者处罚款100元，情节严重者报政府有关单位处理，猪鸡鸭要圈养，若发现一次罚50~100元。

第三十五条 不得破坏“村村通”工程的电视接收器，若发现破坏他人机器的就由有关单位按国家相关法律法规处理。

第三十六条 谁放火谁负责，因责任大小追究责任外，当事人要负责承担救火人员的误工费每人每个工70元；另外本自然村内发生火灾不去扑火的家庭处以50~100元罚款。

第三十七条 外来企事业人员到本辖区内进行地勘、探矿等工作，未持有效证件的不得在本辖区进行地勘、探矿。持有效证件的经村委会及村小组许可方可进行相关工作。

第三十八条 迁、葬坟的相关工作要在自然村干部统一指定地点进行，不得跨区域迁、葬坟，未经村干部及村民的许可严禁其他人员到本辖区内进行迁、葬坟（违反此条规定的要把坟迁掉同时处以2000~3000元的罚款，如果不迁坟处以30000~50000元的罚款）。

第三十九条 严格用水、用电，未经村委会批准，不准私自安装用电、用水设施，要切实维护水、电设施，节约用水、用电，严禁偷水、偷电（违反此条规定的处以100~200元罚款）。

第四十条 任何组织和个人不得在本辖区内的河道里放化学药品毒鱼，如发现一次处以1000~2000元的罚款。

第四十一条 公共区域内不得随地大小便，造成环境污染的处以50元罚款，并要清理干净污染区域。

第四十二条 每个公民都要自觉遵守“讲究卫生、人人有责”的原则，严禁用木棒、树叶做卫生纸使用丢入坑内，如因为此现象使厕所堵塞，处以违反者10元罚款并要把堵塞的厕所疏通。

第四十三条 所有的农户不能擅自更改第二轮土地承包合同书、林权证、户口簿等，如有更改而造成大面积的负面影响，村委会有权没收所更改的证件上的土地，并处罚500~1000元的罚款。

第四十四条 各村小组出现超怀现象，经村委会计生工作人员做思想工作不去做引产，由上级部门来执行的，处以当事人500~1000元罚款，如是低保户超怀的取消夫妻双方当年的低保享受名额。

第四十五条 按照《教育法》关于控辍保学的有关规定，以及为了整顿本村民风民俗，凡未满16岁，或者未完成9年义务教育就辍学回家结婚的，生完孩子后落户时，每一个小孩的落户罚款5000元。

第四十六条 3岁以上未落户的收取500~1000元；18岁以上未落户的收取1000~3000元。

第四十七条 开展牲畜的预防疾病控制工作，本村干部要配合做好相关的工作，不积极配合工作而使传染病蔓延的，处以干部100~200元罚款，并在村委会通报批评。

第四十八条 家用废水、厕所污水、大小牲畜及家禽圈中的粪水不得随意排放，如随意排放造成污染的处以100~200元罚款，并且要清理干净污染区域。

第四十九条 要保持文明和谐社会的清洁环境，不吸毒、贩毒、卖淫、嫖娼（违反此条规定的处以300~500元罚款）。

第五十条 村民对依法承包的责任田、地连续3年未耕种造成荒芜的，村委会有权收回田地使用权，并作为机动田、地由所属村民小组另行安排使用权。

第五章 公共建设

第五十一条 在公益林修国家需要的道路无任何补偿。

第五十二条　在村里，集体及国家需要建活动用房河场地，占着农户菜地及其他用地，除有证的宅基地外，没有补偿。

第五十三条　修村委会主干大路，公路上下田地有土地承包合同及林权证的外，没有补偿。补偿情况：杉树1至3年的一棵5元，3至5年的一棵10元，5至10年的一棵15元，10年以上的一棵20元；香蕉1至3个月的一棵10元，3个月以上的一棵20元；西贡蕉1至3个月的一棚10元，3个月以上的一棚20元。橡胶1至3年的一棵10元，3至6年的一棵20元，6年以上的一棵50元。其他经济作物由村干部评估后补偿。

第五十四条　架高压电线路电杆占地，修村上生产路，不论有证无证由干部讨论需要补偿的也按第五十三条补偿。

第六章　公益活动

第五十五条　每个村民都必须参加公益义务劳动，并积极完成集体或上级分配的任务，否则缺一个工日罚款70元（交集体所有）。

第五十六条　村干部和村民都必须积极参加上级通知的各种会议，除特殊情况外，缺席一次罚款20元。处罚金交集体所有。

第五十七条　整治环境卫生

（1）自家门前每天打扫一次，若未打扫罚5元，处罚金交集体所有。

（2）村内卫生每星期打扫一次，若未打扫罚50~100元。处罚金交集体所有。

（3）在公路沿线收购西贡蕉、香蕉及其他产品，每收购一次清理一次，若未清理每次罚款100~200元。处罚金交集体所有。

（4）故意破坏绿化带的，要补种，保证成活，一次处罚50~200元。处罚金交集体所有。

第七章　附　则

第五十八条　其他未尽事宜按有关规定执行。

第五十九条 此村规民约由村委会负责解释。

第六十条 本村规民约在执行中如果与国家法律法规有相互抵触的，按国家法律法规执行。

第六十一条 此村规民约于 2016 年 7 月 1 日起执行，同时废止 2009 年 7 月 1 日起启用的村规民约。

第五章　乡村治理视角下少数民族地区乡规民约的时代发展与创新

党的十九大提出实施乡村振兴战略，强调要加强农村基层基础工作，健全自治、法治、德治相结合的乡村治理体系。这为我们重新审视乡规民约在乡村治理体系中的价值，重视乡规民约这种村庄内源性自治资源在村级民主自治中的作用创造了难得的机遇。重拾乡规民约的价值、激发乡规民约的活力、挖掘乡规民约的潜力、发展和创新乡规民约的时机到来。

一、乡规民约在边疆少数民族社会发挥积极作用的条件

乡规民约作用于边疆乡村社会的方方面面，其发挥作用的条件首先是国家体制和社会环境的支持，其次是传统自治的惯性和良好的群众基础，还有“新乡贤”的推动，以及乡规民约自身不断适应乡村新环境变革调适的能力。

1. 国家层面和社会环境的支持

任何一项制度的出台必须有国家的支持，或者说这项举措与国家发展的方向是一致的。乡规民约作为基层群众自治的一种范式，其在乡村社会的运行必须具有社会大环境的支持。随着十九大乡村振兴战略的提出以及建设自治、法治和德治的乡村治理体系的部署，村规民约再次得到国家的重视和确认。虽然是一种乡村内源性的自治资源，但国家政策的支持才能确保乡规民约有良好的运行环境，这是其发挥作用的根本保障。

随着对传统社会沉淀的优秀制度精神的重新认识，对传统社会乡村治理路径和机制的辩证肯定，以及最近十多年来乡规民约的良性运行，村规民约获得了社会的支持、村民的认同，在多民族地区也获得了良好的生存环境。这是村规民约确立权威的基础，发挥积极作用的首要条件。

2. 传统自治的发展

中国的传统社会以农耕为主，自给自足的小农经济使传统乡村社会具有一定的封闭性，同时也使其内部力量变强大，让外部权力很难介入。历史上我国乡村社会始终处于国家权力的边缘，国家对乡一级的行政体制有过几次变革，皇权或上收或下沉，但多数时期是“皇权不下县”，而对村一级始终给予自主权的保留，中国传统乡村社会因此而具有了悠久的自治传统，贮备着深厚的自治资源。《吕氏乡约》是乡绅带领村民自发创造的，目的是企图实现教化民众

的作用。之后在元明清时期得到成熟，乡规民约在传统乡村社会中作为自治的形式渐趋成熟。新中国成立之后，由于计划经济的推行，国家加强对乡村社会的管控，乡村自治的传统被削弱。改革开放之后，乡村自治的传统得到恢复，乡规民约得到国家法律的支持。乡规民约在传统村级自治的惯性推动下，对村级生产生活、村风民俗、习惯禁忌、环境、资源、治安秩序等村庄公共生活和公共事务进行治理，体现出一定的路径依赖。乡规民约是传统村民社会自我孕育生成的，具有内嵌性，因长期的运行已经被村民世代认可、接受，深深地植根于乡村社会之中，作用持久，相比外部嵌入的制度以及硬性措施而言，乡规民约更容易被村民接纳，是一种现成的内源性自治资源，可以较好地为村民自治发挥协同促进作用。

3. 能人治村的推动

治理乡村社会离不开能人。中国传统的乡村社会有乡绅作为基层自治的精英，引导和推动着自治的运行，中华人民共和国成立以来乡绅的消失不能不说是一种遗憾。今天“新乡贤”悄然出场，其中大多数在乡村社会发挥的作用是积极的、正面的，乡规民约的制定和实施也得益于“新乡贤”的推动。一村之乡贤可以以其出众才干，有效整合乡村资源，协调各种利益，挖掘村庄潜力，引导乡村建设，振兴乡村各项建设。“新乡贤”的出现一定程度上改变着乡村社会结构和治理态势，扭转着部分乡村衰败、乡村人力资源不足、精英缺失的状况。

4. 乡规民约自身的调适与适应性较强

任何一种制度都要经受历史风霜和时代更迭，制度的适应性强弱是它生命力旺盛与否的体现。乡规民约是传统社会中制度弹性较强的一种非正式制度，随着乡村社会经历的时代变迁，它能不断调适而增强自身的适应性。笔者在云南和贵州调查时发现，几乎所有被调查的村落，其乡规民约都在近几年进行过2~3次修改。如金平县干塘村村规民约于2017年进行修订，南科村村规民约在2016年有过修改，金平农场十八队队规队约是2014年和2016年做过修订。修改补充的内容多是实施中发现规定不合适，或是出现了新问题需要增补某些条款。乡规民约制定的主体和对象相对确定，制定的成本较低，民主性较强，易于修改，文本通俗易懂，条款具体，细致适用，条款针对性强便于操作，内容与村民的实际生产生活结合度高，这些特点决定了它的适应性强。因而，乡规民约与乡村生活是亦步亦趋的。

二、乡规民约治理的执行效果、困境与发展

随着我国政治、经济的不断发展，以法治为代表的治理方式的推进，乡规民约陷入了困境。一方面，乡规民约赖以生存的社会土壤正在消失，导致其权威、合法性的丧失。另一方面，乡规民约治理方式结束后，应构建一种什么样的乡村治理模式。所以，当前乡村治理模式的选择既要符合我国正在变化的国情，也要以乡规民约为基础，使乡规民约符合我国法治建设的要求。

（一）乡规民约在乡村治理中的执行效果分析

乡村治理是在村民自治的前提下，由基层党委政府、村党支部、村委会、村民及相关村级社会组织等主体，共同参与乡村公共事务管理，实现制定的目标的过程。乡规民约作为一种非正式制度在乡村治理中发挥了重要作用。

第一，乡规民约源于乡村传统社会生活和文化传统，因此在处理民间纠纷，稳定乡村政权方面具有得天独厚的优势，其以乡村共同体存在为前提，以维护村民利益为宗旨，注重集体利益，普及性高，易于遵守，在乡土社会中的治理效果显著。此外，乡规民约具有国家法律补充作用，有利于强化农民法治观念，培养农民的行为习惯，有利于乡村治理的全面展开。然而，乡规民约正在被全球化、现代化浪潮席卷，乡村生活正在发生变化，乡规民约赖以生存的熟人社会正在消解。在陌生人的社会中，乡规民约失去了生存土壤，丧失了权威性，乡规民约中崇尚血缘、重视宗族的状况也被流动的市场所冲击。

第二，乡规民约被国家权力不断渗透，乡规民约作为一种社会治理方式是保留还是放弃也引起学界相关专家和基层社会干部群众的争论。在国家治理能力现代化的目标和乡村自身发展的张力下，乡规民约作为一种农耕文化的代表不可避免地被法治文化所冲击，其合法性和权威性都受到了挑战。

第三，随着国家现代化、城市化进程的加快，城镇化战略的施行，农民离乡打工、经商、求学等人口外移现象比以往任何一个时代都更为普遍和突出，乡规民约的熟人社会基础早已被现代社会的流动性、陌生性和离散性所取代。传统乡规民约依靠的重要权威是乡绅，随着传统乡绅阶层的消失，乡规民约制定和运行的既有社会基础和权威也已经转换。

第四，由于乡规民约的运行缺乏绩效评估和绩效管理加之配套监督机制缺失，导致乡规民约的运行效果不理想。乡规民约的运行是依靠道德、舆论等软性约束以及村民自觉服从遵守，并不存在严密的监督关系，没有严格的程序规定，缺乏实际运行的组织和程序，使得乡规民约的实施遇到组织性的缺陷。从根本上看，这是因为乡规民约的性质、地位、权限在法律上和认识上没有得到应有的地位所致①，很大程度上影响了乡规民约作用的发挥。从侧向上看，它的确早已失去了历史上那种辉煌的地位，作用也式微。因为乡规民约存在的历史环境已经改变，今天必须基于中国特色社会主义新时代，针对农村治理的客观需求，从当前的乡村社会结构出发，立足于农村的社会生态、权威基础、村民对乡规民约的认同机制、乡规民约的运行机制，重新为乡规民约作用的发挥培植新的环境和土壤。

（二）乡规民约在乡村治理中的困境

第一，乡规民约一些内容规避、抗拒国家法律。乡规民约制定的依据是国家法律和政府的规章制度，“只有熟悉国家法律，并予以遵守，才能制定好受国家法律保护的规约”②。从现实来看，大部分乡规民约在制定过程中参照相关法律法规，与国家法相适应，但也有一些地方，“特别是在偏僻的村寨，往往是遇到矛盾问题时，村干部临时邀请几个村中老人在火塘旁边谈边议，便订出规约来。由于村老们的视野狭窄，见识不多，他们所熟悉的是历史上的石碑和‘老班规律’，因此，所订的规约不论在内容和种类，还是在惩治犯规者的手段方式上，都与石碑牌律有许多相同”，“由于缺乏审定手续，村规民约存在着不同程度违反国家政策法令的条文”③。在乡规民约运行方面，针对同一领域出现的问题，乡规民约和国家法律的规定各不相同。受“无讼”“和谐”的传统思想影响，每当纠纷出现，各方派代表进行谈判，甚至一些本该由国家法律追究刑事责任的行为，却按照乡规民约的规定化为私人处理，这在一定程度上对被害人造成了伤害。此外，国家法律必须经过农村自治组织才能实现，在此过程中，当国家法律的判定与乡规民约所维护的集体利益相冲突时，乡规民约会对

① 孙韡．黔东南苗族村寨村规民约研究[M]．成都：西南交通大学出版社，2014：198.
② 莫金山．金秀瑶族村规民约[M]．北京：民族出版社，2012：49.
③ 莫金山．金秀瑶族村规民约[M]．北京：民族出版社，2012：49.

国家法律做出抗拒，以使自身利益最大化。① 由于能人之治，乡村治理缺乏民主，加之乡规民约的规则不完善，使其变为维护小部分人利益的统治工具，甚至导致“村霸”等乡村不良风气。

第二，乡规民约赖以生存的社会环境发生变化。乡规民约之所以能成为乡村社会规范，是因为乡规民约受到当地风俗、当地习惯乃至传统权威等非体制性因素的影响，具有特定文化的“乡规民约体现着一个源远流长的关乎传统乡村如何治理的文化，这个治理文化是一种乡贤所引领的、以教化促进乡民实现自治、以自治建设良性治理生态的文化”②，这套形成于当地的治理文化解释着当地的社会环境和生产生活方式息息相关。然而，在社会快速发展的今天，乡规民约也深受全球化、现代化浪潮的冲击，农民通过进城务工、外出上学融入城市，改变了乡村人们的生活方式，同时也使得乡村从熟人社会进入一个陌生人社会。在陌生人社会中，乡规民约失去了发挥作用的社会土壤和应有的地位，人们普遍遵守的是市场经济规则和法治精神。乡规民约中崇尚血缘、宗族的状况被流动的市场冲击，失去了得以贯彻的权威和舆论压力。

第三，国家权力监管失控。乡规民约作为乡村社会的传统性行为规范和民间制度安排，它的产生和发展都是由民间约定和民众制定的产物，必要时政府力量的介入也是在尊重乡村民众意愿和乡村发展需要的基础上帮助当地民众制定和完善乡规民约的。但在乡规民约运行过程中却离不开政府力量一定的引导和意识形态的调控，“任何一种制度，任何一种规范制度的有效实施，都必须依托于一定的权力机构。为了有效实施规范条文，规范制度的制定权也往往由权力机构来操作”③。当然，政府在乡规民约运行过程中既不能代替村民制定乡规民约，又不能以行政命令干涉村民自治，但政府在乡村治理中的角色是指导性的，对乡规民约的执行情况进行监督。但政府在推动乡规民约发展过程中也存在着失控的情况。在乡规民约需要政府引导完善，比如在现代化、全球化浪潮席卷的背景下，有些条款不适应变化了的乡村社会生态，有些条款在约束力方面失去效力，有些条款与新颁布或新修订的法律、法规、新政策相抵触，有

---

① 唐雁群，肖宪．论乡规民约在当代乡村治理中的作用[J]．企业家天地，2008（9）：217－219.

② 王广．好规矩 共遵守：乡规民约代代传[M]．北京：中华出版社，2017：前言7.

③ 莫金山．金秀瑶族村规民约[M]．北京：民族出版社，2012：47.

些乡村发展中出现的新问题、新情况却无明确规定，出现无“约”可依的情况①，都需要政府力量介入督促和引导当地民众和组织及时完善，避免乡规民约不合时宜的存在影响其应有作用的发挥。

第四，忽略施行的效果。在乡村治理中，乡规民约作用的发挥与政府治理观念相关联，然而，一些地方基层政府在管理乡村行政时的管控思维仍未消除，地方基层政府的行政模式仍停留在收权、放权之间挣扎。为了提高行政效率，政府将权力下放，但同时会导致腐败产生，基层政府又将权力上收，传统的治理模式就在一放就乱、一统就死的恶性循环中交替重演。② 单一依靠政府主导的治理模式一定程度上影响了乡规民约民主运行的政治空间。从乡规民约自身的角度来看，乡规民约对于民事纠纷的解决规定过于细致，缺少实际运行的组织程序和反馈监督。又由于村民缺乏公民意识，对乡规民约的参与是以是否利己作为评判标准，有利于自己的事项就积极参与，有损于自身利益时就会避而远之，因而会影响乡规民约的执行效果。

（三）乡规民约的完善和治理绩效的提升

乡规民约作为乡村社会历史演进的产物，与乡村社会当地的传统、风俗、习惯等紧密相关，规约的范围涉及社会生活的各个领域，是乡村治理的文化资源和价值导向。在现代乡村治理中，借助现代乡规民约来寻求乡村社会秩序构建过程中民间资源的支援和支撑，为实现乡村公共权力运行的法治化、透明化、程序化提供参考依据，其社会整合及治理作用的发挥，具有无可替代的优越性③。然而，正如前文分析，在全球化、现代化的影响下，乡村社会秩序面临着新旧社会问题的重重挑战，乡规民约运行的乡俗社会基础和经济条件都发生了新的变化，需要按照乡村治理的民主价值和社会绩效引导和调整乡规民约的导向和规范作用，促进乡村治理能力和绩效的提升，实现乡村美好社会生活的目标。

1. 乡规民约的发展与完善

第一，乡规民约必须与国家法律相协调。由上文可知，国家法律与乡规民

---

① 莫金山．金秀瑶族村规民约[M]．北京：民族出版社，2012：49.

② 齐飞．国家治理体系中的乡规民约[D]．北京：中共中央党校，2015.

③ 孙玉娟．我国乡村治理中乡规民约的再造与重建[J]．行政论坛，2018，25（02）：46.

约的冲突在短期内难以化解，两者作为相互独立的社会规范相互博弈、相互补充，所以应该在坚持国家法律精神的前提下，建立理性的互动机制。一方面，乡规民约可以渗透在国家法律之中，保障国家法律在农村的顺利运行；另一方面，国家法律可以对乡规民约进行渗透，使乡规民约能借助国家法律支持，保证其权威性。具体而言，乡规民约的制定和执行应受国家法律的指导和规范，需剔除违背法律的乡规民约，同时，国家法律还要给乡规民约一定的生存空间，积极协调乡规民约与国家法之间的界限，实现乡规民约的自主过度，以适应新的乡村社会土壤。

第二，转型的农村在市场经济发展过程中也必然从狭隘的乡土观念中摆脱出来，农民的生存环境由乡土经济转变为市场经济、法制经济，所以必须动员农村教育、律师行业等社会组织共同参与农村的转型。乡规民约的制定与实施需要培养农民的民主法治观念，通过教育培育农民的公民意识，提高农民文化水平，完善农村社会结构，移风易俗，营造具有农村特色的文化，为农村治理提供文化规范和智力支持。此外，还应鼓励律师下乡，满足农村对于法律的基本需求，解决基层司法力量薄弱的弊端，有效处理邻里纠纷，化解社会矛盾，促进农村的法治建设。

第三，应引导乡规民约向村民自治章程转型，将乡规民约的精华以规范性的章程确立下来，以赋予其新的权威性、合法性，获得新的社会认可和接受。“任何一种社会行为规范要被人遵守履行，有的除了需要一定外在力量之外，归根结底还要靠人们的认同，靠对这种社会行为规范的社会评价，这种评价建立在人们对这种规范的价值观的基础之上的”①，新的乡规民约要树立社会主义新风尚，建立在现代社会规范的价值观之上，以便积极推动乡村生活方式的转变，使其与国家法律政策相一致。同时，应适当运用国家强制力保证乡规民约的执行，建立完善的监督机制，包括选民监督、司法监督、法律监督等。

第四，用社会主义核心价值观引领乡规民约新风尚。2014 年 2 月 24 日，习近平总书记在中共中央政治局第十三次集体学习时指出：“要按照社会主义核心价值观的基本要求，健全各行各业规章制度，完善市民公约、乡规民约、

---

① 邹渊．贵州少数民族习惯法调查与研究[M]．北京：中央民族大学出版社，2014：21.

学生守则等行为准则，使社会主义核心价值观成为人们日常工作生活的基本遵循。”① 在现代法治中国进程中，由于国家法不能很好地触及乡村生活的细枝末节，乡规民约能够起到特定的弥合作用，但是此时的乡规民约必须适应现代社会转型期国民价值追求需要。因此，乡规民约的转型和完善需要与现代中国特色社会主义文化相适应，接受社会主义核心价值观的规范和引领，实现乡规民约与国家制度规范的有机结合，在国家法治架构下体现新时代乡规民约的时代价值和现代风尚。今天，我们提倡和弘扬社会主义核心价值观，必须从中汲取丰富营养，否则就不会有生命力和影响力。把社会主义核心价值观融进乡规民约的微观规范当中，确保国家层面上的富强、民主、文明、和谐的价值追求，社会层面的自由、平等、公正、法治的价值取向，个人层面的爱国、敬业、诚信、友善的价值准则在乡规民约的发展和完善中得到体现。同时，中华民族优秀传统文化是在历史长河中传承下来的，对中华儿女的思想观念和行为有着天然的潜移默化作用，绝大多数乡规民约中具有中华民族传统文化的基因，在社会秩序中有着独特的价值指引作用。乡规民约在吸纳和继承优秀传统文化的基础上，接受社会主义核心价值观的引领必能推动乡规民约实现现代化转型和现代化创新。

2. 乡规民约治理绩效的提升

第一，司法机关要能动司法。乡规民约在推动乡村治理中会侵犯少数村民的利益，因而在司法层面要对乡规民约进行审查。“无讼”的思想导致法律在农村的水土不服，现代法律是建立在市场经济的产物，与农村社会的实际需求相差较大，使得司法活动不能解决农村的社会纠纷，因此司法活动对于国家法律之外的乡规民约、民间规范必须给予足够的关注，乡规民约对乡村民众的约束和规范涉及衣食住行、社会关系的各个方面，是弥补国家法的有效手段和约束机制。可以说，目前农村社会的纠纷不完全是依赖司法途径解决，也不是权威人物利用乡规民约进行调节，而是在这两种模式下理性选择的产物。② 所以，基层司法必须充分发挥乡规民约的调节作用，完善乡规民约司法运用的程序和规则，完善乡规民约的司法适用范围，强化对乡规民约的司法审查，促进民间

① 中共中央宣传部宣传教育局编．凝心聚力的导航：社会主义核心价值观评论员文章汇编[M]．北京：学习出版社，2014：3－4.

② 苏力．制度是如何形成的[M]．北京：北京大学出版社，2007：114－115.

权威与司法权威相互包容。

第二，促进乡规民约融入乡村自治结构。乡规民约作为乡村治理的重要文本，是乡村民众自主解决纠纷的重要依据，反过来，乡村民众都依据乡规民约文本化解纠纷和矛盾，既是乡规民约治理价值的体现，也是乡村民主发展的体现，然而，“村规民约能否在农村民主管理中发挥积极作用，与村民自治的程度密切相关，村规民约越被重视，说明村民自治的程度越高。没有村民自治，村规民约可能流于形式，没有合法合理的村规民约，则难以实现村民自治的实效”①。在推进乡规民约发挥治理作用的过程中，要切实把乡规民约纳入乡村自治结构，无论是乡规民约民主制定还是乡规民约的有序运行都需纳入乡村自治的整个过程。同时，积极推进乡村治理现代化转型，提高村委会直接选举的水平，规范民主选举过程，加强宣传和教育，让广大村民了解相关法律法规并自觉遵守；完善村民代表会议的制度建设，规范村民代表产生程序，明确民主决策过程，充分发挥民主决策和民主监督在村级组织体系中的平衡性力量，共同维护村庄公共利益②。在乡村自治发展过程中为乡规民约奠定民主基础和运行条件。

第三，明确乡规民约的奖惩措施。有效的奖惩措施是制度得以顺利实施的重要手段，回顾乡规民约的历史发展可以发现，虽然传统乡规民约的奖惩措施缺乏人文关怀，但仍有值得借鉴之处。就奖励措施而言，必须通过精神、物质等多方面措施激励全体村民自觉遵守乡规民约，对于自觉遵守乡规民约的村民优先评选道德模范、“五好家庭”，并对村民的奖惩登记造册，予以公布。随着法律意识的普及，乡规民约的惩罚措施也应该从游街示威、开除村籍向教育批评、赔礼道歉、移送司法机关转变。

---

① 孙韡．黔东南苗族村寨村规民约研究[M]．成都：西南交通大学出版社，2014：211.

② 吴理财．当前乡村民主发展的主要问题及其原因——以“潜江现象”为案例的分析[EB/OL]．中国农村研究网（http：//www. ccrs. org. cn），2003-05-03.

三、乡规民约在少数民族地区发挥作用的制约因素及其发展与创新

（一）村规民约在少数民族地区发挥积极作用的制约因素

要建设自治、法治和德治相结合的乡村治理体系的目标，乡村社会内源性自治资源的发掘应该得到重视。“传统的乡规民约之所以能发挥纯善民风、调节乡村关系、维持乡村稳定的作用，是因为它背后有强大的权威支撑着”①，那么，今天乡规民约是否具备发挥作用的权威基础和条件，有无制约其发挥积极作用的因素呢？答案是肯定的。

1. 违背乡规民约制定的自主性而导致社会认同度下降

乡规民约从性质上说，是由村民自主制定、大家共同认可并遵守的村庄管理约定。制定程序是村民自主制定，恪守共同意志的原则，才能共同遵守。这是其取得认同的条件，认同则是其发挥作用的前提。一种社会认同是指一个群体内的每一个成员对于其周围一些事件、制度或问题、现象的一种共同认识和评价，包括认知认同、情感认同、行为认同三个维度。对村规民约的认同高低是制约其发挥作用大小的一个重要因素。

人民公社制度结束以后，乡规民约主要是由乡镇和村委会出面来加以恢复、制定和修改的，其制定程序更多地体现出自上而下的方向，使一些村民觉得乡规民约是政府制定的，是政府权力和意志的体现，不是村民自主制定的。导致一些地区村民对乡规民约的认同度降低，甚至成为村委会应付国家上级文件的“作秀”，致使一些村庄的乡规民约成为一种摆设，在百姓中认可度低，执行效能差。笔者调查中发现，如云南省大理州剑川县象图乡核桃树村的村规民约作用甚微，绝大多数村民并不了解本村的村规民约，没有参与、更不知晓制定的过程，对具体内容不了解。村民的文化程度较低，参与村庄自治的能力有限，但不是他们没有参与的愿望。村委会应选择适当的方式，让村民参与制定的过程，指导村民中的文化精英引导村民一起共同商议讨论具体条款，再由村民信

---

① 周家明，刘祖云．传统乡规民约何以可能——兼论乡规民约治理的条件[J]．民俗研究，2013（5）．

得过的人来执笔。没经过村民初步的讨论即由政府工作人员代写的村规民约，缺少了直接民主的程序，就只是写在纸上，贴在墙上，于是出现村民在情感上不认同、行为上不遵从、态度上不关心的局面。

2. 对乡规民约的执行和监督较弱

制度的生命力在于执行，乡规民约能否得到有效执行是其发挥作用的基础和前提。但由于边疆多民族社会的发展程度较低，许多村庄缺乏内生的权威，即便有权威，其合法性较弱，对乡规民约缺乏有效的监督机制。张静认为，许多乡规民约通常是应上级的要求而定，只具有文字表述的意义，在实践中并不总是能够得到严格的执行。① 不少乡村的乡规民约并没有专门的人员对其执行情况进行监督，乡规民约粘贴在村委会橱窗里仅仅作为一种摆设，其发挥作用的空间很少。更少有人去思考乡规民约的执行应由谁来监督，该如何监督等问题。

3. 边疆多民族杂居的村落乡规民约的制定和宣传较难

我国少数民族多居住在边疆一带。边疆是指远离国家中心区域的地区，包括与其他国家接壤的边境地区。如我们调研的金平瑶族苗族傣族自治县，与越南社会主义共和国接壤，地处边陲，在许多方面与内地存在着差距。多数村民受教育程度较低，参与基层民主和村民自治的意识较弱，他们参与乡规民约制定的积极性并不高。尤其是一些地区，一个村落杂居多个民族，大部分村民各自讲自己的少数民族语言，因语言交流存在障碍而导致全体村民一起参与村规民约的制定较难，即便由各族派代表参加制定，而后村民对乡规民约的内容也易于存在误读或有不全懂的情况，影响着乡规民约的执行效果。

（二）乡规民约在少数民族地区的发展与创新

总体而言，乡规民约在少数民族地区的乡村治理中发挥着积极作用，但发挥作用的空间还需多方面拓展。在乡村振兴战略下，在十九大提出建立自治、法治、德治相结合的乡村治理体系的目标指导下，在中国特色社会主义新时代的乡村振兴战略部署下，乡规民约尚需发展与创新。

1. 支持和引导少数民族传统权威和“新乡贤”参与乡规民约的制定

新中国成立以前，在我国少数民族地区，以寨老、族长等为核心的传统乡

---

① 张静．乡规民约体现的村庄治权[J]．北大法律评论，1999（2）．

村政治精英在乡村治理中发挥着重要作用。传统社会中寨老作为乡规民约的制定者和具体实施者，他们凭借其在村寨中的地位和权威，拥有对乡规民约的话语解释权和对违约者的惩戒权。族长是家族中辈分较高、通情达理者，有权处理族内各项事务，他们通过引用传统规范来强化长幼、亲疏关系，号召民众或亲自身体力行地严格遵守乡规民约，保障乡规民约顺利的实施和推行，维护社会秩序。少数民族内部的宗教权威是本民族宗教代表和少数民族文化的承载者和传承者，在乡规民约的制定、执行过程中也扮演着重要的角色。这些村庄的传统政治精英今天依旧是促进乡规民约制定和执行的主要力量，可以借助。此外，近些年农村出现的"新乡贤"是村庄的精英力量，他们有文化有才干，有胆有识，有一定的政治阅历或经商经历，见多识广，在村民中有一定的号召力和权威。在乡规民约的制定过程中，村委会要善于吸纳寨老、族长、宗教权威和"新乡贤"等乡村精英，指导他们动员和引导村民积极参与会议讨论和商议，这种过程的民主性使村规民约具有更强的自主性和草根性，更接地气，从而增强村民对乡规民约的认同度。

2. 在国家法治框架下促进少数民族地区乡规民约与国家法的良性互动

少数民族地区的乡规民约属于当地宝贵的内源性制度资源之一，在少数民族地区发挥着价值导向、规范约束、惩戒监督、文化传承的作用，但本土化的乡规民约在价值追求、约定内容、运行过程环节存在与国家法相冲突的局部现象，不利于法治观念和法治精神在多民族地区的践行和认同。尤其是在"社会大环境的逐渐侵染与传统影响的共同作用下，社会出现不同于主流社会的情境，即现代化、传统和民族特色的交汇，各种力量在这里博弈，社会秩序遭到威胁，新机制的建设变得尤为迫切"①。然而，要发挥乡规民约在少数民族地区社会治理中的积极作用，就需在国家法治框架下促进乡规民约与国家法之间的良性互动，实现乡规民约和国家法在各自的领域发挥应有的作用。

具体来说，一方面政府要积极引导乡规民约的制定和运行，保证乡规民约体现国家法的精神，对于违背国家法规定的乡规民约要及时修改和完善，把国家法治精神注入乡规民约制定、运行之中，"使人们用对乡规民约的理解去增

---

① 周世中．西南少数民族民间法的变迁与现实作用——以黔桂瑶族、侗族、苗族民间法为例[M]．北京：法律出版社，2010（49）．

强对国法的理解，从而完成人们知识的转换，使乡规民约成为国家法与习惯法互动的平台"①。另一方面乡规民约的积极价值和规范机制也要吸纳进国家法之中，实现乡规民约与国家法相互促进、互动发展。在少数民族地区，"在解决村民日常纠纷和矛盾上，乡规民约比国家法更灵活有效，甚至可以解决许多国家法所不能解决的问题"，"乡规民约为国家法解决民事纠纷提供了某些可借鉴的方式和机制"②。只有在国家法治框架下，实现乡规民约和国家法之间渗透和互补，才能使乡规民约与国家法在多民族地区共同发展，使二者的作用发挥处于平衡兼容的状态，共同维护多民族地区的社会秩序，促进民族和谐。

3. 培育乡村社会资本提高乡规民约的治理绩效

在边疆多民族地区乡规民约的建设和发展中，引入新的理论和概念工具，可以创新我们的乡村治理理论和实践，如社会资本理论、治理的理论。帕特南认为，社会资本指的是社会组织的特征，例如信任、规范和网络，它们能够通过推动协调的行动来提高社会的效率。③ 社会资本的主要功能就是降低交易成本，提高治理绩效。因此，培育社会资本便成为治理的重要目标之一。因此，注重培育乡村社会资本，成为推动乡村治理、降低成本、提高治理绩效的动力。居民之间普遍的信任、互惠规范和通过乡村组织所建立起来的致密的社会参与网络构成了乡村社会资本，它们是乡村治理的基础④。

少数民族地区的乡规民约具有整合的独特优势，在推进少数民族地区乡村治理体系现代化进程中，要充分发挥乡规民约这一乡土社会资本的治理作用。以乡规民约的价值导向引领人们的道德认知，在内心中遵守乡规民约来建立乡村的信任关系，包括族际和族内（各支系间）的信任关系，以乡规民约的规范作用和惩戒机制，在外在的规范和监督过程中维护乡村的公共利益和社会秩序。还可以通过乡规民约的文化传承作用实现传统社会资本与现代社会资本有机结

① 徐曼，廖航．关于少数民族习惯法与国家法之冲突与互动的思考[J]．河南大学学报：社会科学版，2004（4）．

② 冷蓉，杨金洲．法治建设视域下少数民族村规民约与国家法的良性互动[J]．长春理工大学学报：社会科学版，2015（6）．

③ 罗伯特·D. 帕特南．使民主运转起来——现代意大利的公民传统[M]．王列，赖海榕，译．南昌：江西人民出版社，2001：10.

④ 施雪华，林畅．社会资本视角下的中国乡村治理研究[J]．北京行政学院学报，2008（2）．

合，在少数民族地区构建起相互合作、相互信任的人格网络。从社会资本的角度看，少数民族地区的乡规民约是一种集传统性、民族性、地方性、现代性于一体的乡土社会资本，要充分发挥其在乡村治理的基础性和工具性作用，降低少数民族地区乡村治理的成本，提高少数民族地区乡村治理的绩效。

四、结　论

中国乡村治理改革的研究由来已久，经历了近百年变革，基本实现了由农业国家向工业国家的转变，但农村社会群体仍然决定了中国乡村治理的进程，乃至中国社会转型的步伐。当代乡规民约正是在农村社会现代化转型的背景下发挥着新的作用。乡规民约是由村级成员共同订立并遵守的民间行为规范，它必须以完善法制建设、推行村民自治、维护社会稳定、实现农村善治为目标。乡规民约的治理方式之所以一直占据主导地位，维系着我国农村地区的秩序与稳定，发挥着调节乡村关系，纯善民风的作用，这都是因为有强大的权威支撑，在传统的乡村，这种权威作为一种无形的力量时刻束缚着乡民。但随着市场经济、法治精神的冲击，传统熟人社会瓦解，加之农村社会资本匮乏、民主法治建设落后、社会参与不足、绩效评估缺失，使得乡规民约发展也陷入困境。为此，应加强以下方面的建设：

第一，亟须为乡规民约的发展树立新的合法性、权威性，通过司法机关司法审查、村民代表大会依法监督来赋予乡规民约新的合法性，通过明确的奖惩措施来保证乡规民约的顺利运行。第二，应探索“党委领导、政府负责、社会协同、公民参与”的官民共治模式，有效整合国家权力、社会组织和村民共同体的有机力量，实现协调共治。第三，充分发挥乡规民约与国家法律的互动性，构建两者的良性互动机制，更好地维护民间秩序，促进乡村社会的治理和经济发展，推进国家法治建设。第四，合理地引导少数民族传统权威参与乡规民约的制定、宣传、教育和执行，关注农村社会结构的新变化，发现和用好懂农业、爱农村、爱农民的乡村精英，整合如“新乡贤”这样的骨干力量加入乡规民约的制定和运行过程，培育乡村社会资本提高乡规民约的治理绩效。第五，还要注意吸纳整合少数民族地区传统乡规民约的优秀元素，如和顺古镇宗规族训类型的民约，散见于公共活动场所的碑刻式公约，贵州布依族的“盘歌”艺术类民约，嵩明县大营村吸纳了伊斯兰教规中合理因素的宗教伦理型村规等，创新乡规民约作用的载体、形式，作用的空间和治理的方式。第六，积极学习和借鉴协商民主、对话民主等基层民主理论及其方式、途径，增强乡规民约制定程序的民主性。第七，充分利用现代信息技术，将网媒、微信、电视等媒体工具运用于乡规民约制定和运行过程中，将之运用于征求民意，表达民意，集中民意，文本采集，投票表决，专家指导，村委会宣传、教育、奖惩和评估等环节。这样，那些离土外出经商、打工、求学的中青年村民也可以积极参与乡规民约的制定和运行过程，从而能够让他们“离土不离乡”，在文化上、政治参与方面保留归属感，真正使乡规民约能够得到更多的村民参与和支持，保持其草根性和自主性。

总之，乡规民约作为乡村根基深厚的内源性自治资源，在村民自治体制越来越成熟的条件下，应该充分挖掘其潜力，创新其治理思路、方式和路径，丰富其文本形式和呈现方式，拓展其作用空间，创造有利于乡规民约运行的制度环境。

参考文献

(一) 著作类

[1] 玛格丽特·米德. 文化与承诺：一项有关代沟问题的研究[M]. 周晓虹，周怡，译. 石家庄：河北人民出版社，1987.

[2] 罗伯特·D. 帕特南. 使民主运转起来——现代意大利的公民传统[M]. 王列，赖海榕，译. 南昌：江西人民出版社，2001.

[3] 方慧. 少数民族地区习俗与法律的调适[M]. 北京：中国社会科学出版社，2006.

[4] 黄珺. 云南乡规民约大观（上、下）[M]. 昆明：云南美术出版社，2010.

[5] 吴大华，潘志成，王飞. 中国少数民族习惯法通论[M]. 北京：知识产权出版社，2014.

[6] 俞可平. 论国家治理现代化[M]. 北京：中国社会科学文献出版社，2014.

[7] 梁漱溟. 乡村建设理论[M]. 上海：上海人民出版社，2011.

[8] 费孝通. 江村经济[M]. 呼和浩特：内蒙古人民出版社，2010.

[9] 王沪宁. 当代中国村落家族文化[M]. 上海：上海人民出版社，1991.

[10] 赵秀玲. 中国乡里制度[M]. 北京：社会科学出版社，1998.

[11] 杜承铭. 社会转型期的乡土社会法治[M]. 济南：山东人民出版社，2008.

[12] 张静. 基层政权——乡村制度诸问题[M]. 杭州：浙江人民出版社，2000.

[13] 罗豪才. 软法的理论与公共治理[M]. 北京：北京大学出版社，2006.

[14] 杨开道. 中国乡约制度[M]. 北京：商务印书馆，2015.

[15] 张广修. 村规民约论[M]. 武汉：武汉大学出版社，2002.

[16] 梁治平. 清代习惯法[M]. 桂林：广西师范大学出版社，2015.

[17] 尹伊君. 社会变迁的法律解释[M]. 北京：商务印书馆，2010.

[18] 高其才. 中国习惯法论[M]. 北京：中国法制出版社，2008.

[19] 谢晖. 民间法（第一卷）[M]. 山东：山东人民出版社，2002.

[20] 田成有. 乡土社会中的民间法[M]. 北京：法律出版社，2005.

[21] 中国大百科全书总编辑委员会《社会学》编辑委员会，中国大百科全书出版社编辑部编．中国大百科全书（社会学）[M]．北京：中国大百科全书出版社，1991.

[22] 牛铭实．中国历代乡规民约[M]．北京：中国社会出版社，2014.

[23] 孙韡．黔东南苗族村寨村规民约研究[M]．成都：西南交通大学出版社，2014.

[24] 詹姆斯·N. 罗西瑙．没有政府的治理——世界政治中的秩序与变革[M]．张胜军，刘小林，等，译．南昌：江西人民出版社，2001.

[25] 俞可平．治理与善治[M]．北京：社会科学文献出版社，2000.

[26] [美] 道格拉斯·C. 诺思．制度、制度变迁与经济绩效[M]．刘守英，译．北京：生活·读书·新知三联书店，1994.

[27] 奥利弗·E. 威廉姆森．治理机制[M]．北京：中国社会科学出版社，2001.

[28] 云南省统计局，国家统计局云南调查总队．云南省统计年鉴[M]．北京：中国统计出版社，2011.

[29] 全国政协文史和学习委员会暨云南省政协文史委员会编．白族百年实录[M]．北京：中国文史出版社，2010.

[30] 周俊华．变迁中的云南少数民族乡村政治[M]．昆明：云南大学出版社，2015.

[31] 王文光．云南民族的由来与发展[M]．芒市：德宏民族出版社，1994.

[32] 徐勇．乡村治理与中国政治[M]．北京：中国社会科学出版社，2003.

[33] 徐嘉瑞．大理古代文化史稿[M]．北京：中华书局，1978.

[34] 大理白族自治州白族文化研究所编．大理从书·本主篇（上册）[M]．昆明：云南民族出版社，2004.

[35] 黄雪梅．大化无形——云南大理白族祖先崇拜中的孝道化育机制研究[M]．桂林：广西师范大学出版社，2009.

[36] 方国瑜．略论白族的形成[M]．//方国瑜．云南白族的起源和形成论文集．昆明：云南人民出版社，1957.

[37] 李正清．大理喜洲文化史考[M]．昆明：云南民族出版社，1998.

[38] 罗杨．中国名镇·云南喜洲[M]．北京：知识产权出版社，2014.

[39] 郝翔，朱炳祥．周城文化——中国白族名村的田野调查[M]．北京：中央民族大学出版社，2001.

[40] 杨政业．白族本主文化[M]．昆明：云南民族出版社，1994.

[41] 周智生．商人与近代中国西南边疆社会——以滇西北为中心[M]．北京：中国社会科学出版社，2006.

[42] 曾文蕊．中国白族村落影像文化志——喜洲村[M]．北京：光明日报出版社，2014.

[43] 王伟，李登福，陈秀英．布依族[M]．北京：民族出版社，1991.

[44] 贵州省民族事务委员会编．布依族文化大观[M]．贵阳：贵州民族出版社，2012.

[45] 周平．民族政治学[M]．北京：高等教育出版社，2007.

[46] 中共中央宣传部宣传教育局编．凝心聚力的导航：社会主义核心价值观评论员文章汇编[M]．北京：学习出版社，2014.

[47] 费孝通．乡土中国 生育制度[M]．北京：北京大学出版社，2015.

[48] 金炳镐．民族关系理论通论[M]．北京：中央民族大学出版社，2007.

[49] 王正伟．回族民俗学[M]．银川：宁夏人民出版社，2008.

[50] 剑潘逸阳．农民主体论[M]．北京：人民出版社，2002.

[51] 卢梭．社会契约论[M]．何兆武，译．北京：商务印书馆，1980.

[52] 麻宝斌．公共治理理论与实践[M]．北京：社会科学文献出版社，2013.

[53] 董平．和顺风雨六百年[M]．昆明：云南人民出版社，2003.

[54] 王洪波，何真．百年绝唱——和顺《阳温暾小引》一部早年云南山里人的“出国必读”[M]．昆明：云南大学出版社，2005.

[55] 周世中．西南少数民族民间法的变迁与现实作用——以黔桂瑶族、侗族、苗族民间法为例[M]．北京：法律出版社，2010.

[56] 邹渊．贵州少数民族习惯法调查与研究[M]．北京：中央民族大学出版社，2014.

[57] 王广．好规矩 共遵守：乡规民约代代传[M]．北京：中华出版社，2017.

(二) 期刊类

[1] 吴晓玲，张杨．论乡规民约的发展及其演变[J]．广西社会科学，2012（08）．

[2] 谢晖．当代中国的乡民社会、乡规民约及其遭遇[J]．东岳论丛，2004（04）．

[3] 张明新．乡规民约存在形态刍论[J]．南京大学学报：哲学·人文科学·社会科学版，2004（05）．

[4] 过竹，黄怡鹏．岭南苗族瑶族乡规民约述论（二）[J]．西南学刊，2012（01）．

[5] 党晓虹，樊志民．传统乡规民约的历史反思及其当代启示——乡村精英、国家政权和农民互动的视角[J]．中国农史，2010（04）．

[6] 徐曼，廖航．关于少数民族习惯法与国家法之冲突与互动的思考[J]．河南大学学报：社会科学版，2004（04）．

[7] 冷蓉，杨金洲．法治建设视域下少数民族村规民约与国家法的良性互动[J]．长春理工大学学报：社会科学版，2015（06）．

[8] 施雪华，林畅．社会资本视角下的中国乡村治理研究[J]．北京行政学院学报，2008（02）．

[9] 于建嵘．失范的契约——对一示范性村民自治章程的解读[J]．中国农村观察，2001（1）．

[10] 范愉．民间社会规范在基层司法中的应用[J]．山东大学学报：哲学社会科学版（双月刊），2008（1）．

[11] 徐汉明．推进国家与社会治理法治化现代化[J]．法制与社会发展，2014（5）．

[12] 袁兆春．乡规民约与国家法关系分析——兼论乡规民约与国家法的冲突与协调[J]．济南大学学报，2000（1）．

[13] 张明新．从乡规民约到村民自治章程[J]．江苏社会科学，2006（4）．

[14] 李可．论村规民约[J]．民俗研究，2005（4）．

[15] 石国亮，等．从善政走向善治：政府何为[J]．国家行政学院学报，2012（2）．

[16] 张晓山．简析中国乡村治理结构的改革[J]．管理世界，2005（8）．

[17] 贺雪峰. 乡村治理研究的三大主题[J]. 社会科学战线，2005（1）.

[18] 徐勇，贺雪峰，等. 村治研究的共识与策略[J]. 浙江学刊，2002（1）.

[19] 程同顺. 村民自治中的乡村关系及其出路[J]. 调研世界，2001（7）.

[20] 马曜. 白族异源同流说[J]. 云南社会科学，2000（3）.

[21] 李敏莉. 乡土社会民间法的合理性[J]. 中共乐山市委党校学报，2009（4）.

[22] 丁炜炜. 乡规民约与国家法律的冲突与协调[J]. 探索与争鸣理论月刊，2006（4）.

[23] 唐雁群，肖宪，论乡规民约在当代乡村治理中的作用[J]. 企业家天地，2008（9）.

[24] 张广修. 村规民约的历史演变[J]. 洛阳工学院学报：社会科学版，2000（2）.

[25] 汪俊英. 农村基层“准法律”——“村规民约”[J]. 法学杂志，2000.

[26] 姜明安. 软法的兴起与软法之治[J]. 中国法学，2006（2）.

[27] 黄艳萍. 民族村寨村民自治实现善治的进路——以村规民约的完善为视角[J]. 法学杂志，2009.

[28] 孙玉娟. 我国乡村治理中乡规民约的再造与重建[J]. 行政论坛，2018.

[29] 姜君彦. 关于保障村规民约合法性的思考[J]. 中国特色社会主义研究，2003.

[30] 许娟. 新型乡约若干问题探讨[J]. 法学论坛，2003.

[31] 于语和. 民间法视野中的村规民约——以河北省某村的民间调查为个案[J]. 甘肃政法学院学报，2005.

[32] 刘建平，李双清. 论乡规民约与乡村红色文化遗产的保护[J]. 湘潭大学学报：哲学社会科学版，2009（6）.

[33] 叶小文. 论乡规民约的性质[J]. 贵州社会科学，1984（2）.

[34] 张静. 乡规民约体现的村庄治权[J]. 北大法律评论，1999（1）.

[35] 董建辉．“乡约”不等于“乡规民约”[J]．厦门大学学报：哲学社会科学版，2006（2）．

[36] 吕亚军，刘欣．乡国之间：近代云南乡规民约浅析[J]．天津行政学院学报，2013（1）．

[37] 刘笃才．中国古代民间规约引论[J]．法学研究，2006（1）．

[38] 吕廷君．论乡规民约的效力基础[J]．民间法，2008（4）．

[39] 周家明，刘祖云．传统乡规民约何以可能——兼论乡规民约治理的条件[J]．民俗研究，2013（5）．

[40] 王国勤，汪雪芬．村规民约的权威塑造[J]．江苏大学学报：社会科学版，2016（2）．

[41] 金根．传统乡规民约的价值、经验与启示——基于《南赣乡约》文本分析的视角[J]．中国农业大学学报：社会科学版，2014（4）．

[42] 朱明鹏．农村环境的共治保护：例证乡规民约[J]．重庆社会科学，2015（5）．

[43] 高其才．通过村规民约的乡村治理——从地方法规规章角度的观察[J]．政法论丛，2016（2）．

[44] 赵旭东，朱添谱．乡规民约与新乡土秩序的建构——乡规民约在中国城镇化建设过程中的意义[J]．中国党政干部论坛，2015（7）．

[45] 周家明，刘祖云．村规民约的内在作用机制研究——基于要素－作用机制的分析框架[J]．农业经济问题，2014（4）．

[46] 王立争．国家治理现代化视阈下的农地软法治理[J]．江西社会科学，2015（7）．

[47] 李朝晖．民间秩序的重建——从乡规民约的变迁中透视民间秩序与国家秩序的协同趋势[J]．学术研究，2001（12）．

[48] 吴冬梅．乡规民约的合理性及其与国家法律的协调[J]．湖南农业大学学报：社会科学版，2012（2）．

[49] 陈振亮．乡规民约与新农村伦理道德建设[J]．科学社会主义，2013（1）．

[50] 卞辉．农村社会治理的本土资源初探——从乡规民约的法经济学和法社会学价值出发[J]．社会科学家，2012（3）．

[51] 刘淑媛．简析回族地区乡规民约的几个问题[J]．宁夏社会科学，1997 (1)．

[52] 路世传，杨文武．现代化进程中贵州布依族生态伦理道德的当代价值探析[J]．贵州社会科学，2014 (8)．

[53] 袁翔珠．从广西少数民族乡约序言透视民间规约与国家法律的关系[J]．甘肃社会科学，2014 (1)．

[54] 黄梅．侗族乡村社会传统权威与现代国家权威体系的互动关系研究[J]．民族论坛，2013 (7)．

[55] 江明生．新中国成立后侗款与侗族地区社会治理的历史变迁[J]．广西社会科学，2014 (5)．

[56] 朱延秋．村规民约惩戒性条款的静态分析——以人权保障为视角[J]．黑龙江省政法管理干部学院学报，2007 (4)．

[57] 党晓虹．乡规民约何时出现——一个关于乡村治理的分析框架[J]．南京工业大学学报，2012 (1)．

[58] 章荣君．乡村治理中正式制度与非正式制度的关系解析[J]．政治学研究，2015 (3)．

[59] 高满良．农村治理中的非正式制度分析——对砚山县都克村的个案研究[J]．云南行政学院学报．2013 (2)．

[60] 甘庭宇，徐薇，廖祖君．新农村建设中的乡村治理模式重构[J]．天府新论，2006 (4)．

[61] 郭正林．乡村治理及其制度绩效评估：学理性案例分析[J]．华中师范大学学报，2004 (4)．

[62] 曹永辉．社会资本理论及其发展脉络[J]．中国流通经济，2013 (6)．

[63] 吴军，夏建中．国外社会资本理论：历史脉络与前言动态[J]．学科前沿，2012 (8)．

[64] 张辉．新制度主义略述[J]．商业时代，2013 (15)．

[65] 杨雯．浅谈云南大理本主崇拜与佛教的融合[J]．大观周刊，2012 (49)．

[66] 李东红．白族本主崇拜思想刍议[J]．云南民族学院学报，1991 (2)．

[67] 吕伽慧．大理喜洲商帮的形成与发展特点[J]．边疆经济与文化，2008（6）．

[68] 谢本书．解读云南大理喜洲[J]．学术探索，2003（6）．

[69] 赵佳维，杨建华．村规民约与社会整合[J]．中国党政干部论坛，2005（09）．

[70] 邓晔．法治湖南背景下的村规民约修订研究[J]．法制与社会，2014（20）．

[71] 谢秋红．乡村治理视阈下村规民约的完善路径探索[J]．探索，2014（05）．

[72] 马宗保．论回汉民族关系的历史特点[J]．西北民族研究，2001（04）．

[73] 王莹，刘军．关于村规民约合法性的思考[J]．北京农业职业学院学报，2007（03）．

[74] 许娟．新型乡约若干问题探讨[J]．法学论坛，2008（01）．

[75] 马超，李晓广．村多元主体协同治理的发展逻辑与实现路径[J]．山西农业大学学报：社会科学版，2015（07）．

[76] 杜胜利．农村社区分化背景下的村庄治理困境及其破解路径[J]．理论导刊，2012（09）．

[77] 时猛．科学健全监督体系　有效规范权力运行[J]．中国工商管理研究，2015（04）．

[78] 吴祖鲲，王慧姝．宗祠文化的社会教化功能和社会治理逻辑[J]．吉林大学社会科学学报，2014（04）．

[79] 陈延斌，张琳．宗规族训的敦族睦邻教化与中国传统社会的治理[J]．齐鲁学刊，2009（06）．

[80] 朱宝丽．论城乡一体化进程中的乡村治理问题[J]．山东社会科学，2012（10）．

（三）硕博论文

[1] 党晓虹．中国传统乡规民约研究[D]．咸阳：西北农林科技大学，2011.

[2] 李亚乐．清末民初桂北地区乡规民约研究[D]．桂林：广西师范大

学，2013.

[3] 罗波．壮族当代乡规民约与乡村整合：以龙脊村为例[D]．南宁：广西民族大学，2010.

[4] 王长安．转型期中国乡村治理研究[D]．长春：吉林大学，2007.

[5] 田会冬．当代中国乡村治理研究——以江浙地区为例[D]．湛江：广东海洋大学，2010.

[6] 齐飞．国家治理体系中的乡规民约[D]．北京：中共中央党校，2015.

[7] 马婧．探析法治现代化进程中乡规民约的价值[D]．南昌：江西师范大学，2010.

[8] 金根．社会治理视域下的乡规民约研究[D]．南京：南京大学，2015.

[9] 周蔚．村规民约在村级管理中的功能问题研究[D]．长沙：湖南大学，2012.

[10] 袁雪霞．乡规民约及其法治功能研究[D]．南京：南京师范大学，2007.

[11] 赵祖磊．白族传统乡规民约中的道德思想及其现代价值[D]．大理：大理学院，2014.

[12] 王海银．国家法在少数民族地区村规民约中的体现[D]．贵阳：贵州大学，2009.

[13] 李大春．论农村社会治理中的村规民约[D]．湘潭：湘潭大学，2008.

[14] 周航．村规民约中部分处罚性内容的违法性分析[D]．北京：中央民族大学，2014.

[15] 梁洁．人类学视野中的和顺侨乡[D]．北京：中央民族大学，2009.

（四）报纸网站类

[1] 陈敏．“新农村建设”背景下的乡村治理——吴思对话于建嵘[N]．南方周末，2006－08－11.

[2] 中共中央关于全面推进依法治国若干重大问题的决定[N]．人民日报，2014－10－29（1）．

[3] 中共中央国务院印发《关于加大改革创新力度加快农业现代化建设的若干意见》[N]．人民日报，2015－02－02.

[4] 郑毅. 乡规民约民族法制建设不应忽视的特色进路[N]. 中国民族报，2015-10-16 (6).

[5] 中国新闻. http://www.chinanews.com/sh/2014/07-16/6394079.shtml.

[6] 大理白族自治州人民政府门户网站. http://www.dali.gov.cn/dlzwz/5116089176692883456/.

[7] 大理白族自治州剑川县政府门户网站. http://www.114huoche.com/zhengfu/DaLi-JianChuanXian.

[8] 腾冲市和顺镇门户网. 2017年和顺镇镇情简介[EB/OL]. http://www.hsz.tengchong.gov.cn/info/1039/2417.htm，2017-02-08.

[9] 新华网. 中共中央国务院举行春节团拜会习近平发表重要讲话[EB/OL]. http://news.xinhuanet.com/politics/2015-02/17/c_1114401705.htm，2015-02-17.

后　记

本书是在2016年我主持的国家民委项目“乡规民约在少数民族地区乡村治理中的作用研究”（项目编号：2016－GMB－022）研究成果的基础上修改、补充、完善而成。这个课题选取了云南省保山市龙陵县的大寨村、腾冲县的和顺镇，大理州大理市喜洲镇的周城村、剑川县象图乡的核桃树村，昆明市嵩明县嵩阳镇的大营村，红河州金平县金水河镇乌丫坪村，贵州省盘州市羊场乡的赶场坡村和淤泥乡的鱼纳村这8个少数民族村寨作为调查点，并对这8个村寨的乡规民约进行了深入细致的调查研究。云南大学政治学系的研究生李玉曼、刘宁、谭龙云、李楠、安平侠同学积极参与了此次调查，在经费有限的条件下，同学们克服了种种困难，顺利完成了调查任务。在此我真诚地感谢同学们的积极参与和艰苦劳动，感谢调查期间给予他们帮助的村干部和村民。2017年12月，该项国家民委的课题顺利结项。2018年5月我在带研究生前往金平苗族瑶族傣族自治县的中越边境调研时发现，金平县各村寨都十分重视乡规民约的制定和施行，乡规民约在村寨治理中发挥着较好的作用。在金平调研期间，基层干部为我们提供了部分村寨的乡规民约，我将之引入本书的论述之中，在此对金平县的基层干部表示感谢。

首先，衷心感谢云南大学副校长杨泽宇教授为本书作序，这体现了他对师生教学和研究工作的关怀，对我和研究生是一种鼓励！感谢杨副校长，我们将继续努力，不负重望。其次，真诚感谢云南大学政治学学科的带头人、长江学者、博士生导师周平教授对我的扶持和关怀，周平教授对政治学系同仁们研究成果的出版总是慷慨帮助，本书是周平教授用他个人的课题研究经费资助出版的。再次，要感谢云南财经职业学院的李思泽教授和宋芹老师参与本书的撰写工作，这本书是合作精神的体现。最后，还要感谢云南大学出版社的策划编辑陈曦老师和责任编辑李倩老师为本书的出版付出的辛勤劳动！

本书的具体分工如下：全书框架结构的设计和文字统稿工作由周俊华完成。第一章由李思泽撰写；第二章由周俊华和刘素燕撰写；第三章由周俊华和宋芹撰写；第四章保山市大寨村、和顺镇的乡规民约调查研究部分由李玉曼撰写，大理州周城村、核桃树村的乡规民约调查研究部分由李楠撰写，昆明市嵩明县大营村的乡规民约调查研究部分由刘宁撰写，贵州省盘州市赶场坡村和鱼纳村的乡规民约调查研究部分由谭龙云撰写，红河州金平县乌丫坪村的乡规民约调查研究部分由卿前锋撰写；第五章由李楠和周俊华撰写；照片由完成该村寨调查的研究生拍摄、提供。

周俊华

2019 年 4 月 10 日于呈贡时代俊园翔盛园